古代歷史文化研究輯刊

十四編

王明蓀 主編

第6冊

秦漢逃亡犯罪考論（上）

張功著

國家圖書館出版品預行編目資料

秦漢逃亡犯罪考論（上）／張功 著 -- 初版 -- 新北市：花木蘭
文化出版社，2015〔民104〕
目 4+216 面；19×26 公分
（古代歷史文化研究輯刊 十四編；第 6 冊）
ISBN 978-986-404-314-9（精裝）
1. 犯罪 2. 秦漢
618   104014371

ISBN-978-986-404-314-9

9 789864 043149

古代歷史文化研究輯刊
十四編 第 六 冊   ISBN：978-986-404-314-9

秦漢逃亡犯罪考論（上）

作　　者　張　功
主　　編　王明蓀
總 編 輯　杜潔祥
副總編輯　楊嘉樂
編　　輯　許郁翎
出　　版　花木蘭文化出版社
社　　長　高小娟
聯絡地址　235 新北市中和區中安街七二號十三樓
　　　　　電話：02-2923-1455／傳眞：02-2923-1452
網　　址　http://www.huamulan.tw 信箱 hml 810518@gmail.com
印　　刷　普羅文化出版廣告事業
初　　版　2015 年 9 月
全書字數　386462 字
定　　價　十四編 28 冊（精裝）台幣 52,000 元

秦漢逃亡犯罪考論（上）

張　功　著

作者簡介

張功（1966～），男，漢族，甘肅成縣人。湖北經濟學院法學院教授。1988 年畢業於陝西師範大學歷史系，獲歷史學學士學位。2005 年畢業於首都師範大學歷史系中國古代史專業秦漢史方向，獲歷史學博士學位。從事秦漢史、中國法制史研究。出版專著 2 部，發表學術論文 40 餘篇，主編教材 2 部。

提　　要

　　《秦漢逃亡犯罪考論》全書七章。對秦漢逃亡犯罪的行為類型、犯罪發生的客觀條件、具體原因、政府控制逃亡犯罪的制度、預防逃亡犯罪的措施、對逃亡犯罪的懲治規定以及逃亡犯罪的特點、影響等問題作了系統考察。

　　逃亡犯罪，古籍稱作「脫籍亡命」。是指社會成員沒有取得合法手續而私自離開戶籍所在地遷徙他鄉、違反國家遷移管理規定的行為。秦漢逃亡犯罪按照犯罪主體分為官吏、罪犯、軍人和民眾逃亡四類。五口之家獨立經營，封建官僚制度的弊端等構成逃亡犯罪發生的客觀條件。土地兼併、苛捐雜稅、自然災害、吏治腐敗、戰亂侵擾是逃亡犯罪發生的具體原因。秦漢政權通過郡縣行政機構、鄉里管理體系、津關制度、戶籍制度來控制逃亡犯罪。通過大赦、假民公田、減租賦、賜爵、賜錢帛牛酒、賑貸遷徙等措施預防逃亡犯罪。秦漢法律對逃亡的懲治有嚴密的規定。秦漢逃亡犯罪人數多、持續時間長、涉及區域廣，影響到秦漢政治格局的變遷、地區經濟的發展以及周邊少數民族社會的發展。秦漢政府控制和預防逃亡犯罪的政策、措施影響到整個封建社會。

目

次

上 冊

前 言 ……………………………………… 1

一、選題的緣起 ……………………………… 1

二、研究對象 ………………………………… 2

三、研究取向 ………………………………… 3

四、秦漢逃亡犯罪研究的學術回顧 …………… 5

五、研究方法 ………………………………… 9

第一章　先秦逃亡犯罪 …………………… 11

第一節　商周時期的逃亡 …………………… 11

一、商周逃亡犯罪發生的客觀條件 ………… 11

二、商周逃亡犯罪相關史料解讀 …………… 15

第二節　春秋時期的逃亡 …………………… 17

一、逃亡類型 ……………………………… 18

二、逃亡結果 ……………………………… 24

三、逃亡特點 ……………………………… 27

第三節　戰國時期的逃亡 …………………… 30

一、逃亡類型 ……………………………… 30

二、逃亡結果與影響 ……………………… 37

本章小結 …………………………………… 42

第二章　秦漢逃亡犯罪類型 ┄┄┄┄┄┄┄┄┄ 45
　第一節　官吏逃亡犯罪 ┄┄┄┄┄┄┄┄┄┄ 46
　　一、秦朝官吏逃亡犯罪 ┄┄┄┄┄┄┄┄┄ 46
　　二、漢朝官吏逃亡犯罪 ┄┄┄┄┄┄┄┄┄ 50
　第二節　罪犯逃亡 ┄┄┄┄┄┄┄┄┄┄┄┄ 68
　　一、「惡少年」、豪俠犯罪逃亡 ┄┄┄┄┄ 69
　　二、盜賊犯罪逃亡 ┄┄┄┄┄┄┄┄┄┄┄ 73
　　三、普通民眾犯罪逃亡 ┄┄┄┄┄┄┄┄┄ 77
　第三節　軍人逃亡犯罪 ┄┄┄┄┄┄┄┄┄┄ 83
　　一、國內戰爭中的軍人逃亡犯罪 ┄┄┄┄┄ 83
　　二、漢匈戰爭中的軍人逃亡 ┄┄┄┄┄┄┄ 87
　第四節　秦漢民眾逃亡犯罪 ┄┄┄┄┄┄┄┄ 95
　　一、民眾逃亡的特徵 ┄┄┄┄┄┄┄┄┄┄ 96
　　二、秦漢時期的民眾逃亡概況 ┄┄┄┄┄┄ 99
　第五節　戰亂時期災民逃亡的特點 ┄┄┄┄┄ 106
　　一、秦漢之際 ── 亡入山林川澤求生 ┄┄ 107
　　二、兩漢之際 ── 逃入營堡躲避戰爭 ┄┄ 107
　　三、東漢末年 ── 以宗族集團的形式逃亡 ┄ 112
　第六節　逃亡犯罪人員的活動 ┄┄┄┄┄┄┄ 120
　　一、隱匿民間求生 ┄┄┄┄┄┄┄┄┄┄┄ 120
　　二、進入山林川澤爲盜 ┄┄┄┄┄┄┄┄┄ 127
　本章小結 ┄┄┄┄┄┄┄┄┄┄┄┄┄┄┄ 133
第三章　逃亡犯罪的條件與原因 ┄┄┄┄┄┄┄ 137
　第一節　逃亡犯罪發生的條件 ┄┄┄┄┄┄┄ 137
　　一、社會勞動方式的變化 ── 從集體
　　　　耕作到小農獨立耕作 ┄┄┄┄┄┄┄┄ 138
　　二、社會基層經濟組織的變化 ── 宗法
　　　　宗族到編戶齊民 ┄┄┄┄┄┄┄┄┄┄ 148
　　三、政治管理體制的變化 ── 分封制到
　　　　郡縣制 ┄┄┄┄┄┄┄┄┄┄┄┄┄┄ 155
　第二節　逃亡犯罪的發生原因 ┄┄┄┄┄┄┄ 163
　　一、土地兼併 ┄┄┄┄┄┄┄┄┄┄┄┄┄ 163
　　二、苛捐雜稅 ┄┄┄┄┄┄┄┄┄┄┄┄┄ 174
　　三、吏治腐敗 ┄┄┄┄┄┄┄┄┄┄┄┄┄ 182
　　四、自然災害 ┄┄┄┄┄┄┄┄┄┄┄┄┄ 197

　　五、戰亂侵擾、徭役逼迫 ……………………… 207
　本章小結 …………………………………………… 211

下　冊

第四章　逃亡犯罪的控制制度 ………………… 217
　第一節　秦漢地方行政體制 …………………… 219
　　一、西漢初期郡國並行體制 ………………… 219
　　二、秦漢郡縣關係變化 ……………………… 226
　第二節　秦漢鄉里制度 ………………………… 239
　　一、秦朝鄉里制度 …………………………… 239
　　二、漢代鄉里制度 …………………………… 246
　　三、秦漢鄉里治安機構 ……………………… 252
　第三節　秦漢關津制度 ………………………… 256
　　一、關津設置 ………………………………… 256
　　二、關津管理人員及其職責 ………………… 258
　　三、秦漢時期的通關規定 …………………… 259
　　四、對違反關津管理規定的制裁 …………… 265
　第四節　戶籍制度 ……………………………… 268
　　一、秦漢戶籍制度 …………………………… 268
　　二、遷移管理規定 …………………………… 279
　　三、「名田宅」制度 ………………………… 282
　本章小結 …………………………………………… 295
第五章　逃亡犯罪的預防措施 ………………… 297
　第一節　赦免 …………………………………… 297
　　一、赦免原因 ………………………………… 298
　　二、赦免類型 ………………………………… 301
　　三、赦免在預防逃亡犯罪中的作用 ………… 306
　第二節　假民公田 ……………………………… 309
　　一、兩漢假民公田的相關記載 ……………… 310
　　二、假民公田經營在預防貧民逃亡中的作用
　　　　　　　　　　　　　　　　　　　　　　 314
　第三節　減租賦、賜爵、賜錢帛牛酒與逃亡犯罪
　　　　　預防 …………………………………… 317
　　一、減租賦 …………………………………… 317

二、賜民爵 …………………………………………… 319
三、賜錢帛牛酒 ………………………………………… 323
第四節　漢代賑貸遷徙與逃亡犯罪預防 ……………… 326
一、賑貸災民 …………………………………………… 326
二、遷徙災民 …………………………………………… 333
本章小結 ……………………………………………………… 335

第六章　逃亡犯罪的懲治規定 ………………………… 341
第一節　懲治逃亡犯罪的相關規定 …………………… 342
一、逃亡犯罪案件管理規定 ………………………… 342
二、逃亡犯罪的刑罰規定 …………………………… 343
三、逃亡犯罪的抓捕規定 …………………………… 353
第二節　逃亡犯罪的抓捕方式 ………………………… 363
一、占卜與追捕逃亡犯罪 …………………………… 363
二、懸賞抓捕 …………………………………………… 367
三、詔書名捕 …………………………………………… 369
四、地方名捕 …………………………………………… 377
第三節　秦漢逃亡犯罪的贖免 ………………………… 379
一、秦朝的逃亡犯罪贖免 …………………………… 379
二、西漢初期的逃亡犯罪贖免 ……………………… 380
三、武帝以後的逃亡犯罪贖免 ……………………… 384
四、東漢的逃亡犯罪贖免 …………………………… 386
本章小結 ……………………………………………………… 389

第七章　逃亡犯罪的特點和影響 ……………………… 391
第一節　秦漢逃亡犯罪的特點 ………………………… 391
一、逃亡原因複雜化 ………………………………… 391
二、逃亡主體多樣化、結果簡單化 ………………… 397
三、逃亡規模擴大化 ………………………………… 399
第二節　秦漢逃亡犯罪的影響 ………………………… 404
一、逃亡犯罪與秦漢政治格局變遷 ………………… 404
二、逃亡犯罪與匈奴社會發展 ……………………… 408
三、逃亡犯罪與地區經濟發展 ……………………… 418
本章小結 ……………………………………………………… 427
簡短結語 ……………………………………………………… 429

主要參考書目 ……………………………………………… 433

前　言

一、選題的緣起

　　固定的領土、一定數量的人口以及主權是一個政權存在前提條件。而人口與土地的穩定結合，對農業社會的政權存在而言，尤為重要。正面保證人口與土地結合的有戶籍制度、人口遷移制度，而政權對破壞土地與人口穩定結合的行為則界定為「逃亡犯罪」，納入法律範疇，加以懲治。

　　先秦時期，由於人口寡少，宗法制度盛行，社會成員大多依附宗族以求生存，個體脫離政權管理而逃逸的事件並不多見。進入戰國以後，個體小家庭的生產能力逐漸加強，脫離宗族求生成為可能，隨之出現了大規模的逃亡現象，逃亡犯罪也成為秦漢政權重點防控的犯罪類型之一。

　　在秦漢史研究的成果中，從社會史角度研究流民問題、從人口學角度研究人口問題、移民問題，都有系統且深入的作品問世，唯獨從法律角度對人口移動作出研究的成果至今闕如。

　　從上個世紀八十年代以來，法制史學界出版了栗勁的《秦律通論》、曹旅寧的《秦律新探》、高亨的《秦漢法制論考》、孔慶明的《秦漢法律史》、張景賢《漢代法制史》、日本學者大庭脩的《秦漢法制史研究》、堀毅的《秦漢法制史論考》、於振波《秦漢法律與社會》等著作。法律出版社 1999 年出版了張晉藩主編，十卷本《中國法制通史》中的「秦漢卷」則是對二十年來秦漢法制史研究的總結。但細讀上述著作，對秦漢時期的「逃亡犯罪」並未作出系統深入的探討，逃亡犯罪基本未進入學者研究的視野。

　　所有類型的社會犯罪都有可能引發罪犯逃亡，形成逃亡犯罪。逃亡犯罪幾乎與所有的社會犯罪都有關係，考察逃亡犯罪，可以從一個側面看到秦漢

社會犯罪的全貌，此其一；翻撿秦漢時期的史料，都會發現，秦漢時期的逃亡犯罪不但普遍，而且影響巨大，爲當時的政治家和思想家們所關注，是秦漢時期社會犯罪中最重要的一種。本文力圖通過對秦漢時期逃亡犯罪的研究，從一個側面達到考察秦漢時期社會犯罪的目的。

二、研究對象

　　按地域劃分民眾和徵收賦稅是國家出現的重要標誌，按地域劃分民眾又是徵收賦稅的前提和保證，戶籍就是維護這種劃分的法規之一。徐幹《中論·民數》說：「民數周，爲國之本也，民數者，庶事之所自出也，莫不取正焉，以分田裏，以令貢賦，以造器用，以制祿食，以起田役，以作軍旅。國以之建典，家以之立度。五禮用修，九刑用措者，其惟審民數乎？」。〔註 1〕有了強制性的戶籍制度和遷移規則，違反制度和規則的逃亡行爲就會隨之出現，逃亡犯罪是國家按地域劃分居民和人口遷移制度的孿生子。

　　《史記·張耳列傳》載：「張耳嘗亡命遊外黃。」索隱晉灼曰：「命者，名也。謂脫名籍而逃。」崔浩曰：「亡，無也。命，名也。逃匿則削除名籍，故以逃爲亡命。」〔註 2〕逃亡犯罪與戶籍制度有著密切關係。

　　秦漢時期，社會成員沒有取得合法的戶籍遷移許可和通行符傳的私自遷移行爲構成逃亡犯罪。該行爲直接影響到政府對社會成員的控制，影響到政府的賦稅、徭役、兵役徵發，危害了社會統治秩序的正常運轉，對政權的穩定造成負面影響。對社會統治秩序造成了一定危害，是法律將此類行爲規定爲犯罪的基本原因。

　　秦漢時期的逃亡犯罪，就犯罪主體而言，普通民眾沒有取得符、傳私自遷移是逃亡；軍人沒有按照軍令私自離開戰鬥崗位也是逃亡；刑徒私自離開拘押場所更屬於逃亡；無論集團犯罪還是個人犯罪，實施犯罪活動過程中受到追捕時的逃跑就更是逃亡；政府官員因爲政治鬥爭失敗而私自遷移也是逃亡。就逃亡原因而言，有的是因爲犯罪爲躲避懲罰而逃亡，有的是因爲其他原因而脫籍逃亡。從逃亡犯罪的行爲模式來看，就更爲複雜多樣。爲了類型研究的方便，本文以犯罪主體爲標準，劃分逃亡類型，在行文過程中則兼顧其他方面。

〔註 1〕徐幹《中論》，遼寧萬有圖書發行有限公司，2001 年，頁 36。
〔註 2〕《史記》卷八十九《張耳陳餘列傳》，中華書局，1959 年，頁 2571。

就具體的逃亡犯罪案件而言，犯罪主體和犯罪行為的存在是有一定的時間限制。任何一個社會成員在他開始逃亡的那一刻起，就成了逃亡犯罪主體，犯罪者一旦結束了逃亡，或者返回故里、或者接受了國家法律的懲罰、或者得到朝廷赦免，逃亡犯罪行為隨即結束，犯罪主體這一身份也隨之消失。從犯罪個案的角度看，逃亡犯罪與政府對這一行為的認定和制裁之間存在著一定的互動關係。個案的累積，構成逃亡犯罪的宏觀輪廓。秦漢時期的逃亡犯罪數量巨大，在時間上連綿不斷，空間上此起彼伏，構成一種社會性犯罪行為，本文的考察主要著眼於秦漢逃亡犯罪作為一種社會現象的共性。當然，沒有對逃亡犯罪個案的累積考察，所謂的共性也就成了無源之水、無本之木，因而，有限的記載比較具體的個案又是我們必須重點考察的。以逃亡犯罪的共性為目標，立足於個案考察，在個案考察的基礎上得到合理的昇華，是本文寫作時的基本思路。

逃亡犯罪作為一種犯罪現象，其中有犯罪逃亡即漢簡中所說的「罪人亡」和單純的逃亡犯罪，除去各種犯罪逃亡以外，將沒有取得合法手續認定為犯罪與政府對社會成員的遷移限制有關，當政府對社會成員的遷移控制很嚴密的時候，逃亡犯罪的涉及面就會變大，反之就會變小。隨著政府對社會成員遷移控制的放棄，對這種行為的犯罪認定會最終消失。所以就時空關係和國家法律規定而言，逃亡犯罪的界定也是變動不居的。但是，在秦漢時期，對社會成員遷移的控制一直是很嚴密的，戶籍制度、關津制度、符傳制度始終如一。所以，秦漢時期對逃亡犯罪的法律界定又是一以貫之的。秦、漢王朝法律對逃亡犯罪界定的些微變化體現在大赦的頻率上。秦朝面對社會犯罪的赦免相對少於漢朝，所以，秦朝逃亡一旦被界定為逃亡犯罪，要麼長期逃亡，要麼接受相應的懲罰，為自己的犯罪行為付出代價；漢代情況稍有不同，頻繁的大赦使各種逃亡犯罪者都會獲得免罪機會，結束犯罪行為。就此而言，秦代的逃亡個案作為犯罪被認定的時間總體上要長於漢朝，一定時空內的逃亡犯罪總量也要大於漢朝，這也可以看作秦漢逃亡犯罪的一個特點。

三、研究取向

當前的秦漢法制史研究存在著制度史研究與思想史研究脫節的現象。制度史研究只研究和描述歷史上法律制度的狀態及其歷史沿革，而不解釋這樣的制度是在什麼樣的法律思想指導下建構的。法律思想史也只研究或描述傑

出人物的法律思想，而不關注對當時的社會及其後世產生了什麼樣的影響。事實上，法律歷史存在著三個層面，即歷史上法律的出現根源，歷史上法律的本來面目，歷史上的法律對現實世界的意義。現在秦漢法制史研究中不管是法律制度史還是法律思想史都偏重於對歷史上法律本來面目的描述，而對法律產生的根源、對社會的影響關注不夠，即法律史研究中的「兩張皮」問題。〔註3〕

除兩張皮現象以外，在秦漢法律史的研究中，學術界普遍存在著以下的思維定勢：有法制必有法典；實體規範是法制的核心；立法權是法制的前提，中央集權制度爲法制的當然後盾〔註4〕。這三種定式妨礙了對秦漢法律研究的深入，很多人按照先入之見解釋這一時期的歷史資料，導致對有關史料牽強附會式的理解。研究者按照上述思維定式往往以缺乏資料爲理由而放棄了對秦漢法律史的深入研究，只把希望寄託在考古工作者的手鏟上，這顯然是不夠的。

法人類學的方法主張到生活中去尋找法律，從普遍的法律現象著手理解法律制度的發生和發展，而不是向載於典籍的概念要結論。其基本手段是觀察，按照法人類學的方法，我們對秦漢法律史的研究就必須深入當事人的「法律生活」，考察那時的法律現象，從各種社會現象中搜尋法律現象。只要我們認真檢索，便會從相關史料中感受到秦漢人的生活節律，發現他們生活中的法。當然，偶然出現的現象不是法學研究的對象，只有反覆出現的事物、規範、制度才具有法律意義。對普遍出現的法律現象進行處理、研究，就可發現具體的法律制度、法律規範、法律原則等。逃亡犯罪及其控制是秦漢時期最重要也是最普遍的法律現象之一。開展秦漢逃亡犯罪及其控制的研究，可以爲我們在秦漢法律史研究上取得新進展找到突破口。通過對逃亡犯罪及其控制的研究，可以在一定程度上解決秦漢法律制度和法律思想產生的本源問題，也可以明瞭秦漢法律制度、法律思想的出現與社會犯罪之間的邏輯關係。還可以確定那些法律是實際執行過的，具體執行的情況如何，那些是一紙空文。從秦漢逃亡犯罪與國家政權爲控制、預防社逃亡犯罪所進行的法制建設的互動關繫上，我們還可以得到更多的啓發和信息，成爲我們在現代轉型時期進行法律建設和與世界法律進行對話的有用資源。

〔註3〕倪正茂主編《法史思辯》法律出版社 2004 年，頁 27。
〔註4〕徐祥民《對中國古代法制研究中幾個思維定勢的反思》中國社會科學，2002 年 1 期。

　　歷史研究是以史料爲基礎的，秦漢法制史研究也不例外。秦漢時期史料
雖然缺乏，卻非常幸運地發掘出「睡虎地秦墓竹簡」、「張家山漢墓竹簡」、「居
延漢簡」、「長沙走馬樓吳簡」等數量較大，內容豐富的漢簡史料，尤其是前
兩種，幾乎完全是法律史料，記載了很多犯罪案件發生、處理的過程。眾多
的犯罪案例記載，雖然不能像現代犯罪學研究那樣做出各種數據處理，但進
行定性化的分析還是可行的。最近二十年的法制史研究過程中，也有一些學
者對秦漢時期的社會犯罪進行了初步的研究，基本集中在各個時代官吏瀆職
罪、貪污罪、殺人罪、盜竊罪等罪種的探討上。上述研究雖然還不成系統，
規模也較小，但爲我們進行秦漢社會犯罪研究提供了借鑑，是我們進行深入
研究的基礎。隨著社會犯罪對現代社會越來越巨大的危害，現代法學對社會
犯罪的研究也越來越重視，研究的思路、方法、手段也越來越成熟、豐富。
我們在一定程度上可以借鑑和學習現代法學對社會犯罪的研究思路、方法、
手段。綜合古代社會犯罪的史料、已經取得的研究成果、可資借鑑的思路、
方法來看，開展系統的秦漢社會犯罪研究有較高的可行性。

　　社會犯罪有著十分複雜的內容，從犯罪主體、行爲類型來看，都可以分
出很多種來進行研究，需要長時間，大規模的研究才能完成。本文以秦漢時
期的逃亡犯罪作爲研究秦漢社會犯罪的突破口，主要原因在於逃亡犯罪幾乎
與所有的社會犯罪都有關係，有犯罪幾乎就有逃亡，考察逃亡犯罪，可以從
一個側面看到秦漢社會犯罪的全貌，此其一；隨便翻撿秦漢時期的史料，都
會發現，秦漢時期的逃亡犯罪不但普遍，而且影響巨大，爲當時的政治家和
思想家們所關注，是秦漢時期社會犯罪中最重要的一種。有鑒於此，本文想
通過對秦漢時期逃亡犯罪的研究，從一個側面達到考察秦漢時期社會犯罪的
目的。

四、秦漢逃亡犯罪研究的學術回顧

　　逃亡作爲一種影響政權穩定的社會現象，在漢代即引起很多政治家的關
注，在尋找出現原因、探討解決辦法方面，提出了很多的見解，成爲我們研
究秦漢逃亡問題的基礎和出發點。其中具有代表性的有西漢時期賈誼、晁錯、
董仲舒、鮑宣等人。

　　賈誼（前 200～168 年），洛陽人，西漢著名的政論家。十八歲時，以能頌
詩、書，又是李斯的學生，得到人們的稱讚，被徵爲博士。賈誼面對西漢王朝

「公私之積猶可哀痛。失時不雨，民且狼顧；歲惡不入，請賣爵、子」〔註5〕的危險局面，看到社會上存在著不少的逃亡人員，而且有繼續增多的趨勢。賈誼認為形成這一狀況的原因是大量農民棄農經商，影響到社會的糧食生產總量；同時，商人階層在佔有了大量財富以後，生活奢侈，無形中加大了社會財富的消耗量，結果，導致社會物資儲備極度匱乏，一遇水旱災害，國家無力救助災民，大規模的社會逃亡就此出現。賈誼提出了解決問題的辦法，「今驅民而歸之農，皆著於本，使天下各食其力，末技遊食之民轉而緣南畝，則蓄積足而人樂其所矣。」〔註6〕主張通過增加農民數量從而增加農業生產總量，加強國家的物資儲備，以此減少水旱災害帶來的小農逃亡。

晁錯（？～前154年）潁川人，因力主削藩被殺。他關於社會逃亡的見解出現在他的《論積貯疏》中，對於社會逃亡大量出現的原因，除了國家物資貯備匱乏、小農經濟脆弱以外，他還指出：「尚復被水旱之災，急政暴賦，賦斂不時，朝令而暮改。當具有者半價而賣，亡者取倍稱之息，於是有賣田宅鬻子孫以償責者矣。……此商人所以兼併農人，農人所以流亡者也。」〔註7〕小農遇到水旱災害時需要的是國家的救濟，幫助，由於國庫空虛，政府不但不能給予及時的救助，反而加大賦稅徵收量，而且徵收時不考慮農民的收入情況，隨時徵收，急如星火，那些交得起賦稅的農民，也要通過市場交換，出售農產品，商人乘機壓價，農民忍痛割愛，受到商人半價收購的盤剝；那些沒有物資可供繳納的農民，只好向商人借貸，商人乘機收取加倍的利息，加重了農民的貧困。在自然災害、政府賦稅徵收和商人乘機盤剝農民等三大促使農民逃亡的因素中，晁錯更多關注的是商人對小農的兼併。

面對商人盤剝、兼併小農的現狀，他提出的解決方案的核心是「貴粟」，即讓百姓輸粟於邊以換取爵位，以爵位來贖罪，以此提高農民的收入，促使逃亡者重新返籍，從事農業生產。

賈誼和晁錯的議論都得到文帝的認同，對文帝、景帝時期解決逃亡問題的政策產生了很大的影響。

董仲舒（前179～104年），廣川人，他所建立的新儒學體系對當時及以後的封建統治思想產生過重要的影響。武帝時期，對當時嚴重的社會逃亡問題，

〔註5〕《漢書》卷二十四《食貨志》，頁1128。
〔註6〕《漢書》卷二十四《食貨志》，頁1130。
〔註7〕《漢書》卷二十四《食貨志》，頁1132。

董仲舒在他給武帝的對策中提出了自己的看法。他分析了秦朝社會逃亡嚴重的原因：

> （秦）用商鞅之法，改帝王之制，除井田，民得賣買，富者田連仟伯，貧者亡立錐之地。又顓川澤之利，管山林之饒，荒淫越制，……小民安得不困？又加月爲更卒，已，復爲正一歲，屯戍一歲，力役三十倍於古；田租口賦，鹽鐵之利，二十倍於古。或耕豪民之田，見稅什五。故貧民常衣牛馬之衣，而食犬彘之食。重以貪暴之吏，刑戮妄加，民愁亡聊，亡逃山林，轉爲盜賊，赭衣半道，斷獄歲以千萬數。漢興，循而未改。〔註8〕

董仲舒對逃亡原因進行了綜合分析，既看到了經濟的原因，又看到了政治、法制方面的原因，他提出的解決方案也是綜合性的，要求政府限制民間對土地的兼併、廢除鹽鐵官營、釋放奴婢、輕繇薄賦來減少社會逃亡。董仲舒的上述看法沒有得到武帝的贊同，但對以後政府解決社會性逃亡問題產生了不小的影響，哀帝時期大臣提出的限奴限田法令與董仲舒的建議有著某些連帶關係。

鮑宣的政治活動主要在哀帝、平帝時期。這一時期也正是西漢王朝政治腐敗，逃亡犯罪極爲嚴重的時期，他在給哀帝的上書中對逃亡犯罪大量出現的原因作了詳細的分析，提出了著名的「七亡」、「七死」之說。

> 民流亡，去城郭，盜賊並起，吏爲殘賊，歲增於前。凡民有七亡：陰陽不和，水旱爲災，一亡也；縣官重責更賦租稅，二亡也；貪吏並公，受取不已，三亡也；豪強大姓蠶食亡厭，四亡也；苛吏繇役，失農桑時，五亡也；部落鼓鳴，男女遮迣，六亡也（言聞桴鼓之聲以爲有盜賊，皆當遮列而追捕）；盜賊劫略，取民財物，七亡也。七亡尚可，又有七死：酷吏毆殺，一死也；治獄深刻，二死也；冤陷亡辜，三死也；盜賊橫發，四死也；怨讎相殘，五死也；歲惡飢餓，六死也；時氣疾疫，七死也。民有七亡而無一得，欲望國安，誠難。民有七死而無一生，欲望刑措，誠難。此非公卿守相貪殘成化之所致邪？群臣幸得居尊官，食重祿，豈有肯加惻隱於細民，助陛下流教化者邪？志但在營私家，稱賓客，爲姦利而已。〔註9〕

〔註8〕《漢書》卷二十四《食貨志》，頁1137。
〔註9〕《漢書》卷七十二《鮑宣傳》，頁3088。

鮑宣所謂「亡」就是小民無法生存而亡命他鄉，七亡、七死實際揭示了西漢後期引起社會逃亡的各種原因，七亡，揭示的是使民眾失去生活來源的七種原因，小民失去了生活來源，只有亡命他鄉；七死，所揭示的也是民眾被置之死地的各種外因，被置於死地的小民也會爲求生而逃亡，所以，七死也是促使民眾逃亡的原因。在鮑宣看來，社會性逃亡犯罪大量出現的最根本原因在於「公卿守相貪殘成化」、「群臣志但在營私家，稱賓客，爲姦利而已。」只是鮑宣作爲儒者，又生逢衰世，實在提不出新的解決方案，但他對當時引起逃亡的社會原因的分析爲我們考察西漢後期的社會逃亡提供了依據。

以上論述，代表了秦漢時期政治家對當時社會性逃亡犯罪問題的研究和總結，他們對逃亡原因和解決方案的探討，是對秦漢社會性逃亡犯罪問題的最早研究成果。東漢時期也有許多關於社會逃亡的討論，但都沒有提出新的見解，基本沒有超出上述論述的水平。

現代學者對秦漢社會逃亡關注最多的是流民問題，在已經面世的一些流民史著作中〔註10〕，對中國古代流民的稱謂、成因、各時代流民的概況、流民生涯、流民流向及其影響、政府對流民的對策等進行了探討。這些著作在宏觀上對古代流民問題有所描述，可以看到古代流民的一些方面。但將兩千餘年一直存在的流民事件看作一個整體，忽略了這一問題本身的歷史變遷，難以看到具體歷史條件下流民問題的發生、發展、平息、影響等，對我們研究秦漢逃亡問題沒有過多的參考價值。

臺灣學者羅彤華所著《漢代流民問題》〔註11〕一書專門研究漢代流民，全書四章，探討了流民的定義、漢代流民的概況、產生的原因、政府安置流民的措施和成效。是目前研究漢代流民較爲細緻的一部學術著作，其特點在於文獻資料搜集較多，有「兩漢書流民資料簡編」等附錄，便於全面觀察流民問題。作者在流民問題的成因、解決辦法、影響等方面作了具體、細緻的分析，對我們考察漢代逃亡有很大的幫助。許多學者對漢代流民問題做過分析，對本文也有一定的參考價值。〔註12〕

〔註10〕陸德陽《流民史》上海文藝出版社 1997 年 11 月版；江立華、孫洪濤《中國流民史・古代卷》，安徽人民出版社，2001 年 6 月版。

〔註11〕羅彤華《漢代流民問題》臺灣學生書局，1989 年。

〔註12〕余謙：《兩漢流民問題探微》江西師範大學學報 1994 年第 5 期；李偉、雍際春：《兩漢流民問題初探》蘭州大學學報 2001 年第 1 期；汪良：《西漢流民問題與鄉里控制》南京師範大學碩士論文 2009 年；王子今：《漢代「亡人」「流

　　另外，一些學者對秦漢時期的漢人流入匈奴和漢代流民現象進行了研究，〔註13〕大量的入匈漢人中有不少是逃亡者，流民問題也與逃亡密切相關。這些文章間接探討了漢代逃亡問題。

　　秦漢移民研究的內容有部分涉及秦漢逃亡犯罪問題，其中人口的流動，包括數量、流向、流動原因、流動結果等研究，對考察秦漢逃亡犯罪的社會結果有參考作用。秦漢流民問題研究中涉及到流民逃亡問題，也對本文有參考價值。〔註14〕

　　學術界對秦漢逃亡問題有了一些研究，但不充分，尤其以犯罪學分析範式爲指導的研究成果更少。本文在前人研究的基礎上，對秦漢時期的逃亡犯罪問題進行全面考察，力求準確認識這一問題。

　　秦漢逃亡犯罪研究是一個複雜的課體，其中涉及眾多學者的研究成果，雖然不是直接研究逃亡犯罪，但對分析秦漢逃亡犯罪的成因、形態、結果、影響、控制制度、預防措施等方面有所參考，會在行文之中注明。

五、研究方法

　　第一，歷史主義的考察方法。秦漢逃亡犯罪是發生在特定歷史時期的一種犯罪活動，本文在考察逃亡案件的時候，力求聯繫當時的歷史背景，具體分析逃亡原因、過程、影響；在整個考察過程中，力求把握秦漢歷史發展的階段性特點，以及這些特點對逃亡犯罪各個方面的影響；在考察秦漢時期逃亡犯罪的特點時，又把考察對象放在中國古代歷史發展的長河中，力求凸現秦漢時期逃亡犯罪的特點和歷史影響。

　　第二，文獻資料與考古資料相結合的方法。研究秦漢史，資料缺乏是人

　　　　民」動向與江南地區的經濟文化進步》湖南師範大學學報 2007 年第 5 期；陳
　　　　金鳳：《漢武帝時期的流民問題及其解決方式論析》咸陽師範學院學報 2007
　　　　年第 5 期；張曉晶：《兩漢流民與漢代社會》西北大學碩士論文 2007 年。
〔註13〕吳月明《西漢時期漢人入居匈奴及其影響》內蒙古師大學報 1995 年第 4 期；
　　　　張元城《西漢時期漢人流落匈奴及其影響》中國邊疆史地研究 2000 年第 2
　　　　期；王慶憲《匈奴盛時其境內非匈奴人口的構成》內蒙古社會科學 2003 年
　　　　第 1 期；余謙《兩漢流民問題探微》，江西師範大學學報，1994 年第 5 期；
　　　　查明輝《漢武帝時期的流民問題與社會控制》，湖北社會科學，2004 年第 12
　　　　期。
〔註14〕葛劍雄主編：《中國移民史》（第二卷）福建人民出版社 1997 年；賴華民：《論
　　　　秦漢移民及其特點》四川師範大學學報，1995 年第 5 期。

所共知的，但只要細心甄別，還是可以找到相當多的史料。另外，秦漢簡牘的發掘和公佈也爲我們研究秦漢逃亡提供了新的材料，如果能夠對這些彌足珍貴的簡牘資料善加應用，一定可以幫助我們解決很多研究中出現的問題。本文在許多問題的考察和論述上都依靠了出土的簡牘資料，結合文獻才得以完成。

　　第三，借鑒犯罪學的分析框架。犯罪學在分析現代社會犯罪成因、犯罪發生機制、犯罪影響、犯罪控制的系統結構方面形成了一套完整的分析理論和框架，形成了犯罪學學科範式。借鑒現代犯罪學的分析理論和框架，可以使我們對秦漢逃亡犯罪的分析更符合現代犯罪學學術範式的要求，爲中國本土化的犯罪學研究提供理論資源。

第一章　先秦逃亡犯罪

　　逃亡犯罪的發生，與社會成員的生存狀態有密切關係。具體而言，社會成員逃亡後要能夠生存下去，這一點受生產力水平和生產方式的制約。在以農業爲主，依靠耕作獲取食物的時期，個體或者個體小家庭（父親子女爲主的核心家庭）要能夠在逃往地通過耕作獲取足夠的食物，這是社會性逃亡犯罪發生的物質基礎；人作爲社會動物，在逃亡後需要重新進入社會，進入一個新的人群，進入能夠得到生存需要的安全感、歸屬感的新的社會環境，這一點可以看作是逃亡犯罪發生的社會條件；逃亡犯罪的發生，還與政府對社會成員的人身控制程度密切相關，即要能逃得出去，而且逃亡犯罪的收益要大於逃亡犯罪被抓獲後的懲罰，這可以看做是逃亡犯罪發生的法制環境。以上三點，是我們觀察先秦時期社會性逃亡犯罪出現的基本標準，具備上述條件，社會性逃亡犯罪就有發生的可能，否則，則不存在社會性逃亡犯罪。

第一節　商周時期的逃亡

　　夏朝的逃亡犯罪資料極少，此處闕而不論。殷周時期，可供探討的資料漸多，以下從社會成員居住形態、生產能力、生產方式等方面考察殷周時期逃亡犯罪發生的情況，同時對中國古代逃亡犯罪發生的客觀條件進行探討。

一、商周逃亡犯罪發生的客觀條件

　　先秦時期，由於社會成員長期（至少在西周以前）以宗族的形式存在。朱鳳瀚在系統考證了文獻資料、考古資料、金文、甲骨文資料後指出，商人

的家族組織是以宗氏、分族這樣的結構存在的。因此它是一種多層次的親屬集團。此種宗氏，是同宗的親族，即同出自一個明確的父系祖先，而且又有若干分族，所以宗氏即宗族。直至商亡國之時，商人仍保持著這種親屬組織結構，且各宗族之長還能轄率其宗族，並以此為中心輯合諸分族，可見這種親族結構仍是很牢固的。商人（被周人滅國後）可以被按宗族、分族系統分賜，他們一直是按這種親族結構聚族而居的。〔註1〕「宗族的成員彼此都有從譜系上可以追溯下來的血親關係，而在同一宗族之內，其成員根據他們與主支（由每一個嫡長子組成）在譜系上的距離而又分成若干宗支。一個宗族成員在政治權力和儀式上的地位，是由他們在大小宗支的成員所屬身份而決定的。因此，大的宗族本身便是一個分為許多階層的社會。」〔註2〕整個國家體制幾乎是族長統治的擴大、推廣。夏代政權的基本結構與商周時期類似，只是其政權核心的職官記載不清，但商代的政權以阿衡、保衡為核心，西周政權則以太師、太保為核心則是清楚的。「『保』和『阿』的官職名稱就是以貴族家中的保育人員之稱謂發展來的，原來貴族家中這種保育人員，是族中的長老，由此發展形成官職，也具有長老監護的性質。師氏原是從警衛人員發展成的教養監護之官。這就是太保和太師官職的起源。」〔註3〕通過分封制、宗法制度、嫡長子繼承制、婚姻制度，構建起一套社會等級結構，全體社會成員都在這一結構中確定了自己的位置。《左傳·昭公七年》說：「天有十日，人有十等。下所以事上，上所以共神也。故王臣公，公臣大夫，大夫臣士，士臣皁，皁臣輿，輿臣隸，隸臣僚，僚臣僕，僕臣臺。」按照上述記載，中國社會便是一個被強化了的宗族血緣網絡，人之地位完全由他與統治者血緣關係的遠近來決定，權力、財產的分配也全由每個人在這一宗族網絡中的位置來確定。每個人都被固定在這一由儀式維護的等級制度中，沒有多少自由和活動空間。

當時維持宗族成員之間關係的是宗族祭祀。《左傳·僖公十年》說：「神不歆非類，民不祀非族。」宗族祭祀成為宗族成員的凝聚劑。《國語·楚語》（上）說：「其祭典有之曰：國君有牛享，大夫有羊饋，士有豚犬之奠，庶人有魚炙之薦。籩豆、脯醢則上下共之。不羞珍異，不陳庶侈。……士食魚炙，

〔註1〕朱鳳瀚：《商周家族形態研究》天津古籍出版社 2004 年版，頁 89。
〔註2〕張光直：《中國青銅時代》三聯書店 1983 年，頁 110。
〔註3〕楊寬：《西周中央政權剖析》《歷史研究》1984 年第 1 期。

祀以特牲，庶人食菜，祀以魚，上下有序，由民不慢。」貴族、平民均有祭祀，只是祭祀貢品等級不同而已；祭祀對象有也有不同，《國語・楚語》（上）說：「天子遍祀群神品物，諸侯祀天地、三辰及其土之山川，卿、大夫祀其禮，士、庶人不過其祖。」祭祀作爲一種儀式，制約著宗族成員的精神世界與心靈歸屬，使宗族成員產生一種歸屬感、認同感與安全感。與此同時，非本族成員則被排斥在祭祀之外，難以進入本宗族，獲得宗族的庇護與認同，也就是說，即使有逃亡人員進入宗族，也會受到排斥。

　　商朝時期的宗族皆有自己一定的屬地，有自己不受王朝支配的獨立經營的經濟，有農田、畜群，這是宗族存在的經濟基礎。受勞動生產力水平的制約，宗族成員只能集體勞作，採取「共耕」的形式。「當時的墓地制度不僅反映了親族組織的形式，而且亦是當時社會經濟的反映，即核心家族之類小家族沒有自己單獨的墓地，即表明這種小家族在經濟上尚沒有獨立出來。而且其上一級的家族，即小型伸展家族的墓地既然仍存在於『群』一級墓地中，亦表明其在經濟上仍要依賴於『群』一級墓地所代表的較大規模的家族組織。這種依賴首先表現在生產形式上，也許卜辭之中許多協田之類的集體耕作，即是由這種規模的家族爲單位進行的。」〔註4〕殷墟考古中，在一個坑內曾經出土一千多把石刀，另有坑內出土 440 多把石鐮和 78 件蚌器。農具的集中保管適應了當時集體勞作的生產方式。在耒耜工具爲主的生產力狀態下，如秦漢以後那樣的個體小家庭還不足以單獨作爲一個生產單位進行農業生產——即是說，個體小家庭甚至個人，離開宗族的庇護，是難以求生的，政府對人口的管理，也就只針對「宗族」來進行，如西周初期封建諸侯時的那樣。

　　西周經過對商人的征服和大規模的封建諸侯，在原有的血緣爲紐帶的社會結構加入了較多的政治因素，但並未從根本上改變舊的以家族爲基礎的社會組織結構，只是對舊的社會組織結構進行了一定程度的改造，加速了周人與其他被征服民族之間的融合，並形成了不同民族、不同姓族的家族在一定程度上雜居的局面，徹底改變了商代那種大面積的血緣聚族而居的狀態。周人家族成員成爲貴族武士，被征服的民族上層則成爲封土內貴族，居住於都邑之內；被征服的民族的下層成爲庶民階層，居住於田野之中。居住雖在空間上間隔開來，但其居住形態卻高度一致——以宗族的形式聚族而居。西周庶民是當時的主要農業生產者，雖要以集體服役的形式爲貴族家族耕種公

〔註 4〕朱鳳瀚：《商周家族形態研究》天津古籍出版社 2004 年，頁 177。

田，但擁有自己的私田與生產工具，經營不由貴族支配的獨立經濟。庶民以包含若干個核心家族（或小型延展型家族）的父系家族作為佔有土地與組織生產的經濟單位，併合族共居。基層的核心家族（或小型延展型家族）雖由於生產力水平的低下尚不可能從此種經濟單位中獨立出來，但已在庶民的社會生活中佔有重要地位，有走向獨立的傾向。〔註5〕

商周普遍存在的居住形態是「十室之邑」、「百氏之邑」，「大概言之，小邑多統屬於大邑，大邑亦謂之都，小邑或謂之鄙。……是等小邑與書社、井田相近，一二十家村居耳，故謂之鄙。……此等邑蓋有長老如『三老』、『嗇夫』、『里正』等治之。……『里長』『三老』、『嗇夫』等蓋皆起源於原始社會之氏族及公社長老，而至階級社會時則變為國家最基層之官吏。」〔註6〕

《漢書‧食貨志》說：「春令民畢出在壄，冬則畢入於邑。其《詩》曰：『四之日舉止，同我婦子，饁彼南晦。』又曰：『十月蟋蟀，入我床下，嗟我婦子，聿為改歲，入此室處。』所以順陰陽，備寇賊，習禮文也。春，將出民，里胥平旦坐於右塾，鄰長坐於左塾，畢出然後歸，夕亦如之。入者必持薪樵，輕重相分，班白不提挈。冬，民既入，婦人同巷，相從夜績，女工一月得四十五日。必相從者，所以省費燎火，同巧拙而合習俗也。男女有不得其所者，因相與歌詠，各言其傷。」〔註7〕 在《白虎通》卷六「論庠序之學」中也有類似的論述。這雖是後人的追記，但絕非憑空捏造，其中反應的正是商周時期社會成員聚族而居、共同勞動的場景。

「公田」、「私田」之分是理解商周尤其是西周時期勞動組織形式的關鍵概念。最集中的敘述是《孟子‧滕文公》（上）：「方里而井，井九百畝，其中為公田。八家皆私百畝，同養公田；公事畢，然後敢治私事，所以別野人也。」這裡的「公田」和「私田」在一個井田之中，八家共同耕種其中的「公田」，然後每一公社農民再自己耕種各自的「私田」。孟子所說的這種在「野」裏的「公田」和「私田」的分佈形式，在殷周社會中應當是基本的、普遍的形式。但是，殷周時期的「國」中的「公田」與「私田」的關係，雖然在本質上是和「野」裏的一樣，然而它的具體分佈情況，卻與「野」裏的情形不同。「國」中的「公田」，不像「野」裏那樣分散在「十夫為溝」的井田之中，而是和「私

〔註5〕朱鳳瀚：《商周家族形態研究》天津古籍出版社 2004 年，頁 427。

〔註6〕童書業：《春秋左傳研究》上海人民出版社 1980 年，頁 181～182。

〔註7〕《漢書》卷二十四《食貨志》（上），頁 1121。

田」相互隔離，比較地集中在一個地區，由「國」中的公社農民集體來耕種，即「籍田」。〔註8〕這是最傳統的觀點，我們所關注的是「公田」、「私田」的耕作方式。農業生產方式受生產工具的制約，西周時期的生產工具依然屬於木器時代，考古發掘出的西周豐鎬遺址中，出土了大量的農具，證明了當時人們農業爲主要生產部門，但出土的農具中只有一件青銅鏟，其餘皆爲骨、蚌、石製品。〔註9〕受非金屬生產工具的限制，小規模的家族使用這種落後的工具，不足以克服自然環境帶來的災害而且生產效率極低，因此在生產方式上就需要集體協作，而能將人們團結起來進行集體協作的組織只能是血緣親族組織。西周庶民就是以較大的父系家族組織爲基本的生產單位，個體小家庭在這一時期還不具備存在的條件。〔註10〕由此我們可以判斷，在殷周時期不存在社會性的逃亡犯罪行爲。

二、商周逃亡犯罪相關史料解讀

犯罪行爲的發生是主客觀條件共同作用的結果，殷周時期不具備發生社會性逃亡犯罪的客觀條件，但並不代表一件逃亡犯罪案件都沒有。甲骨文中有很多「喪眾」的記載，《甲骨文合集》502：「貞：我其喪眾人」。《甲骨文合集》52：「貞：並亡災，不喪眾」。《甲骨文合集》58：「貞，□其喪眾」。《說文》：「喪，亡也。」「亡，逃也。」喪，就是喪失，逃亡。關於卜辭中「喪」的含義，有學者解釋爲「喪失」。〔註11〕其實，人員的喪失一方面指喪失民心，但喪失民心的表現之一就是舉族遷徙，另投他國，這裡就有逃亡意味存在。學術界對卜辭中「眾」的解釋也有不同，有人解作奴隸、有人解作公社成員，還有人解作自由民。無論哪一種，都不影響作爲「逃亡」現象的理解。當然，這裡對「喪眾」的原因、具體過程、結果，都難以作出清晰認識，但殷墟出土過三個奴隸陶俑，手上都帶有桎梏，男的在後，女的在前，施加刑具是爲

〔註8〕徐喜辰：《「籍田」即國中公田說》吉林師大學報1964年第2期。

〔註9〕胡謙盈：《豐鎬考古工作三十年（1951～1981）的回顧》，《文物》1982年第10期。

〔註10〕朱鳳瀚：《商周家族形態研究》天津古籍出版社2004年，頁419。

〔註11〕「卜辭和文獻研究兩個方面的分析都表明，商代的『喪』用如失去之義，有後世所謂的喪失。喪用如逃亡之義者爲後出，卜辭裡面的喪眾當非指眾逃亡。卜辭中的喪眾其義當指失去眾，實際上是指失去眾的支持。」晁福林：《夏商西周的社會變遷》北京師範大學出版社1996年版，頁262。

了防止他們逃亡，從反面說明了當時逃亡行爲的存在。

《甲骨文合集》109、95 記載了一次追捕逃犯的過程。武丁時期有奴隸逃亡，商王派人追捕，預計在三日內追回，結果，這批人逃過了河，過了十五天，才全部抓獲。商代奴隸主貴族爲了對付奴隸逃亡，採用斷足等酷刑，懲罰逃亡奴隸。從卜辭中，我們知道一次斷足的就有十人、百人之多〔註12〕。

《左傳·昭公七年》：「周文王之法曰：有亡荒閱，所以得天下也……。紂爲天下逋逃主，萃淵藪。」這一段文字應該是源於《尚書·牧誓》「今商王受……昏棄厥遺王父母弟不迪，乃惟四方之多罪逋逃，是崇是長，是信是使，是以爲大夫卿士。俾暴虐於百姓，以姦宄於商邑。」殷紂王不僅招納逋逃者，而且還委以重任。「四方」是指與中國相對應的周邊諸侯國，是說紂王收留逃亡而來的諸侯貴族，周文王則能夠搜捕逃亡者，將其一一捕獲。這裡有幾點需要說明，一是紂王所收留的逃亡人口絕非奴隸或普通平民，而是實力較大的貴族，否則難以在紂王政權內獲得重用；二是此類逃亡應該是帶領全部親族或部族脫離原來的封君投奔紂王而來；三是紂王收留逃亡人口的行爲之所以受到攻擊，應該是這種行爲破壞了原來的政治平衡，引發諸侯國之間人員的無序流動，破壞了正常的政治秩序。《尚書·費誓》是周滅商後，伯禽征討淮夷、徐戎時的誓詞，誓詞說：「馬牛其風，臣妾逋逃，勿敢越逐。祗復之，我商賚汝。乃越逐，不復，汝則有常刑。無敢寇攘，逾垣牆，竊馬牛，誘臣妾，汝則有常刑。」這段記載的大意是：如果人家的馬、牛走失了，男女奴隸逃跑了，不許你們離開隊伍去追趕它們。如果有誰獲得了那些走失的馬、牛和逃亡的奴隸，要有禮貌地歸還原主，我將酌情給你們獎賞。如果你們膽敢離開隊伍去追趕，捕獲了人家的馬、牛和逃亡奴隸而又不歸還原主，你們就要受到既定刑罰的懲處。不許你們劫掠、偷摸，不許你們翻越圍牆去盜竊人家的馬、牛，誘騙人家的男女奴隸，否則，你們要受到既定刑罰的懲處。這是周文王「有亡荒閱」的具體落實，其本質應該是限制諸侯之間人口的無序流動，維護各封君的政治利益。

《左傳·昭公二十六年》：「詩曰：我無所監，夏后及商。用亂之故，民卒流亡。」是說由於國家政治的混亂，引起了民眾的大規模逃亡。《漢書》記載：

> 至於殷紂，逆天暴物，殺戮賢知，賤賊百姓。伯夷、太公皆當

〔註12〕王明閣《先秦史》，黑龍江人民出版社，1983年，頁147。

世賢者，隱處而不爲臣。守職之人皆奔走逃亡，入於河海，天下耗
亂，萬民不安。……當此之時，紂尚在上，尊卑昏亂，百姓散亡。
〔註13〕

據《史記・殷本紀》記載，周文王時，「乃陰修德行善，諸侯多叛紂而往歸西
伯。……西伯既卒，周武王之東伐，至盟津，諸侯叛殷會周者八百。」此即
「百姓散亡」，實際是指諸侯背叛，其中包含著舉族遷徙依附周人的情況。《左
傳・僖公五年》：「虢仲、虢叔，王季之穆也，爲文王卿士，勳在王室，藏之
盟府。」虢叔爲西虢之君，地望在今陝西鳳翔一帶。故散國在今陝西寶雞大
散關一帶，散宜生可能是散國君主投奔周。這些賢臣應該是脫離紂王投奔周
族的諸侯國君或其後裔。《史記・殷本紀》說：「紂愈淫亂不止。微子數諫不
聽，乃與大師、少師謀，遂去。……殷之大師、少師乃持其祭樂器奔周。」
此即「守職之人」逃亡隱匿。至於他們是舉族逃亡還是單人逃亡則不得而知。

　　《周易正義・訟九二》：「不克訟歸而逋其邑人三百戶，無眚。象曰：『不
克訟歸，逋竄也，自下訟上，患至極也。』」學者認爲，「逋其邑人三百戶」
的逋字，作「逃亡」解，就是說打輸了官司的封君回到自己的封邑一看，有
三百戶人都逃亡而去〔註14〕。一次逃走三百戶部眾，應該是舉族遷徙而去，
投奔其他部落或諸侯，並非簡單的逃亡犯罪。

　　上述材料說明，在商代、西周已經出現了逃亡現象，而且在一定程度上
影響到國家政權的存在。當然，商周時期的逃亡犯罪只是相對於脫離原有的
政權而言，多屬於政治選擇的結果，而非秦漢以後具有社會影響的犯罪行爲。

第二節　春秋時期的逃亡

　　如果說，商周已經出現了社會成員逃亡的話，也只是零星的，對社會政
治、經濟、文化發展造成的影響是有限的。但到了春秋時期，隨著社會變遷
的加劇，以政治逃亡爲主、外加民眾逃亡、士兵逃亡，逐漸成爲春秋時期一
種重要的社會現象。春秋時期社會結構的劇烈變化，宗法制、井田制、世卿
世祿制、禮樂制度、家族制度等社會行爲規範逐漸遭到破壞，新的機制正處
於形成之中，廢嫡立庶，諸子爭立，爭權奪利，家族火併等貴族內部的爭鬥

〔註13〕《漢書》卷五十六《董仲舒傳》，頁 2509。
〔註14〕王明閣《先秦史》，黑龍江人民出版社，1983 年，頁 219。

時有發生。這種貴族內部的鬥爭發展到白熱化程度時便會發生殘酷的政治衝突，結果不是一方失敗被殺，就是一方失敗「出奔」他國或他地。政治衝突往往還會引起連鎖反應，株及家族成員或其他同黨。與商周相比，春秋時期的逃亡數量多，涉及範圍廣，對當時的社會、政治、文化、地區和民族之間的文化交流都有重要的影響。

一、逃亡類型

春秋時期，隨著社會政治、經濟的變遷，出現了數量眾多的逃亡事件，表現出與前代不同的特點。春秋時期的逃亡，在史籍中多記做「奔」、「放」或者「叛」。杜宇《春秋釋例》：

> 奔者，迫窘而去，逃死四鄰，不以禮出也。放者，受罪點免，宥之以遠也。臣之事君，三諫不從，有待放之禮。故傳曰：「義則進，否則奉身而退。」迫窘而出奔，及以禮見放，俱去其國，故傳通以進為文。放者，緣遣者之意為義；奔者，指去國之人。……叛者，以地適他稱叛，入魯則稱來奔。

據此則奔、放在本質上是沒有區別的，都指觸犯禮法，已經不容於故國，被迫離開自己的國家或故土，逃亡他鄉。此外、民眾的逃亡則稱做「民潰」，士兵的逃亡則稱做「師潰」。按照逃亡主體的不同，春秋時期的逃亡又可以分為以下幾類：

第一類是滅國和政治鬥爭失敗的國君出奔

在眾多的出奔事例中，大小國君的出奔有三十例以上，其中有封國被滅亡而流亡在外的、有國內公子依靠大國強援求立而國君被迫流亡的、也有受到大國攻擊被迫流亡的、還有在政治鬥爭中失敗而流亡的國君，周天子的出奔事例也不少。

春秋時期的諸侯爭霸，主要通過列強滅亡弱國，以擴張疆土。其中，齊、晉、楚三國滅國最多，《荀子・仲尼篇》稱「齊桓公滅國三十五」，《呂氏春秋・貴直》載晉國趙簡子語：「昔吾先君獻公即位五年，兼國十九」，《韓非子・有度》篇：「荊莊王並國二十六，開地三千里」。整個春秋時期滅亡的封國顯然比這要多，這些滅國的國君大多流亡它國，投靠同盟。《左傳・僖公五年》：「楚鬥穀於菟滅弦，弦子奔黃。冬，十二月，丙子，朔，晉滅虢，虢公醜奔京師。」虢公醜和弦子沒有復國的記錄，只能流亡他鄉了。春秋時期

各大國的形成均以消滅其他封國兼併土地而來，國君出亡，與隨從、家人、臣下一起構成一個逃亡小集團。此類逃亡雖然難以納入逃亡犯罪的範疇，但與逃亡犯罪在行為特徵上有共通之處。

春秋時期各國政治鬥爭中，失敗的國君多采取奔逃的方式。《左傳·桓公十年》：「虞叔有玉，虞公求旃。……乃獻之，又求其寶劍，……遂伐虞公，故虞公出奔共池。」貪財的虞公在與大臣的鬥爭中失敗出奔。

春秋時期，周王朝已經衰落到一個小國的地位，周王因為各種原因也被迫出奔，有時要依靠諸侯的力量才得以返回國都。《左傳·莊公十九年》：「王姚嬖于莊王。生子頹。子頹有寵，……及惠王即位，取蒍國之圃以為囿。……故蒍國、邊伯、石速、詹父、子禽祝跪作亂，因蘇氏。秋，五大夫奉子頹以伐王，不克，出奔溫。蘇子奉子頹以奔衛。衛師、燕師伐周。冬，立子頹。」周惠王被迫逃亡虢國，兩年後，周惠王才在虢公的幫助下，擊敗子頹，恢復了王位。

因君位之爭導致「出奔」的事件，有學者對春秋時期的國君出奔現象做過詳細統計。〔註15〕其中宋國4起，涉及到6人次和群公子集體「出奔」1起；齊國14起，涉及到23人次；周王室7起，涉及到12人次和召氏之族；衛國14起，涉及到16人次和蒯瞶之黨；魯國3起，涉及到4人次和惠伯之帑；楚國4起，涉及到4人次；晉國4起，涉及到4人次和群公子集體「出奔」1起；陳國1起，涉及到1人次；莒國5起，涉及到7人次；鄭國1起，涉及到1人次；蔡國2起，涉及到2人次；吳國2起，涉及到2人次；許國1起，涉及到1人次；郕國1起，涉及到1人次；秦國1起，涉及到1人次。總計70起，92人次。具體人數不詳的集體「出奔」5起。

第二類是政治鬥爭中失敗的公子、公孫的出奔

春秋時期，君位繼承基本以父死子繼為主，偶而有兄終弟及者，而君位繼承者的確定取決於國君的好惡，因寵幸姬妾而延及兒子，進而影響到君位繼承者的變更；春秋時期的各國大夫及世卿在政治上有著很大的勢力，當君位繼承者得不到執政大夫的擁護時，也會出奔他國。這是大批公子及其黨羽出奔的重要原因。春秋時期世卿世祿制度之下，公子、公孫是官僚集團的重要來源，各自有封邑，有自己的勢力集團和軍事力量，是一股不小的政治勢力，在與其他各種政治勢力鬥爭中的失敗者也只有出奔一途。另外那些企圖

〔註15〕張彥修：《春秋出奔考述》史學月刊1996年第6期。

控制君位，控制國家政治權利的大臣，爲了達到自己的目的，總是想法設法借各種機會剪除國君子弟，削弱國君勢力，達到控制政權的目的，這也成爲公子、公孫出奔它國的原因之一。

> 桓公二年，弟州吁驕奢，桓公絀之，州吁出奔。十三年，鄭伯弟段攻其兄，不勝，亡，而州吁求與之友。十六年，州吁收聚衛亡人以襲殺桓公，州吁自立爲衛君。爲鄭伯弟段欲伐鄭，請宋、陳、蔡與俱，三國皆許州吁。州吁新立，好兵，弒桓公，衛人皆不愛。……石碏與陳侯共謀，使右宰醜進食，因殺州吁於濮。〔註16〕

州吁可謂野心勃勃，其「驕奢」大概也是因爲窺伺君位，不容於國君而出奔。他在出奔後收集衛國的其它逃亡者，一度奪取了衛國的君位。

《左傳‧莊公二十二年》：「陳人殺其大子禦寇，陳公子完與顓孫（二人皆禦寇之黨）奔齊。顓孫自齊來奔。」屬於君位爭奪中避難而出奔者。

《左傳‧隱公元年》：「大叔完、聚，繕甲、兵，具卒、乘，將襲鄭。夫人將啓之。公聞其期，……命子封帥車二百乘以伐京。京叛大叔段，段入於鄢。……五月辛丑，大叔出奔共。……鄭共叔段之亂，公孫滑（段之子）出奔衛。」屬於爭奪君位失敗而出奔。

《左傳‧襄公二十年》：「蔡公子燮欲以蔡之晉，蔡人殺之，公子履，其母弟也，故出奔楚（與兄同謀故）。」公子履屬於受到牽連而出奔。

《左傳‧襄公二十年》：「陳慶虎、慶寅畏公子黃之偪也，愬諸楚曰：『與蔡司馬同謀（背楚與晉）。』楚人以爲討，公子黃出奔楚。」公子黃的逃亡屬於被人陷害，受到大國力量逼迫引起的逃亡。

第三類是政治鬥爭失敗的大夫出奔

大夫是春秋時期政治舞臺上的重要角色，隨著國君的更迭，尤其是那些以非正常手段造成的國君更迭，或者以非正常手段企圖進行國君更迭而沒有成功時，會出現一批政治上的失敗大夫，他們一般選擇奔逃以避禍。

《左傳‧閔公二年》：「鄭人惡高克，使帥師次於河上，久而弗召，師潰而歸，高克奔陳。注：高克，鄭大夫，好利而不顧其君，文公惡之而不能遠，故使帥師而不召。」得罪於國君，國君會以各種方法迫使大夫出奔他國，以達到自己的目的。高克終於因爲長期戍守邊關，所率士兵集體逃亡，自己也被迫亡命而去。

〔註16〕《史記》卷三十七《衛康叔世家》，頁1592。

《左傳‧昭公二十年》記載了發生在衛國的一次失敗政變：

> 衛公孟縶狎齊豹，（公孟，靈公兄，齊豹，衛司寇）奪之司寇
> 與鄄（豹邑）。有役則反之，無則取之。公孟惡北宮喜、褚師圃，欲
> 去之。公子朝通於襄夫人宣姜，懼，而欲以作亂。故齊豹、北宮喜、
> 褚師圃、公子朝作亂。……公如死鳥（衛地），……齊氏之宰渠子召
> 北宮子（北宮喜），北宮氏之宰不與聞，謀殺渠子，遂伐齊氏，滅之。
> 丁巳晦，公入，與北宮喜盟於彭水之上。秋七月戊午朔，遂盟國人。
> 八月辛亥，公子朝、褚師圃、子玉霄、子高魴出奔晉（皆齊氏黨）。

這一事件中，衛侯是被動的受害者，他的出奔是事件的意外結果。在這場失
敗的政治鬥爭中，公孟（衛靈公兄）、齊豹（衛國司寇）、北宮喜（有封邑）、
公子朝、褚師圃等大夫是主角，他們因為與衛靈公兄弟的矛盾結合在一起，
發動內亂沒有成功。其中齊豹的家臣渠子和北宮喜的家臣也是重要角色。發
動內亂的陰謀失敗後，參與發動內亂者逃亡晉國。春秋時期，各諸侯國都有
類似的事件發生，由此引起的大夫逃亡事件是非常多的。

第四類是家臣出奔

春秋後期，陪臣執國命，各大夫的家臣開始登上政治舞臺，〔註17〕在家
臣與大夫鬥爭中失敗的大夫、家臣也走上出奔的道路，成為春秋後期逃亡的
一大特點。〔註18〕家臣的出奔主要有兩類，一類是封君因為各種原因，受到
打擊，失去封邑，家臣隨之失去安身立命之所而逃亡；另一類則是家臣與封
君發生矛盾，成為封君的對立面，在與封君的鬥爭中失敗而亡命他國。《左
傳‧文公十八年》載：

> 文公二妃。敬嬴生宣公。敬嬴嬖，而私事襄仲。宣公長，而屬
> 諸襄仲。襄仲欲立之，叔仲（惠伯）不可。仲（叔仲）見於齊侯而
> 請之。齊侯新立，而欲親魯，許之。冬十月，仲殺惡（太子）及視
> （太子弟），而立宣公。……仲以君命召惠伯，……（而殺之）。（其
> 宰）公冉務人奉其帑以奔蔡。既而復叔仲（惠伯）氏。

襄仲與叔仲在擁立新的君主時發生衝突，襄仲乘叔仲（惠伯）到齊國求援的

〔註17〕劉澤華：《春秋戰國的「立公滅私」觀念與社會整合（下）》，南開學報，2003
年第 5 期。

〔註18〕謝乃和、陶興華：《春秋家臣屢叛與「陪臣執國命」成因析論》，西北師大學
報，2006 年第 6 期。

機會，殺死了原來的太子兄弟，又封鎖消息，以原來太子的名義把叔仲從齊國召回，殺死之後，埋在馬糞之中。叔仲的邑宰在封君被殺後，失去了依靠，攜帶封君家屬一起逃亡到了蔡國。這是大夫在政治鬥爭中失敗被殺後，家臣逃亡他國的典型事例。叔仲氏的家臣公冉務人在封君被殺後，保護著封君的家屬逃亡國外，又想法設法恢復了封君的封邑，大概出奔的公冉務人應該能夠返回封邑。

《左傳・昭公十二年》記載了一次發生在魯國的家臣陰謀推翻封君的事件：「季平子立，而不禮於南蒯（季氏費邑宰），南蒯謂子仲：吾出季氏，而歸其室（季氏家財）於公，子更其位，我以費爲公臣。子仲（公子慭）許之。南蒯語叔仲穆子（叔仲小），且告之故。……故叔仲小、南蒯、公子慭謀季氏。慭告公，而遂從公如晉。南蒯懼不克。以費叛如齊。子仲還，及衛，聞亂，逃介而先。及郊，聞費叛，遂奔齊。」南蒯爲季平子封邑費的邑宰，是季平子的家臣，他聯絡一些對季平子不滿的人，準備趕走季平子，把費邑和季平子的土地財產交公，由於此事不合禮法，南蒯害怕不成功，最後自己逃亡齊國，與此事有關的子種（公子慭）也逃亡齊國。季氏家族是魯國三桓之一，執掌魯國政權多年，此時竟然差點被家臣趕走，這是家臣謀及公室而失敗出奔的典型事例，顯示了春秋後期大夫失權，政在家臣的特點。

春秋末期，隨著貴族大夫的進一步沒落，家臣成爲政治舞臺上的重要角色，家臣之間的鬥爭和衝突逐漸增多，鬥爭中失敗的家臣也一如以前的大夫，開始逃亡他國，而且還能受到隆重的接待，享受較好的待遇，是「陪臣執國命」的真實體現。

春秋二百餘年之間，那些慘遭滅族之禍的大夫、家臣大多出奔他國，以求得生存和發展的機會；也有被掌權者驅逐而全族出奔他國的大夫家臣，這類逃亡事件是很多的。

最後一類是「民潰」和「師潰」事件

春秋時期除去大量的政治人物逃亡外，還有數量不少的「民潰」和「師潰」事件，也屬於逃亡的範疇。周襄王八年（前644年）十二月，齊國徵發各盟國百姓到鄫（今山東棗莊），「十二月，會於淮，謀鄫，且東略也。城鄫，役人病。有夜登丘而呼曰：『齊有亂。』不果城而還。」〔註19〕百姓不堪忍受沉重的勞役

〔註19〕《左傳・僖公十六年》。

而逃亡，使城池無法修築。

周襄王十一年（前641年），「初，梁伯好土功，亟城而弗處，民疲而弗堪。則曰：『某寇將至。』乃溝公宮，曰：『秦將襲我。』民懼而潰，秦遂取梁。」〔註20〕所謂「民潰」，也就是梁國修城百姓的集體逃亡。「三年春，莊叔會諸侯之師伐沈，以其服於楚也。沈潰。凡民逃其上曰潰，在上曰逃。」〔註21〕這一年是公元前624年，由於魯國的攻擊，沈國民眾出現了集體逃亡現象。

公元前582年，莒國發生了大規模的逃亡事件，《左傳·成公九年》記載：「冬十一月，楚子重自陳伐莒，圍渠丘。渠丘城惡，眾潰，奔莒。戊申，楚入渠丘。……楚師圍莒。莒城亦惡，庚申，莒潰。」這是為了躲避戰爭而出現的民眾逃亡事件。春秋時期「民」的內容比較複雜，至少包括國人、平民兩類。國人是指居住在國都（及其近郊）的士農工商，大致為下層貴族和上層庶民。春秋時期「國人」起義頻繁，多與大貴族作亂結合在一起，亦有單獨起義者。「蓋春秋時貴族以國人為統治基礎，國人叛離，國將不國。」〔註22〕「國人起義」事件見《左傳》桓公二年，僖公二十八年，文公十六年和十八年，襄公十一年、二十年、二十三年、三十一年，昭公十三年、二十三年，哀公十一年。「國人起義」方式大致有二，一是逃離國都，二是驅逐君主，前者涉及逃亡，後者則不是。

除去「民潰」事件以外，還出現了士兵逃亡的事件，就是「師潰」。除去前面引述的齊國出現的士兵逃亡事件外，《左傳·昭公二十四年》：「六月，王子朝之師攻瑕及杏，皆潰。」王子朝的士兵都逃跑了，這一年是公元前518年。在此前，楚靈王的士兵也發生了「師潰」事件。但從記載來看，整個春秋時期的士兵逃亡事件是不多的。

公元前563年，鄭國發生內亂，執政子駟被殺，貴族子西率兵平息叛亂後回到家中，卻看到「臣妾多逃，器用多喪。」〔註23〕大概是家內的奴隸們乘混亂都攜帶財物逃走了。春秋時期劇烈的政治鬥爭中失敗的貴族很多，此類家內奴隸的逃亡事件也應該較多。

在《莊子·盜跖》中記載了由盜跖所領導的一次武裝起義，跖率領著九

〔註20〕《左傳·僖公十九年》。
〔註21〕《左傳·文公三年》。
〔註22〕童書業《春秋左傳研究》上海人民出版社1980年，頁346。
〔註23〕《左傳·襄公十年》。

千餘人轉戰各地，橫行天下，以至「大國守城，小國入保。」〔註24〕這樣大規模的武裝起義與逃亡有著密切的關係。春秋時期關於「盜」活動的記載不少，也是春秋逃亡的重要組成部分。

二、逃亡結果

春秋時期各諸侯國根據自己不同時期政治目標和外交重心的不同，對這些亡命出奔者採取了不同的處理辦法。

1. 為它國政權效力

「楚才晉用」是春秋時期人才流動對國家發展產生影響的典型例證，也是許多逃亡者在逃入地為他國政權效力的結果。《左傳·成公二年》記載：申公巫臣奔晉，晉人使為刑大夫。魯成公七年（前584年）「巫臣請使於吳，晉侯許之。吳子壽夢說之。乃通吳於晉。……與其射御，教吳乘車，教之戰陣，教之叛楚。寘其子狐庸焉，使為行人於吳，吳始伐楚、伐巢、伐徐（皆楚屬國），……馬陵之會，吳入州來，子重自鄭奔命，子重、子反於是乎一歲七奔命。」出奔的申公巫臣，被與楚爭霸的晉人所利用，為晉人「開闢了另一條對楚戰線。此後，楚國頻繁出兵應付吳之襲擾，疲於奔命，難以再投入大量兵員、財力與晉國在中原進行逐鹿爭霸了。」〔註25〕接納各國逃亡而來的政治家為己所用是春秋時期大國爭霸的策略之一。

春秋時期，齊晉秦楚作為爭霸對手，除春秋初期齊國稱霸外，在很長時間裏齊國受制於晉國，徘徊於晉楚之間，成為晉楚兩國爭奪的對象，齊晉聯合，則能有效制約楚國的北上，而齊楚聯盟，則會限制晉國的南下中原。這一政治格局也影響到對出奔者的處理。《左傳·襄公二十九年》：「高豎以盧叛，……十一月乙卯，高豎致盧而出奔晉，晉人城綿而置旃。」對於那些被驅逐而出奔到晉國的齊國大夫，在晉國會得到良好的接待，安置這些人對於發展晉齊關係是有用的。

晉人不但善待齊國的出奔者，對於楚、秦兩國的出奔者也會殷勤接待，以備它時之需。《左傳·昭公元年》記載：秦后子出奔晉，「后子享晉侯，造舟於河，十里舍車，自雍及絳。歸取酬幣，終事八反。」受到國君隆重接待，

〔註24〕《莊子·盜跖》。
〔註25〕宋傑《先秦戰略地理研究》，首都師範大學出版社，1999年，頁106。

可見晉對秦的重視。

晉人除對齊、秦、楚的出奔者殷勤接待外，對中原大國鄭的出奔者也是非常重視的。魯昭公七年，鄭國內亂，罕朔奔晉，晉國執政韓宣子曾問其位於子產，最後使罕朔「從嬖大夫」。官位爵祿降等是當時各國對待出奔者的基本原則。

晉國善於接納和使用出奔而來的楚人，對晉國的爭霸起過重要作用。《左傳・襄公二十六年》記載：

> 及宋向戌將平晉、楚，聲子通使於晉，還如楚。令尹子木與之語，問晉故焉，且曰：「晉大夫與楚孰賢？」對曰：「晉卿不如楚，其大夫則賢，皆卿材也。……」（聲子對曰）：「……今楚多淫刑，其大夫逃死於四方。……子儀之亂，析公奔晉，晉人置諸戎車之殿，以為謀主。……楚失華夏，則析公之為也。雍子之父兄譖雍子，君與大夫不善是也（沒有善加調解），雍子奔晉，晉人與之鄐，以為謀主。彭城之役，……楚師宵潰，晉降彭城而歸諸宋，以魚石歸。楚失東夷，子辛死之，則雍子之為也。子反與子靈爭夏姬，而雍害其事，子靈奔晉，晉人與之邢，以為謀主，扞禦北狄，通吳於晉，教吳叛楚，教之乘車，射御，驅侵，使其子狐庸為吳行人焉。吳於是伐巢，取駕、克棘，入州來，楚罷於奔命，至今為患，則子靈之為也。若敖之亂，伯賁之子賁皇奔晉，晉人與之苗，以為謀主。鄢陵之役……楚師大敗，王夷，師熸，子反死之。鄭叛，吳興，楚失諸侯，則苗賁皇之為也。

楚國的出奔大夫熟悉楚國的政治、軍事情況，「楚材」在晉、楚爭霸中為晉國戰勝楚國作出了很大的貢獻，對晉國霸業的建立起到了重要作用。〔註26〕

2. 為故國「禁錮」

「禁錮」即封閉，幽閉之意，專指取消事主的為官資格。《九朝律考・漢律考二》指出：「禁錮蓋本周制」屬於「刑名」。《左傳・襄公二十一年》記載：欒盈出奔楚，「冬，公（魯襄公）會（晉侯，齊侯、宋公、衛侯、鄭伯、曹伯、莒子、邾子）於商任。錮欒氏也。注：為禁錮欒盈，使諸侯不得受之。」當時正是晉楚對峙時期，欒盈奔楚對晉國是有影響的，所以才有晉國挾霸主之

〔註26〕馮慶餘、閻忠《春秋戰國時期的人才流動》史學集刊 1991 年第 1 期。

威，限制欒盈爲敵國所用的舉措。襄公二十二年（前551年）秋，「欒盈自楚適齊，晏平仲言於齊侯曰：商任之會，受命於晉，今納欒氏，將安用之？……弗聽。冬，（公會晉侯，齊侯、宋公、衛侯、鄭伯、曹伯、莒子、邾子、薛伯、杞伯、小邾子）於沙隨。復禁錮欒氏也。注：晉士匄知欒盈在齊，故又會諸侯以禁錮之。欒盈猶在齊。」《左傳‧襄公二十三年》記載：欒盈入於曲沃，欲襲擊晉執政，結果「晉人克欒盈於曲沃，盡殺欒氏之族黨。」欒盈逃到齊國，其親信多人被殺。禁錮出奔大夫的事例在春秋凡兩見，禁錮對象是晉國的執政大夫欒氏（欒盈），禁錮範圍是在同盟國之間，主要禁錮他們不得在他國擔任官職，以免他們利用自己在國內的勢力東山再起，或做出不利於諸侯國的事情。但從禁錮的結果來看，基本上都沒有什麼效果，實力較強的諸侯國不會理會這種禁錮同盟，照樣會利用這些出奔大夫謀求自己的利益。但受到禁錮畢竟是對逃亡者的懲罰之一。

3. 返回故國

一是借助內應返回故國。對於出奔在他國的出奔者，如果不是因爲罪大惡極，都有可能因國內政局的變化而返回故國。《左傳‧莊公十四年》：「鄭厲公自櫟侵鄭，及大陵，獲傅瑕。傅瑕曰：『苟舍我，吾請納君。』與之盟而赦之。六月甲子，傅瑕殺鄭子及其二子，而納厲公。』」出奔在外的鄭厲公依靠內應，成功復國即位。當然，若沒有內應，僅依靠自身的武裝，向返回故國復位是很難的。

二是得到它國幫助返回故國。出奔的周天子、諸侯國君和各國公子多利用它國幫助返回故國。《左傳‧莊公二十一年》記載王子頽之亂後，「夏，同伐王城。鄭伯將王自圉門入。虢叔自北門入。殺王子頽及五大夫。鄭伯享王於闕西辟，樂備。王與之武公之略，自虎牢以東。」周天子以土地換得鄭國、虢國的幫助，得以復國。《左傳‧僖公二十五年》載狐偃語：「求諸侯，莫如勤王。諸侯信之，且大義也。繼文之業，而信宣於諸侯，今爲可矣。」可見勤王復國是一本萬利之事，諸侯國武力送出奔的諸侯國君主和公子回國即位，都是看到了其中巨大的政治利益所在。

三是被故國「召回」

春秋時期由於宗法制的推行，就產生了與其相關聯的祭祀制度、族墓制度、姓氏制度等。當一些卿大夫出奔後，他們就不能按時祭祀自己的祖先，可在當時社會，人們普遍相信鬼神的存在，加之對血緣關係的重視，因此祭

祀自己的祖先被看成非常重要的事情，所謂「國之大事，在祀與戎。」《左傳‧莊公十六年》「鄭伯治與於雍糾之亂者，九月，殺公子閼，則強鉏。公父定叔出奔衛。三年而復之，曰：『不可使共叔無後於鄭。』使以十月入。」《左傳‧成公十八年》，「國弱來奔。……既，齊侯反國弱，使嗣國氏，禮也。」都是故國召回出奔者的案例。春秋時期，讓卿大夫之家有後於國，不能絕其族祀已經成為社會上的一種共識，也是一種禮儀。

4. 被　殺

一是是引渡被殺。《左傳‧莊公十二年》「冬十月，宋萬出奔陳」，「（宋人）亦請南宮萬於陳，以賂。陳人使婦人飲之酒，而以犀革裹之。比及宋，手足皆見。宋人皆醢之。」宋萬因為殺害宋閔公而出奔陳國，陳國受到宋國請求而將其遣送回國，回國後被殺。《左傳‧宣公十五年》「酆舒奔衛，衛人歸諸晉，晉人殺之。」晉強衛弱，酆舒有罪大惡極，被遣返回國就不難理解了。

二是在奔國被殺。如《左傳‧襄公六年》「正輿子、王湫奔莒，莒人殺之。」這二人與齊國為敵，莒為小國，無力保護他們，又不敢得罪強齊，讓自己引禍上身，不如殺之獻媚於齊。

三是被本國派人暗殺。《左傳‧僖公二十四年》「鄭子華之弟子臧出奔宋，好聚鷸冠。鄭伯聞而惡之，使盜誘之。八月，盜殺之於陳宋之間。」杜預認為「聚鷸羽以為冠，非法之服」。鄭伯惡其服非法，才派人將其暗殺。《左傳‧定公五年》「春，王人殺子朝於楚。」子朝因為爭奪王位失敗出奔在外已經十年，周王仍然擔心王子朝回來篡位，派人將其暗殺。

四是武力回國不成被殺。《左傳‧襄公三十年年》出奔的鄭國伯有以武力攻打鄭北門，結果「伯有死於羊肆。」《左傳‧相公二十三年》晉欒盈率曲沃之甲攻打絳都兵敗，晉人「盡殺欒氏之族黨」。若既無內應，又無強大的外援，卿大夫要強行返回故國，只能是一種被逼無奈的垂死掙扎。

三、逃亡特點

出奔，就其形式來看，是一種離開故國，前往他國的行為。從原因方面來分析，可分為主動性出奔和被動性出奔。所謂主動性出奔，即出奔者在無任何外界壓力的情況下，自己主動作出放棄一切官職和財產等的決定，離開故國，去往他國的行為。〔註27〕無論哪一種，在春秋時期，各國基本將出奔

〔註27〕徐傑令：《春秋時期的出奔》《史學集刊》2000 年第 3 期。

作爲對犯罪者的處罰手段，出奔者雖然倉皇而走但不會受到追捕。《左傳・僖公三十一年》記載：「鄭洩駕惡公子瑕，鄭伯亦惡之。故公子瑕出奔楚。」公子瑕在得罪於國君，國君以迫之出奔作爲對他的懲罰。

《左傳・昭公十年》記載：「五月庚申，（陳、鮑與國、高）戰於稷，欒、高敗，又敗諸莊。欒施、高彊來奔（魯），陳、鮑分其室。」齊國對於叛亂者沒有繼續追究捉拿，而是任其逃奔，只是瓜分其財產了事，也說明對犯罪者以出奔作爲懲罰措施的事實。

《左傳・文公六年》載：「賈季怨陽子之易其班也（本中軍帥，易以爲中軍佐），而知其無援於晉也。九月，賈季使續鞫居殺陽處父。……十一月丙寅，晉殺續簡伯（續鞫居）賈季奔狄。宣子使臾駢送其帑，……臾駢……盡具其帑，與其器用財賄，親帥扞之，送致諸境。」這種出奔是國家作爲一種對犯罪大夫的懲罰而出現的，不但可以全身而走，簡直可以說是禮送出境了。《左傳・成公十五年》載：

> 秋八月，葬宋共公。於是華元爲右師，魚石爲左師，蕩澤爲司馬，……蕩澤弱公室，殺公子肥（輕公室因爲弱，故殺其枝黨）。華元曰：「我爲右師，君臣之訓，師所司也。今公室卑，而不能正（不能討蕩澤），……敢賴寵乎？」乃出奔晉。……魚石自止華元於河上。請討，許之，乃反。使華喜、公孫師帥國人攻蕩氏，殺子山……魚石、向爲人、鱗朱、向帶、魚府出舍於睢上，華元使止之，不可。
>
> 冬十月，……（五人）遂奔楚。

華元欲出奔是他認爲自己作爲執政，有人觸犯禮法卻不能討伐，屬於失職罪，作爲懲罰應該出奔。而魚石等五人的出奔也是因爲攻殺大夫，有違禮法，故而以出奔來謝罪。

以出奔作爲懲罰犯罪的手段，與春秋時期世卿世祿的官位繼承有極大的關係，世卿世祿之下，某一家族之人長期擔任某一官職，主官與屬大夫之間形成穩定的君臣關係，對於犯罪的官吏採取驅逐的方式，使之全族奔逃他國，從而實現官職的轉移；由於世卿世祿，大夫之間形成錯綜複雜的姻親關係，而大夫多出自公族，即國君的後代，對犯罪的大夫採取驅逐使之出奔的懲罰方式，減少了同族之間的殘殺，符合「親親」的原則；春秋時期，人們以血緣爲基礎聚族而居，宗族集體的力量是人們生存的重要依靠，被驅逐出奔者失去了對宗族的依靠，本身就是對他們的嚴重打擊和懲罰，有的人出奔他國

後失去了政治上的地位和經濟上的保障，只好漂泊他鄉；春秋時期的列國之間已經開始了互相的爭鬥，吸納逃奔而來的出奔者既可以增加人口，同時那些在政治鬥爭中失敗而出奔的人還可以作爲政治籌碼，在必要的時候派上用場，也可以利用他們來瞭解出奔者原來國家的情況，做到知己知彼，在政治、軍事鬥爭中處於有利地位。〔註 28〕各國願意接納出奔而來的人員，也是以出奔作爲懲罰犯罪的手段在春秋時期大量存在的重要原因。

春秋時期的逃亡表現出如下特點。

第一，逃亡人物基本都屬於政治人物，國君、公子公孫、大夫、家臣，都屬於統治階層，這類事件很多；普通民眾的逃亡表現爲「民潰」、「師潰」、「臣妾多逃」，相對較少。

第二，逃亡原因也來自於政治鬥爭，國家被滅，君位被篡奪、手奪政治權力失敗、受到外敵攻擊等導致的逃亡事件，都是政治鬥爭的產物，因爲這些原因導致的逃亡也屬於政治逃亡。因築城勞役沉重導致的「民潰」事件和久戍導致士兵逃亡的「師潰」事件並不太多。

第三，將逃亡本身看作一種對逃亡者的懲罰措施，通過迫使逃亡，使之失去封邑和封邑上的民眾，從而失去政治、經濟利益的來源，以此作爲懲罰對方的手段。

第四，由於當時列國並存，各自有著不同的政治、經濟利益，所以逃亡者很容易找到立足點，獲得新的庇護者，繼續他們的貴族生活。

第五，春秋時期的逃亡雖然記載事例很多，但總體看來，逃亡人數不會太多，每次逃亡者亡命他國時基本上是帶領自己的家族一起逃亡，最多是帶上自己封邑的民眾，但這樣的逃亡事件是比較少的。總體看來，逃亡人數不會太多。

第六，由於逃亡者大多是各國政治鬥爭中的失敗者，這些人熟悉各國的地理形勢，軍事、政治、文化特點，所以他們出逃後大多數都能夠得到他國的重視，爲接納國提供政治、軍事上的服務，影響到春秋時期的政治、軍事鬥爭形勢。

第七，春秋時期看不到個體農民或者農奴逃亡的現象，這與當時社會生產力的發展水平，宗法宗族的具體活動狀態，各國地方管理體制有著密切的

〔註 28〕秦國利：《春秋時期貴族出奔考論》《史學月刊》2009 年第 6 期。

關係，顯示出鮮明的時代特點。

第三節　戰國時期的逃亡

　　在社會政治、經濟激烈變動的戰國時期，許多在政治鬥爭中失敗的政治家、士人爲了逃避懲罰而走上逃亡之路，由於這些逃亡者熟悉各國政治經濟情況，又熟悉國家的軍事險要、攻防形勢，所以這些人的逃出與逃入對不同的國家有不同的影響，有時甚至是致命的影響。另外，在戰國時期，各國爲了戰勝對手，都在大力發展生產，努力增加人口，除了鼓勵生育以外，吸引他國人口也是經常採用的方法，在這一政策吸引之下，民眾的逃亡也應該較多。而戰爭頻繁、政局動盪、尊賢養士的風尚等都爲「逃亡」提供了肥沃的土壤。

一、逃亡類型

　　戰國時期的逃亡犯罪按照逃亡主體的不同，可以分爲政治家和士人逃亡、軍人逃亡、普通民眾逃亡、君主逃亡四類。

1. 政治家和士人逃亡

　　《戰國策》記載：「昌他亡西周之東周，盡輸西周之情於東周。東周大喜，西周大怒。」〔註29〕鮑注：「以罪去國曰亡。」昌他也作宮他，是西周的大臣，因爲政治原因而逃亡東周，使西周的國家機密完全泄漏。

　　「衛鞅亡魏入秦，孝公以爲相，封之於商。」〔註30〕按《史記·商君列傳》中公叔痤的說法，商鞅入秦是逃亡而去的，屬於政治理想得不到實現而逃亡他國。

> 　　後五月而秦孝公卒，太子立。公子虔之徒告商君欲反，發吏捕商君。商君亡至關下，欲舍客舍。舍人不知其是商君也，曰：「商君之法，舍人無驗者坐之。」商君喟然歎曰：「嗟乎，爲法之弊一至此哉！」去之魏。魏人怨其欺公子卬而破魏師，弗受。……遂內秦。商君既復入秦，走商邑，與其徒屬發邑兵北出擊鄭。秦發兵攻商君，殺之於鄭黽池。〔註31〕

〔註29〕繆文遠《戰國策新校注》卷一《東周》，巴蜀書社，1987年，頁32。
〔註30〕繆文遠《戰國策新校注》卷三《秦一》，頁58。
〔註31〕繆文遠《史記》卷六十八《商君列傳》，頁2236～2237。

商鞅以其傑出的政治才能，為秦國發展做出了巨大的貢獻，最後為了躲避政敵打擊而再次亡命魏國。若能得到魏國的重用，會給魏國政治帶來新的氣象也未可知。蘇秦為了向齊國行反間計，「蘇秦佯為得罪於燕而亡走於齊。齊宣王以為客卿。」〔註32〕戰國時期說客、士人逃亡他國是普遍現象，所以齊宣王對亡命而來的蘇秦毫不懷疑，大加重用，使蘇秦的反間計得以成功。

　　戰國時期，各國之間的關係錯綜複雜，各國為了自己的利益，時而聯合，時而反目為仇，兵戎相見，其間出現的士人和政治家的逃亡大多與國家間關係的變化有關，由孟嘗君和呂禮逃亡事件中，可以看到這種影響。

　　齊秦兩國多年爭霸，秦昭王曾經以涇陽君為人質求見孟嘗君，由於蘇代的勸阻，秦昭王的計劃沒有實現，後來齊緡王答應了秦昭王的請求，「復卒使孟嘗君入秦，昭王即以孟嘗君為秦相，人或說秦昭王曰：孟嘗君賢，而又齊族也，今相秦，必先齊而後秦，秦其危矣。於是秦昭王乃止。囚孟嘗君，謀欲殺之。……孟嘗君得出，即馳去，更封傳，變名姓以出關。」〔註33〕由於秦齊兩國根本利益上的衝突，導致了孟嘗君的差點被殺，最後依靠「雞鳴狗盜」之徒的幫助，才逃亡回國。

　　孟嘗君回國後，受到田甲叛亂的影響，一度曾亡命避難，最後由於受粟賢者以生命為之辯誣，才結束了逃亡，回到自己的封地。「其後，秦亡將呂禮相齊，欲困蘇代。……孟嘗君懼，乃遺秦相穰侯魏冉書。……於是穰侯言於秦昭王伐齊，而呂禮亡。」〔註34〕蘇代策劃韓、魏、齊與秦對抗，秦國派呂禮說服齊王與秦合作，孟嘗君為了保持自己在齊秦之間的橋梁作用，增加自己在齊國的政治地位，特意說服秦相范睢出兵伐齊，使呂禮失去齊王的信任，最後亡命而去。

　　　　須賈為魏昭王使於齊，范睢從。留數月，未得報。齊襄王聞睢辯口，乃使人賜睢金十斤及牛酒，睢辭謝不敢受。須賈知之，大怒，以為睢持魏國陰事告齊，故得此饋，令睢受其牛酒，還其金。既歸，心怒睢，以告魏相。魏相，魏之諸公子也，曰魏齊。魏齊大怒，使舍人笞擊睢，折脅摺齒。睢詳死，即卷以簀，置廁中。……范睢得出。後魏齊悔，復召求之。魏人鄭安平聞之，乃遂操范睢亡。伏匿，

〔註32〕《史記》卷六十九《蘇秦列傳》，頁2265。
〔註33〕《史記》卷七十五《孟嘗君列傳》，頁2354～2355。
〔註34〕《史記》卷七十五《孟嘗君列傳》，頁2357～2358。

> 更名姓曰張祿。當此時，秦昭王使謁者王稽於魏。鄭安平詐爲卒，
> 侍王稽。……鄭安平夜與張祿見王稽。……王稽辭魏去，過載范睢
> 入秦。〔註35〕

范睢乃須賈賓客，屬於一般士人，也是受到政敵迫害而逃亡。范睢逃亡秦國
後，獻遠交近攻之策，致力於加強秦王權利，展開對韓魏兩國的攻擊蠶食，
爲秦滅韓魏，統一天下做出了重要貢獻。范睢作了秦國相國以後，秦昭王爲
了替范睢復仇，「乃遺趙王書曰：王之弟在秦，范君之仇魏齊在平原君之家，
王使人疾持其頭來，不然，吾舉兵而伐趙，又不出王之弟於關。趙孝成王乃
發卒圍平原君家，急，魏齊夜亡出，見趙相虞卿。虞卿度趙王終不可說，乃
解其相印，與魏齊亡，間行念諸侯莫可急抵者，乃復走大梁，欲因信陵君以
走楚。……魏齊聞信陵君之初難見之，怒而自剄。」〔註36〕魏齊、虞卿由於
外界政治勢力的壓迫而不得不逃亡，魏齊雖有趙相的幫助，也難逃一死。

朱英是春申君的門客，他勸春申君防止李園奪權，要他先發制人，奪取
楚國政權，春申君沒有採納他的意見，「春申君相楚二十五年，考烈王病。……
朱英恐，乃亡去。」〔註37〕朱英害怕禍亂及於己身而逃亡，也屬於賓客躲避
政治災難而逃亡。

韓公叔與幾瑟爭國。「幾瑟亡之楚。」〔註38〕幾瑟是韓國公子之一，與他
人爭奪君位失敗最後逃亡到楚國。

> 韓傀相韓，嚴遂重於君，二人相害也。嚴遂政議直指，舉韓傀
> 之過，韓傀（以之）叱之於朝，嚴遂拔劍趨之，以救解。於是嚴遂
> 懼誅，亡去遊，求人可以報韓傀者。〔註39〕

嚴遂「亡去遊」就是懼怕韓傀的壓力而亡命他鄉。

「田忌亡齊而之楚。……楚果封之於江南。」〔註40〕鄒忌與田忌之間有
過一場激烈的權位爭奪，結果，田忌失敗，最後逃亡楚國，受到楚國優待。

齊閔王時期，燕國大舉進攻齊國，「齊使向子將而應之。齊軍破，向子以
輿一乘亡。」〔註41〕向子的具體情況不得而知，其人逃亡是戰敗而導致的。

〔註35〕《史記》卷七十九《范睢蔡澤列傳》，頁2401～2402。
〔註36〕《史記》卷七十九《范睢蔡澤列傳》，頁2416。
〔註37〕《戰國策新校注》卷十七《楚四》，頁501。
〔註38〕《戰國策新校注》卷二十七《韓二》，頁858。
〔註39〕《戰國策新校注》卷二十八《韓三》，頁863。
〔註40〕《戰國策新校注》卷八《齊一》，頁275。
〔註41〕《戰國策新校注》卷十三《齊六》，頁381。

　　戰國時期，逃亡者一般都是因爲犯罪而逃亡他國，「智伯欲襲衛，乃佯亡其太子，使奔衛。南文子曰：太子顏爲君子也，甚愛而有寵，非有大罪而亡，必有故。」〔註42〕高注：「不有大罪而亡來，必有他故者也。」

　　　　張耳，大梁人也，少時及魏公子毋忌爲客。嘗亡命遊外黃。外
　　黃富人女甚美，庸奴其夫，亡邸父客。父客謂曰：「必欲求賢夫，從
　　張耳。」女聽，爲請決，嫁之。女家厚奉給耳，耳以故致千里客，
　　宦爲外黃令。〔註43〕顏師古注曰：「命者，名也。凡言亡命，謂脱其
　　名籍而逃亡。」

張耳亡命外黃後，很快得到當地富家小姐的青睞，不但人身安全得到保障，而且得到大筆資金，成爲他進行政治活動的基金。

　　一般政治人物的逃亡，都是因爲政治鬥爭的失敗或者受到當權者的打擊迫害，爲了躲避懲罰而逃亡他國，所以一旦遇到沒有充足理由而亡命他國的政治人物時，接受國就要考慮其人逃亡的眞實原因了。

　　《戰國策·秦策四》記載了黃歇的話，講述了戰爭對百姓生活的影響，其中有「父子老弱繫虜，相隨於路，鬼神孤傷無所食，百姓不聊生，族類離散，流亡爲臣妾，滿海內也。」〔註44〕百姓因爲戰亂逃亡，在戰國時期應該是比較普遍的情況。這在田單率領族人在燕軍攻破臨淄前逃亡的記載中可以得到印證。

2. 軍人逃亡

　　二百多年的戰國時期，貫穿著數量眾多的爭霸戰爭、兼併戰爭。各國在戰爭中失敗的軍事指揮人員爲了逃避懲罰也會採取逃亡的方式，逃往他國，形成軍事犯罪逃亡，此類事件在戰國時期也比較多。

　　「向壽、公孫奭由此怨，讒甘茂。茂懼，輟伐魏蒲阪，亡去，樗里子與魏講，罷兵。甘茂之亡秦奔齊，逢蘇代。代爲齊使於秦。……因說秦王，……秦因復甘茂之家以市於齊。」〔註45〕甘茂逃亡時正在領兵作戰，所以屬於軍事將領逃亡，因爲蘇代的游說，使甘茂免去懲罰。

　　「任鄭安平，使擊趙。鄭安平爲趙所圍，急，以兵二萬人降趙。應侯席

〔註42〕　《戰國策新校注》卷三十二《宋、衛》，頁 992。
〔註43〕　《漢書》卷三十二《張耳陳餘列傳》，頁 1829。
〔註44〕　《戰國策新校注》卷六《秦四》，頁 209。
〔註45〕　《史記》卷七十一《甘茂列傳》，中華書局，1959 年，頁 2316～2317。

稟請罪。秦之法，任人而所任不善者，各以其罪罪之。於是應侯罪當收三族。」〔註46〕鄭安平屬於戰敗投降，也是逃亡以躲避懲罰者。國家對他的懲罰是收三族。

「秦將樊於期得罪於秦王，亡之燕，太子受而舍之。鞠武諫曰：不可。……夫樊將軍，秦王購之金千斤，邑萬家。」〔註47〕對於逃亡他國的秦國軍人，秦國不遺餘力要加以懲處，以維護本國的軍事利益。《尉繚子・重刑令》記載：

> 將自千人以上，有戰而北（敗），守而降，離地逃眾，命曰國賊。身戮家殘，去其籍，發其墳墓，暴其骨於市，男女公於官。自百人以上，有戰而北，守而降，離地逃眾，命曰軍賊。身死家殘，男女公於官。

在秦國，各級軍官若是貪生怕死，逃亡畏戰或者投降敵國，不但自己要被處死，就是家族、祖先也要受到牽連而難以幸免。這一點與戰國時期關東各國形成鮮明的對比，樂毅在攻打齊國時「燕惠王固已疑樂毅，得齊反間，乃使騎劫代將，而召樂毅。樂毅知燕惠王之不善代之，畏誅，遂西降趙。趙封樂毅於觀津，號曰望諸君，尊寵樂毅以警動於燕、齊。」〔註48〕結果燕惠王不但沒有懸賞捉拿，反而寫信勸說樂毅。「趙使廉頗伐魏之繁陽，拔之。……（趙）使樂乘代廉頗。廉頗怒，攻樂乘，樂乘走。廉頗遂奔魏之大梁。」〔註49〕趙王也沒有懸賞捉拿廉頗，後來還派人請廉頗回趙。將樂毅、廉頗與樊於期叛逃後的情況加以對比，就可以知道秦國對軍人犯罪的處罰比其他國家要嚴厲的多。秦國對於漏泄軍事情報、叛亂投敵、與外敵勾結、逃亡他國、發動武裝叛亂、不能按期到達指定區域、作戰中擅自撤退、在軍營之中擅自行動等嚴重影響國家軍事利益的犯罪行為都要處以死刑，一旦被判處死刑，既不能赦免、也不能用財產贖取，只有死路一條。從秦國的歷史來看，秦國將領極少逃亡他國者，大概與秦國對軍事犯罪的懲治極為嚴厲有關。

3. 國君逃亡

戰國時期的社會巨變，影響到君位的傳承，宗法制受到衝擊，春秋以來的嫡長子繼承制的約束力削弱，各國政權內部君位爭奪趨於激烈，君位爭奪

〔註46〕《史記》卷七十九《范雎列傳》，頁 2417。
〔註47〕《史記》卷八十六《刺客列傳》，頁 2529、2531。
〔註48〕《史記》卷八十《樂毅列傳》，頁 2429。
〔註49〕《史記》卷八十一《廉頗藺相如列傳》，頁 2448。

失敗的君主被迫逃亡他國；戰國的兼併戰爭中，國家被敵方佔領，君主也會逃亡他國。成為戰國時期逃亡犯罪的一部分。

「趙敬侯元年，武公子作亂，不克，出奔魏。」〔註50〕

趙成侯「二十五年，成侯卒。公子緤與太子肅侯爭立，緤敗，亡奔韓。」〔註51〕

此類事件在戰國時期的逃亡犯罪中所指比重不大，多發生在戰國初期，除趙國外，衛國也發生過類似事件。

戰敗後國君被迫逃亡他國的事件稍多。如秦昭襄王八年，趙破中山，中山君「出奔」到齊；燕王喜二十九年，秦拔薊，燕王喜逃往遼東；楚頃襄王二十一年，白起攻楚，楚傾襄王從郢逃到陳；周叔王三十八年，秦攻楚，楚襄王逃亡城陽；魯頃公二十四年，楚滅魯，魯頃公逃奔下邑；衛莊公三年，戎州人與趙簡子圍衛，衛莊公「出奔」；魏昭王十年，齊滅宋，宋王逃魏；齊湣王四十年，樂毅伐齊，齊湣王奔莒等。此類事件只發生在滅國之君身上，數量也不多。

4. 民眾逃亡

戰國時期，各國競相變法，其目的離不開富國強兵，戰勝對手，而富國強兵的手段之一就是要增加人口。各國競相招徠人口的結果，出現民眾逃亡。另外，戰爭過程中，難免城郭夷為平地，村莊遭受戰火，民眾為躲避戰爭危害的逃亡也在所難免。《孟子‧梁惠王上》記載：

> 梁惠王曰：寡人之於國也，盡心焉耳矣。河內凶，則移其民於河東，移其粟於河內；河東凶亦然。察鄰國之政，無如寡人之用心者，察鄰國之民不加少，寡人之民不加多，何也？

《孟子》書中所記，未必全為事實，但以上述說法與戰國時期的國際環境相聯繫，還是極有道理的。適應爭霸戰爭的需要，增加國家人口，從而增加軍隊數量和賦稅徵收基數是君主和政治家努力的目標，也是戰勝對手的法寶。

《商君書》有「徠民」篇，全篇論述招徠韓趙魏等國人民到秦國來的辦法。作者分析了秦國地廣人稀，人民都有田宅；三晉地少人多，人民缺少田宅。然而三晉的人民不肯逃到秦國來，是因為秦國人民負擔的賦稅重，徭役多，生活勞苦。他建議秦王，優待從別國到秦國來的百姓，給予田宅，免除三代

〔註50〕《史記》卷四十三《趙世家》，頁 1798。
〔註51〕《史記》卷四十三《趙世家》，頁 1801。

的賦稅徭役,以招徠別國人民來秦。這樣一來,一定有很多他國人到秦國來。秦國人口增加後,可以作戰務農兩不誤,可以不停地攻打別國,一定可以做到秦國富強,它國滅亡。

　　秦國是否實行過上述的徠民之策,還不能肯定,但既然有士人在各國之間流動,則普通民眾在各國間的逃亡也應該有。普通民眾在國內的逃亡也經常見於史料記載。

　　　　士卒之逃事伏匿,附託有威之門以避徭賦,而上不得者萬數。〔註52〕

　　　　民有饑色,野有餓莩。〔註53〕

　　　　凶年饑歲,子之民,老羸轉於溝壑,壯者散而之四方者,幾千人矣。〔註54〕

　　第一條史料所說的是「士卒逃亡」,是指士兵躲避戰爭,紛紛逃亡到權貴之家,依附於豪富之門,以逃避兵役,權貴豪門因此形成強大勢力,威脅國家政權。此類逃亡犯罪者的人數達到萬數以上。

　　第二、三條史料指的是受災年份,災民在原地難以生存,壯者四散逃亡,老弱者餓死原野的慘象。孟子所言當有事實依據,否則,他的上述言論難以得到當權者的信服,也無法支撐自己的觀點。

　　成千上萬的小民逃亡記載雖然不多,但有人逃亡則是可以肯定的。《睡虎地秦墓竹簡》中也有很多關於逃亡的記載,從中我們可以可見秦朝逃犯罪之一斑。

　　　　亡,不仁其主及官者,衣如隸臣妾。〔註55〕

　　　　告人曰邦亡,未出徼闌亡,告不審,論可(何)殹(也)?為告黥城旦不審。〔註56〕

　　　　隸臣將城旦,亡之,完為城旦,收其外妻、子。〔註57〕

　　　　將司人而亡,能自捕及親所智(知)為捕,除毋(無)罪;已

〔註52〕《韓非子‧詭使》。
〔註53〕《孟子‧梁惠王上》。
〔註54〕《孟子‧公孫丑下》。
〔註55〕《睡虎地秦墓竹簡》文物出版社,1978年,頁68。
〔註56〕《睡虎地秦墓竹簡》,頁171。
〔註57〕《睡虎地秦墓竹簡》,頁201。

刑者處隱官。〔註58〕

　　大夫甲堅鬼薪，鬼薪亡，問甲可（何）論？當從事官府，須亡者得。今甲從事，有（又）去亡，一月得，可（何）論？當貲一盾。復從事，從事有（又）亡。卒歲得，可（何）論？當耐。〔註59〕

　　夫、妻、子十人共盜，當刑城旦，亡，今甲捕得其八人，問甲當購幾可（何）？當購人二兩。〔註60〕

　　可（何）謂逋事與乏繇（徭）？律所謂者，當繇（徭），吏、典已令之，即亡弗會。爲逋事：已閱即敦（屯）車食若行到繇（徭）所乃亡，皆爲乏繇（徭）。〔註61〕

《睡虎地秦墓竹簡》中有「編年記」，截至秦始皇三十年（前 217 年），基本上是秦始皇統一六國以前的材料，上述逃亡記載也可以看作戰國時期的逃亡。秦國的逃亡犯罪主體中，有服兵役的士兵、有服刑的刑徒（隸臣、城旦、鬼薪）、有逃亡者的家庭成員、有服役人員，逃亡犯罪涉及的人員類別較多。

　　《管子‧禁藏》說：「夫善牧民者，非以城郭也，輔之以什，司之以伍；伍無非其人，人無非其里，里無非其家，故奔亡者無所匿，頡徙者無所容，不求而約，不招而來，故民無流亡之意，吏無備追之憂。」學術界一般認爲《管子》一書乃戰國時期的著作，所反映的也是戰國時期的事實，上述記載反映了各國對逃亡犯罪的嚴密控制，從反面證明當時普通民眾的逃亡影響還是比較大的。

二、逃亡結果與影響

　　逃亡犯罪因人員的非法流動而起，對獵國政治格局、國家發展都產生了深遠的影響。

（一）逃亡結果

　　逃亡他國的人，因爲各自的身份、才智、逃出國與逃入國之關係等因素，其結果迥異，細分有如下幾種。

〔註58〕《睡虎地秦墓竹簡》，頁 205。
〔註59〕《睡虎地秦墓竹簡》，頁 206。
〔註60〕《睡虎地秦墓竹簡》，頁 209。
〔註61〕《睡虎地秦墓竹簡》，頁 221。

1. 復歸故國

有的政治家逃亡他國後，因為各種原因得到故國寬宥，得以返回故國，繼續為國效力。「魏王怒公子之盜其兵符，矯殺晉鄙，公子亦自知也。已卻秦存趙，使將將其軍歸魏，而公子獨與客留趙。……秦聞公子在趙，日夜出兵東伐魏。魏王患之，使使往請公子。……駕歸救魏。魏王見公子，相與泣，而以上將軍印授公子，公子遂將。魏安釐王三十年，公子使使遍告諸侯。諸侯聞公子將，各遣將將兵救魏。公子率五國之兵破秦軍於河外，走蒙驁。遂乘勝逐秦軍至函谷關，抑秦兵，秦兵不敢出。」〔註62〕信陵君竊符救趙，得罪魏王，亡趙十年，最後復國掌軍卻秦救魏，此類逃亡案例在戰國逃亡中比較多。秦人陳軫因與張儀有隙，張儀相秦後逃亡楚國，後在犀首的幫助下回到秦國。莊辛勸諫楚傾襄王無果，逃亡於趙，後秦攻取楚地，傾襄王流亡陽城，於是派人請莊辛回楚。

樂毅受燕惠王猜忌，逃亡趙國，田單復國後，燕惠王「後悔使騎劫代樂毅，以故破軍亡將失齊；又怨樂毅之降趙，恐趙用樂毅而乘燕之弊以伐燕」，於是使人責備樂毅，請求他回到燕國，樂毅回書謝絕。樂毅子樂間勸說燕王不與趙開戰，燕王不聽，燕國戰敗後，樂間逃亡趙國，卒留趙。〔註63〕樂毅父子在燕國執掌軍權，得不到國君信任，逃亡趙國。燕王找他們回國，也是權宜之計，一是防止他們為趙國利用攻擊燕國，也想利用他們的軍事才能效力燕國，樂毅父子在權衡利弊後放棄回國。也就是說，逃亡者復國與否，要看具體環境。

2. 仕於他國

逃亡者逃到其他國家後，很多國家會根據「逃亡」者的才識和名望授予其官職。如秦國將軍甘茂受到政敵誣陷，「茂懼，輟伐魏蒲阪，亡去。甘茂之亡秦奔齊，逢蘇代。……齊王……即位之上卿而處之。」〔註64〕「蘇秦詳為得罪於燕而亡走齊，齊宣王以為客卿。」〔註65〕是否接納逃亡者，以及給予逃亡者什麼樣的官職，完全取決於國家利益和兼併戰爭的需要。田忌為鄒忌陷害，「田忌亡齊而之楚，鄒忌代之相齊，恐田忌欲以楚權復於齊，杜赫曰：『臣請為留楚。』謂楚王曰：『鄒忌所以不善楚者，恐田忌之以楚權復於齊也。王不如封

〔註62〕《史記》卷七十七《魏公子列傳》，頁2381～2383。
〔註63〕《史記》卷八十《樂毅列傳》，頁2429～2434。
〔註64〕《史記》卷七十一《甘茂列傳》，頁2317。
〔註65〕《史記》卷六十九《蘇秦列傳》，頁2265。

田忌於江南，以示田忌之不返齊也。鄒忌以齊厚事楚。田忌亡人也。而得封，必德王。若復於齊，必以齊事楚。此用二忌之道也。』楚果封之於江南。」〔註66〕楚國決定逃亡者田忌的待遇時，主要考慮了齊楚關係、田忌與齊國執政鄒忌之關係，最基本的出發點是楚國的國家利益。吳起從魏國逃亡到楚國，楚王重用吳起，在楚國推行變法；孟嘗君從齊國逃亡到魏國，魏王任用孟嘗君爲相；商鞅、范雎逃亡到秦國後，都受到重用，爲秦國的發展做出了重要貢獻。這與戰國時期各國大力招攬人才，富國強兵的政策密切相關。

3. 被他國拒絕

逃亡者進入他國後，有的國家迫於壓力又或者因爲「逃亡者」之前曾做了有損自己國家的事情，往往拒絕接納「逃亡者」，甚至直接遣送回逃出國。如商鞅在秦孝公死後，被公子虔之徒誣告謀反，不得已逃亡魏國，「魏人怨其欺公子卬而破魏師，弗受。商君欲之他國。魏人曰：『商君，秦之賊。秦強而賊入魏，弗歸，不可。』遂內秦。」〔註67〕魏國是因爲與商鞅的宿怨而拒絕接納商鞅逃亡，而且將商鞅驅趕回秦國。楚頃襄王二年，被秦因爲人質的「楚懷王亡逃歸，秦覺之，遮楚道，懷王恐，乃從間道走趙以求歸。趙主父在代，其子惠王初立，行王事，恐，不敢入楚王。楚王欲走魏，秦追至，遂與秦使復之秦。」〔註68〕趙國不敢接納逃亡而至的楚懷王，是迫於強秦的壓力。「張儀走之魏，魏將迎之。張丑諫於王，欲勿內，不得於王。」〔註69〕張儀相魏後驅逐惠施，惠施逃到楚國，楚國怕與張儀交惡，「乃奉惠子而納之宋。」〔註70〕接納逃亡而來的政治家，是戰國時期的普遍做法，但是否接納、如何接納、則要看具體情況。

也有逃亡政治家被驅逐的事例。齊湣王「四十年，燕、秦、楚、三晉合謀，各出銳師以伐，敗我濟西。王解而卻。燕將樂毅遂入臨淄，盡取齊之寶藏器。湣王出亡，之衛。衛君辟宮舍之，稱臣而共具。湣王不遜，衛人侵之。湣王去，走鄒、魯，有驕色，鄒、魯君弗內，遂走莒。楚使淖齒將兵救齊，因相齊湣王。淖齒遂殺湣王而與燕共分齊之侵地鹵器。」〔註71〕湣王之死，

〔註66〕《戰國策新校注》巴蜀書社1998年，頁275。
〔註67〕《史記》卷六十八《商君列傳》，頁2237。
〔註68〕《史記》卷四十《楚世家》，頁210。
〔註69〕《戰國策新校注》巴蜀書社1998年，頁696。
〔註70〕《戰國策新校注》巴蜀書社1998年，頁471。
〔註71〕《史記》卷四十六《田敬仲完世家》，頁1900。

表面看是自己所行不善，但本質還在於接納國對戰爭形勢的判斷，不願意引火燒身。

4. 自殺或他殺

范雎逃亡秦國，受到重用後，魏相魏齊恐范雎報復，逃亡趙國，秦昭王逼迫趙國取其性命，魏齊乃夜亡魏國，信陵君「畏秦，猶豫未肯見」。魏齊在知道後「魏齊聞信陵君之初難見之，怒而自剄。趙王聞之，卒取其頭予秦。」〔註72〕強秦的壓力，人情之涼薄，導致魏齊「怒而自剄」。「秦將樊於期得罪於秦王，亡之燕，太子受而舍之。」〔註73〕樊於期亡秦之燕，爲報家仇和燕太子丹的恩德，在荊柯的說服下自剄。另據《戰國策》記載，周赧王二十九年，齊伐宋，宋康王逃亡倪侯之館，後被齊人擒獲殺死。〔註74〕據《戰國策》記載，「昌他亡西周之東周，盡輸西周之情於東周。東周大喜，西周大怒。馮且曰：『臣能殺之。』君予金三十斤。馮且使人操金與書，間遺昌他書曰：『告昌他，事可成，勉成之；不可成，亟亡來。（亡來）事久且泄，自令身死。』因使人告東周之侯（偵侯之吏）曰：『今夕有姦人當入者矣。』侯得而獻東周。東周立殺昌他。」〔註75〕昌他是死於馮且的反間計之下。

（二）逃亡影響

戰國時期，由於社會性質的改變以及鐵製農具在各地農業中的廣泛使用和牛耕的進一步推廣，使社會生產力有了長足的發展，農民具備了獨立從事田間勞作的能力和條件，個體勞動普遍出現，個人的獨立性隨之增強；另外，土地私人佔有的逐漸普遍，使大家族因此走向解體，宗法血緣關係受到破壞。個體逃亡在戰國時期具備了充分的客觀條件。

前引昌他逃亡，「盡輸西周之情於東周」，即泄露國家政治、經濟、軍事秘密，影響國家利益。逃亡行爲對戰國時期的政治格局產生了影響，在一定程度上改變了戰國時期各國力量的對比，其中秦國是士人逃亡最大的受益者，因爲接納了眾多逃亡而來的士人，最後促成了秦滅六國這一歷史壯舉。據馬非百《秦集史》統計，秦自武王以後，到始皇時代的 100 多年間，共有右丞相十二人，他們是樗里疾、甘茂、魏冉、杜倉、薛文、樓緩、壽燭、范

〔註72〕《史記》卷七十九《范雎蔡澤列傳》，頁 2416。
〔註73〕《史記》卷八十六《刺客列傳》，頁 2529。
〔註74〕《戰國策新校注》巴蜀書社 1998 年，頁 990。
〔註75〕《戰國策新校注》巴蜀書社 1998 年，頁 32。

睢、蔡澤、呂不韋、隗壯、馮去疾；左丞相九人，他們是甘茂、屈蓋、向壽、金受、芈戎、徐詵、昌平君、王綰、李斯。此外，不知其時代亦不能確定其為左或右者，有池子華一人。總計二十二人。在這些職位顯赫的眾多丞相中，除樗里疾為秦惠王異母弟，杜倉、隗壯、馮去疾、金受、徐詵、王綰未詳外，其他都是外國人，占丞相總數的百分之六十八以上。甘茂、魏冉、屈蓋、向壽、芈戎、昌平君、李斯是楚人，薛文是齊人，樓緩是趙人；范睢、池子華、呂不韋是魏人；蔡澤是燕人，壽燭既曰客卿，亦是外國人甚明。〔註76〕李斯在《諫逐客書》回顧了秦穆公、孝公、惠文王、昭王時期重用客卿，創建功業的輝煌歷史後，指出「此四君者，皆以客之功。由此觀之，客何負於秦哉！向使四君卻客而不內，疏士而不用，是使國無富利之實而秦無強大之名也。」〔註77〕逃入秦國的士人對秦國發展作出的貢獻不容抹殺。宋人洪邁曾指出：「七國虎爭天下，莫不招致四方遊士。然六國所用相，皆宗族及國人，如齊之田忌、田嬰、田文，韓之公仲、公叔，趙之奉陽、平原君，魏王至以太子為相。獨秦不然，其始與之謀國以開霸業者，魏人公孫鞅也。其他若樓緩，趙人也，張儀、魏冉、范睢皆魏人，蔡澤燕人，呂不韋，韓人，李斯，楚人。皆委國而聽之不疑，卒之所以兼天下者，諸人之力也。」〔註78〕從商鞅變法到秦滅六國，每一次秦國的政治、軍事成功，都離不開逃入秦國的士人的貢獻。〔註79〕如范睢受到魏相魏齊的迫害，「當此時，秦昭王使謁者王稽於魏。鄭安平詐為卒，侍王稽。王稽問：『魏有賢人可與俱西遊者乎？』鄭安平曰：『臣里中有張祿先生，欲見君，言天下事。其人有仇，不敢晝見。』王稽曰：『夜與俱來。』鄭安平夜與張祿見王稽。語未究，王稽知范睢賢，謂曰：『先生待我於三亭之南。』與私約而去。」〔註80〕范睢不敢白天見秦使，是迫於

〔註76〕馬百非：《秦集史》中華書局 1982 年，頁 182。

〔註77〕《史記》卷八十七《李斯列傳》，頁 2542。

〔註78〕洪邁：《容齋隨筆》（卷二）上海古籍出版社 1978 年，頁 23。

〔註79〕學術界對這一問題的研究多集中在「客卿」對秦政權的貢獻、戰國時期人才流動等題目之下展開分析。本文之所以將其納入逃亡範疇考察，一是因為戰國時期各國都制定了較為嚴密的戶籍制度，限制人口外流；二是許多士人入秦確實是逃亡而去，並非合法遷移。將士人流入秦國看做逃亡的結果，關注的是遷移行為是否符合法律規定；而人才流動關注的是人才本身在遷移帶來的社會後果。參見馮慶餘：《春秋戰國時期的人才流動》史學集刊 1991 年第 1 期；陳旭：《試論戰國末年的人才流動》寧夏大學學報 2006 年第 1 期；米迎梅：《試論戰國時代的人口流動》寧夏大學學報，2007 年第 2 期。

〔註80〕《史記》卷七十九《范睢蔡澤列傳》，頁 2402。

魏齊的勢力，但與秦使「私約而去」，顯然屬於逃亡。范雎此次逃亡入秦，獻遠交近攻之策，加速了秦滅六國的步伐。

對春秋戰國時期逃亡的考察是我們解讀秦漢逃亡犯罪發生條件、形成原因的理論基礎，也是觀察秦漢逃亡特點的參照系數。

本章小結

社會性逃亡犯罪的發生必須具備一定的外部客觀條件：

一是社會成員獲取生存資料的能力，主要取決於生產工具和生產方式。商周時期，中國社會以農業為主要的生產門類，輔之以漁業和畜牧業，但農業生產在物質資料的生產中佔據主要地位。在農業生產中，木製農具為主要生產工具，蚌器、石器、銅質工具依然在使用。生產方式則是集體合力耕作，藉此克服生產力低下帶來的低勞動效率。部族、血族、家族都是基本的生產單位，唯獨不見核心家庭。在生產力水平低下的階段，核心家庭不足以獨立開展農業生產，難以脫離更大一級的社會組織而單獨活動。這一現實說明，商周時期，不存在社會成員單獨逃亡的物質基礎，也就是說，單個的社會成員逃亡之後，如果不能進入新的社會組織之中，是難以求生的。當然，並不排斥為了活命而逃亡的個體，但這只能是個案，難以形成社會性逃亡犯罪。所謂「社會性逃亡」是指任何個體有必要時都可以逃亡，而且逃亡出去都可以順利求生，此類逃亡引發了較為嚴重的社會後果，需要政權通過立法來控制此類犯罪。春秋戰國時期，鐵製農具逐漸普及，勞動生產率逐步提高，土地開墾的數量和範圍進一步擴大，在生產形式上，個體小家庭為單位的生產逐漸普及，所謂「五口之家，耕田百畝」逐漸成為一種社會生產的主流方式，個體小家庭具備了脫離親族、宗法家族獨立進行生產的條件和能力，具備了逃亡犯罪的物質基礎。

二是社會組織形式。

朱鳳瀚《商周家族形態研究》一書細緻勾畫了先秦時期社會組織形式的變化線索。商周時期，貴族家族是一種父系家族、所包含的範圍至少包括同祖的、三世以內的近親，即包括兩個旁系，其規模較大者也可能包括同曾祖甚至同高祖的親屬，即包括三至四個旁系親屬。此種家族實亦是以一個本家附帶若干分支的組織形式，所以亦是一種宗族組織。當這種宗族組織發展到

一定規模時，與大宗本家親屬關係較遠的小宗家族，在因某種原因得到土地、采邑後，即會從較大宗本家中分離而出獨立生活，其與大宗既非聚居，亦無共同生活，但仍有共認的血緣關係，亦以此為紐帶保持著某種政治的、宗教的關係。一般貴族家族在居住地上有一定的規模，採取本家與若干家族聚居的方式。

在家族內部，族長與一般成員之間構成等級關係，而且這種等級差別向極端政治化方向發展，家長與其他親屬之間構成君臣關係，並且通過仿照王朝的廷禮策命儀式對此種關係進行強化；西周時期出現了家臣制度，貴族家主與家臣之間形成了所謂假血緣關係。

從事農耕的庶民居住於若干小邑中，庶民依附於土田，在土田被封賜給貴族時，封賜制度即從法權上規定了庶民佔有的土田歸貴族所有，同時也規定了庶民人身對貴族的依附與隸屬關係。農田以邑為基礎，分佈在其周圍，一部分是為貴族家族提供消費的公田，一部分是庶民佔有，用以維持生存的私田。庶民以集體服役的方式耕種公田，以父系家族為佔有土地與組織生產的基本單位，合族而居。

戰國時期，列國經過一系列變法，建立了君主集權的政治體制，郡縣制、官僚制度之下，原有的依賴分封制存在世卿世祿制度失去存在基礎，集權政府也不允許有獨立軍事、政治功能的世家大族存在。以鐵製農具為主要生產工具，加上精耕細作經驗的積累，與政府推行的「授田制」一起，締造出了「五口之家，百畝之田」的小農家庭這一生產單位與居住形式。農民同居家族的小型化成為一種趨勢。當然，大家族的影響依然存在，但式微的趨勢已不可避免。「五口之家，百畝之田」的小型核心家庭，在社會生產過程中要面對天災人禍、面對商品經濟的衝擊，破產逃亡隨即成為應對的選擇之一，社會性的逃亡犯罪的大規模發生就蘊含其中。

三是社會管理體制。

商周時期，社會成員聚族而居，家族兼有政治和社會管理的功能，在分封制的背景下，封君被國家「授民授疆土」，基層社會管理由家族族長一併承擔，雖然《周禮》之中描寫了西周整齊劃一的鄉里管理體制，但作為儒家理想看待更為可靠些。真正將鄉里管理納入國家行政管理體系，應該是在戰國時期。戰國時期，鄉里開始連稱，《管子·問》就有「弟子以孝聞於鄉里者幾何人」的說法；鄉正式成為行政管理的一級單位，《墨子·尚同上》說：「是

故里長者，里之仁人也。里長發政里之百姓，言曰：聞善而不善，必以告其鄉長，鄉長之所是，必皆是之。鄉長之所非，必皆非之。」《管子‧小匡》說：「五家爲軌，軌有長；十軌爲里，里有司；四里爲連，連有長；十連爲鄉，鄉有良人。」《史記‧老子韓非列傳》說：「老子者，楚苦縣屬鄉曲仁里人也。」《文獻通考》卷 12《職役一》「歷代鄉黨版籍職役」條說：「三十家爲邑，邑十爲率，率十爲鄉，鄉三爲縣，縣十爲屬。」商鞅變法時曾「聚小鄉邑居爲縣。」上述史料說明，戰國時期鄉作爲政權的基層行政管理單位已經普及；鄉里百姓被編制進「伍」之中，而且確立了同伍百姓之間的法律關係——連坐制度；鄉嗇夫、三老等鄉里官員的名稱已經出現；亭作爲鄉里治安機構，在戰國時期亦已出現。「各諸侯國的統治機構，從國到郡，從郡到縣，從縣到鄉，已經是有系統地分佈到每一個角落，層層控制著整個國家。」〔註81〕隨著國家行政機構延伸到社會的最基層，聚族而居爲行政區劃所取代，百姓之間的地域性、行政性關係得到強化，而血緣宗親關係則越來越弱。

戰國時期各國變法的結果，法律由習慣法轉而爲成文法；法律由秘密狀態一變而爲公佈法。法律制度的變化，使社會成員聚集在集權制的政權之下，受國家法律的制約。《晉書‧刑法志》說：「魏文侯師李悝。悝撰次諸國法，著《法經》。以爲王者之政，莫急於盜賊，故其律始於《盜》《賊》。盜賊須劾捕，故著《網》《捕》二篇。其輕狡、越城、博戲、借假不廉、淫侈、逾制以爲《雜律》一篇，又以《具律》具其加減。是故所著六篇而已，然皆罪名之制也。商君受之以相秦。」《捕律》作爲專門抓捕逃亡犯罪的法律出現於戰國時期，在《睡虎地秦墓竹簡》、《張家山漢墓竹簡》中都有「亡律」、「捕律」的法條。犯罪行爲與法律規制之間有著共生關係，一行爲不受法律規制或沒有被法律規定爲犯罪時，儘管存在，也不能目之爲犯罪；只有當法律作出明文規定時，該行爲才能納入犯罪的範疇加以考察。而在戰國時期，逃亡已經被界定爲犯罪，要受到法律的懲罰，具體體現在戶籍制度、符傳制度等法律制度之中。

秦漢時期的逃亡犯罪就是在這樣的客觀物質條件、社會組織背景、法律背景之下出現的。

〔註81〕楊寬：《戰國史》上海人民出版社 1980 年，頁 214。

第二章　秦漢逃亡犯罪類型

　　犯罪學研究中的類型學方法是一種分組歸類的方法體系，通常稱爲類型，科學研究中的一般分類法研究的是「自然類別」，類型學則更多地運用於研究「社會類別」。類型學適用於許多學科領域，當其應用於犯罪學研究時，便有了犯罪類型學。犯罪類型學從不同角度或側面研究犯罪現象，不僅對犯罪現象進行類型劃分，而且對劃分標準、劃分出的具體類型的特點與規律，以及類型間的聯繫與區別進行理論解釋和說明。對秦漢逃亡犯罪的現象進行類型學考察是認識這一現象的前提和基礎。首先，秦漢逃亡中，犯罪主體複雜、逃亡原因各異、逃亡結果和犯罪影響也有很大的不同。如果不對逃亡犯罪的現象進行分類，就無法描述、解釋清楚逃亡犯罪現象，更無法探討逃亡犯罪現象的規律。通過將具有共同屬性的逃亡犯罪現象歸於一類，才能使雜亂無章的犯罪現象條理化，使大量逃亡犯罪的事實材料系統化，有助於對秦漢逃亡犯罪形成系統、清晰的認識。其次，對秦漢逃亡犯罪的類型研究有助於針對不同類型的逃亡犯罪，探尋具體的犯罪原因，總結逃亡犯罪現象的規律，以此爲基礎分析秦漢政府的防控措施。

　　秦漢時期的逃亡者身份複雜，原因各異，目的不同。根據逃亡主體身份的不同，可以將秦漢時期的逃亡犯罪分爲官吏逃亡犯罪、軍人逃亡犯罪、罪犯逃亡、普通民眾逃亡、天災人禍引起流民逃亡和戰亂時期民眾逃亡、奴婢逃亡等類型。

　　秦漢時期，社會成員沒有得到政府許可，取得合法手續，私自脫離戶籍的遷移即爲逃亡，構成犯罪。政府官員因爲犯罪或政治鬥爭的失敗，脫離戶籍，私自逃亡，構成官吏逃亡犯罪；軍人雖然是流動駐紮的，但有軍法規定其行止，違犯軍法的私自逃亡也是犯罪；戰亂時期，爲躲避戰爭而出現社會

成員的逃亡，也可以看作一種逃亡犯罪；秦漢時期，奴婢爲了擺脫控制，亡命他鄉，也屬於逃亡犯罪；正在服刑的罪犯逃脫羈押，也構成逃亡犯罪。本章以逃亡犯罪主體的身份爲依據進行分類，兼顧逃亡原因和行爲模式。有時一起逃亡犯罪案件主體會橫跨不同類型，如官吏犯罪後在服刑期間逃亡之類，一律歸入官吏逃亡之中；即使同一類主體，有的逃亡是因爲犯罪，有的卻不是，這裡也做簡單化處理，不再考慮逃亡原因，只以主體身份分類；奴婢雖然身份特殊，但作爲逃亡犯罪的行爲主體，與普通人區別不大，這裡歸入普通民眾逃亡之中，不再區分。

第一節　官吏逃亡犯罪

所謂官吏逃亡是指各級官吏以及其他享有政治特權的人員因爲政治鬥爭失敗，或者因爲犯罪，爲了躲避懲罰而亡命他鄉形成的逃亡。

一、秦朝官吏逃亡犯罪

秦王朝的統治建立後，雖然以武力消滅了關東六國，但六國殘餘和不滿秦王朝統治的各種政治人物並沒有真正擁護秦王朝的統治，他們以逃亡來表示他們對秦政權的不滿；在政治領域、思想領域的鬥爭也並未平息，伴隨著分封與郡縣之爭、思想文化上的法治與百家文化之爭，也出現了儒生、方士逃亡事件。其中，六國殘餘在秦朝雖然不是官吏，但在其故國多爲政府官員或王室貴族，享有一定的政治特權，且其逃亡原因也多起因於政治鬥爭的失敗；至於反秦志士，或爲原六國官吏、或爲原六國貴族、或爲秦政府官員，故而歸爲一類。

（一）六國殘餘、儒生、方士的逃亡

秦滅六國，各國君主和政府官員紛紛歸順秦朝，但也有不少人不願與秦合作而逃亡各處。張耳曾爲魏國地方官，陳餘與之交厚，兩人在魏國有很大的影響。「秦滅魏數歲，已聞此兩人魏之名士也，購求有得張耳千金，陳餘五百金。張耳、陳餘乃變名姓，俱之陳。爲里監門以自食，兩人相對，……秦詔書購求兩人，兩人亦反用門者以令里中。」〔註1〕張耳、陳餘受到追捕不是

〔註1〕《史記》卷八十九《張耳陳餘列傳》，頁2572。

因為他們犯罪，而是因為張耳在魏國曾養客千人，兩人在民間有較大的號召力，秦政府為防止生變而招他們為朝廷服務，兩人不願與秦政權合作而逃亡。

荊軻刺殺秦王失敗後，他的朋友高漸離為躲避朝廷迫害「變名姓，為人傭保，匿作於宋子。」〔註2〕除高漸離這樣的六國殘餘以外，有些六國貴族後裔在國家滅亡後，心念故國，不願為秦王朝服務而亡匿民間，有的人則走上了復仇之路。最典型者首推張良。

張良的祖先是韓國人，祖父、父親先後為五位韓國君主的相，其政治生命與韓國緊緊聯繫在一起。秦滅韓以後，張良發誓報仇，他散盡家財，開始了他流亡報仇的旅程，「悉以家財求客刺秦王，為韓報仇，以大父、父五世相韓故。……得力士，為鐵錐重百二十斤。秦皇帝東遊，良與客狙擊秦皇帝博狼沙中，誤中副車。秦皇帝大怒，大索天下，求賊甚急，為張良故也。良乃更名姓，亡匿下邳。」〔註3〕張良並未因為一擊不中而放棄反秦，他在逃亡過程中繼續尋找著推翻暴秦的機會。

項梁起兵後，接受謀士范增的建議，「乃求楚懷王孫心民間，為人牧羊，立以為楚懷王。」〔註4〕懷王之孫作為楚國王室子孫，恐怕也有不願與秦合作而逃亡的可能。這些六國舊貴族、豪俠並不公開與政府對抗，而是亡匿市井，隱蔽身份，伺機反秦，這是秦朝官吏逃亡的獨特之處。

秦統一六國後，禁絕百家之言，焚書坑儒，以吏為師，實行文化專制政策，遭到知識階層的反抗。「伏生，……故為秦博士。……秦時禁書，伏生壁藏之。其后大兵起，流亡。……陳涉之起也，魯諸儒持孔氏禮器往歸之。」〔註5〕諸儒有冒險藏匿書籍、禮器者，也有逃亡避害者，《隸釋》卷十六引《陳留

〔註2〕《史記》卷八十六《刺客列傳》，頁2537。

〔註3〕《史記》卷五十五《留侯世家》，頁2034。張良在西漢王朝建立後，為了避禍保身而再次逃亡，《史記‧留侯世家》有「乃學辟穀，道引輕身」之語，實際是逃亡避禍：司馬光《資治通鑑》卷十一「漢紀」三：「夫功名之際，人臣之所難處。如高帝（劉邦）所稱者，『三傑』而已，淮陰（韓信）誅夷，蕭何繫獄，非以履盛滿而不止耶！故子房（張良）託於神仙，遺棄人間，等功名於外物，置榮利而不顧，所謂明哲保身者，子房有焉。」發揮了司馬遷的說法。呂振羽《簡明中國通史》：「……所以打跨項羽之後，（劉邦）便又積極實行削除異己的方針。因此，想依靠劉邦恢復封主制度的張良，不得不被迫逃亡。」（人民出版社1955年6月版第143頁），也認為張良逃亡。不過張良以遊仙為名隱退江湖，似乎與逃亡犯罪不合，故而不以逃亡犯罪案例對待。

〔註4〕《史記》卷七《項羽本紀》，頁300。

〔註5〕《漢書》卷八十七《儒林列傳》，頁3603。

耆舊傳》：「圈公爲秦博士，避地南山。」〔註6〕叔孫通原爲秦政府待召博士，面對秦二世顛倒黑白的統治，「乃亡去之薛，而薛已降楚也。」〔註7〕

　　秦始皇嚴刑酷法治理天下的同時，還設置了三百多人的望氣者，又迷信方士的長生不老之說，派遣許多人到各處尋求不死之藥，不死之藥是難以尋到的，這些欺騙了秦始皇的方士們只有逃亡，這些望氣者中也難免有逃亡者。

　　深得秦始皇重用的方士侯生、盧生也不滿秦始皇的文化專制而逃亡。

　　　　侯生、盧生相與謀曰：「始皇爲人，天性剛戾自用……專任獄
　　　　吏，獄吏得親幸。博士雖七十人，特備員弗用。……秦法，不得兼
　　　　方，不驗，輒死。然候星氣者至三百人，皆良士，畏忌諱諛，不敢
　　　　端言其過。天下之事無小大皆決於上，上至以衡石量書，日夜有呈，
　　　　不中呈不得休息。貪於權勢至如此，未可爲求仙藥。」於是乃亡去。
　　　　〔註8〕

　　　　　　（秦始皇二十八年）齊人徐市等上書，言海中有三神山，名曰
　　　　蓬萊、方丈、瀛洲，僊人居之，請得齋戒，與童男女求之。於是遣
　　　　徐市發童男女數千人，入海求僊人。……（秦始皇三十二年）使韓
　　　　終、侯公、石生求仙人不死之藥。……（始皇）乃大怒曰：今聞韓
　　　　眾（終）去不報，徐市等費以巨萬計，終不得藥，徒姦利相告日聞。
　　　　〔註9〕

徐市、韓眾、石生這些爲皇帝尋求不死之藥的方士們，只要不想被殺頭，恐怕只有亡命一途了，「去不報」、「不得藥」就顯示了這樣的信息。一去不返的求仙方士除了這些人外，還有盧敖，據《淮南子‧道應》高誘注：「盧敖，燕人，秦始皇招以爲博士，使求神仙，亡而不返也。」

　　班固說：「陳涉起匹夫，驅謫戍以立號，不滿歲而滅亡，其事至微淺。然而縉紳先生負禮器往委質爲臣者，何也？以秦禁其業，積怨而發憤於陳王也。」〔註10〕大量文化人士因不滿政府的文化專制政策，逃避迫害而逃亡，隱匿民間成爲反秦力量中的重要成分。

〔註6〕（宋）洪適《隸釋》，中華書局，1986年，頁169。
〔註7〕《漢書》卷四十三《書孫通傳》，頁2124。
〔註8〕《史記》卷六《秦始皇本紀》，頁258。
〔註9〕《史記》卷六《秦始皇本紀》，頁247、252、258。
〔註10〕《漢書》卷八十八《儒林列傳》，頁3592。

（二）反秦志士的逃亡

　　秦統一六國後，各種對秦政府統治不滿的人紛紛選擇了逃亡，其中有政府官員、下層小吏，這些人因爲反對秦政府的統治而成了犯罪者，爲了躲避懲罰又成爲逃亡者，很多人在逃亡途中繼續他們的反秦活動。

　　戰國時期，楚國是秦最強大的對手之一，楚國滅亡後長期流傳的「楚雖三戶，亡秦必楚」的讖言，就是一種秦楚之間地域衝突在社會意識上的顯示，「（項）羽季父梁，梁父即楚名將項燕者也。……梁嘗殺人，與籍避仇吳中。吳中賢士大夫皆出梁下。每有大徭役及喪，梁常主辦，陰以兵法部勒賓客子弟，以知其能。……秦二世元年，陳勝起。九月，會稽假守通素賢梁，乃招與計事。梁曰：『方今江西皆反秦，此亦天亡秦之時，先發制人，後發制於人。』守歉曰：『聞夫子楚將世家，唯足下爾。』梁曰：『吳有奇士桓楚，亡在澤中，人莫知其處，獨籍知之。』梁乃戒籍持劍居外待。」〔註 11〕項梁叔侄殺死會稽郡守，公開打出反秦的旗幟。

　　項梁作爲楚將後裔，是楚國反秦勢力的代表人物，他殺人後逃亡到會稽，躲避朝廷追捕。他們在亡命途中繼續著他們的反秦事業，苦心孤詣，積累反秦力量。在天下大亂時，項梁利用他在逃亡過程中積累的力量，很快起兵反秦，是秦末逃亡各地的反秦志士起兵反秦的典型。項梁提到奇士桓楚，所謂奇士者，倜儻不俗之人也，極有可能是不滿於秦王朝統治的反秦志士，「亡在澤中」，以躲避秦王朝的迫害，尋找機會反秦。

　　《漢書·高祖本紀》記載了劉邦從逃亡的低級官吏到成爲反秦軍事集團首領的過程：

　　　　高祖以亭長爲縣送徒驪山，徒多道亡。自度比至皆亡之，到豐西澤中亭，止飲，夜皆解縱所送徒。曰：「公等皆去，吾亦從此逝矣。」徒中壯士願從者十餘人。……高祖隱於芒、碭山澤間，……沛中子弟或聞之，多欲附者矣。秦二世元年，秋七月，陳涉起蘄，……郡縣多殺長吏以應涉。九月，沛令欲以沛應之。掾、主吏蕭何、曹參曰：「君爲秦吏，今欲背之，帥沛子弟，恐不聽。願君召諸亡在外者（顏師古注曰：時苦秦虐政，賦役煩多，故有逃亡辟吏），可得數百人，因以劫衆，衆不敢不聽。」乃令樊噲召高祖。高祖之衆已數百人矣。……父老乃帥子弟共殺沛令，開城門迎高祖，……高祖乃立

────────────

〔註11〕《漢書》卷三十一《項籍傳》，頁 1796。

為沛公。……於是少年豪吏如蕭、曹、樊噲等皆為收沛子弟，得三千人。〔註12〕

劉邦作為逃亡的下級官吏，因為瀆職犯罪，為免於處罰而逃亡，他在逃亡後糾集了不少逃亡刑徒，逐漸形成了一支數百人的武裝反秦集團，最後和城內的反秦勢力相結合，成為反秦武裝的主力之一。劉邦集團的形成過程可以看作秦末逃亡政治人物建立反秦武裝的另一典型代表。

二、漢朝官吏逃亡犯罪

兩漢時期的政治領域也是風起雲湧，政治鬥爭、矛盾衝突不斷出現。西漢初期，社會上有大量敵對武裝集團的殘餘人物，他們亡匿民間，對西漢政權造成影響；西漢初期直到武帝中期，始終存在著諸侯王國與中央政權之間的政治衝突，以這一衝突為背景，出現了諸侯國和漢王朝之間的官吏逃亡；兩漢時期政治領域不斷出現大的事件，這些事件之中也伴隨著官吏逃亡；兩漢數百年之間，出現了多次反政府武裝叛亂，其中夾雜著武裝集團首領的逃亡；至於受到政治事件牽連、官吏犯罪導致的逃亡就更多了。

（一）敵對勢力集團殘餘人物的逃亡

楚漢戰爭結束後，社會上還存在著大量的項羽集團餘黨，以及那些不滿劉邦統治的人物，他們為了躲避漢政府的追捕，到處逃亡，成為漢初官吏逃亡的主體。

田橫是齊國王族，兄弟數人在反秦鬥爭中相繼為王，在齊地有很大的影響。在劉邦消滅項羽集團後，田橫看到大勢已去，於是與賓客逃亡到了海島之上。成為一支海上逃亡武裝。劉邦建立西漢王朝後，田橫的大軍雖然被消滅，但對於逃亡海島，仍然活動在齊地附近的這支殘餘武裝，劉邦無論如何是要消滅的。「項羽已滅，橫懼誅，與賓客亡入海。上恐其久為亂，遣使者赦橫，曰：橫來，大者王，小者侯。不來，且發兵加誅。橫懼，乘傳詣洛陽，未至三十里，自殺。上壯其節，為流涕，發卒二千人，以王禮葬焉。」〔註13〕「恐其久為亂」一語道破了追捕逃亡者的真諦所在。當時逃亡各地的反漢勢力集團的殘餘人物不止田橫一人，項羽集團的許多將領也逃亡在各地，成為漢政府追捕的目標。

〔註12〕《漢書》卷一《高祖本紀》，頁7～9。
〔註13〕《漢書》卷一《高祖本紀》，頁57。

「項王亡將鍾離眜，家在伊廬，素與信善。項王敗，眜亡歸信。漢怨眜，聞在楚，詔楚捕之。……（眜）卒自剄，信持其首謁於陳。」〔註14〕鍾離眜之所以投奔韓信，除了兩人的私交以外，關鍵是韓信封國作爲相對獨立的政治實體，可以在一定程度上爲逃亡者提供庇護。但韓信迫於中央政府的壓力，最後還是交出了逃亡者。

對項羽部下的追捕大概因爲季布事件而有所收斂。《漢書·季布列傳》載：

> 季布者，楚人也。爲氣任俠，有名於楚。項籍使將兵，數窘漢王。及項羽滅，高祖購求布千金，敢有舍匿，罪及三族。季布匿濮陽周氏，……（周氏）乃髡鉗季布，衣褐衣，置廣柳車中，並與其家僮數十人，之魯朱家所賣之。朱家心知是季布，乃買而置之田。……朱家乃乘軺車之洛陽，……因謂滕公曰：「季布何大罪，而上求之急也？」滕公曰：「布數爲項王窘上，上怨之，故必欲得之。」朱家曰：「君視季布何如人也？」曰：「賢者也。」朱家曰：「臣各爲其主用，季布爲項籍用，職耳。項氏臣可盡誅邪？今上始得天下，獨以己之私怨求一人，何示天下之不廣也。且以季布之賢而漢求之急如此，此不北走胡即南走越耳。夫忌壯士以資敵國，此伍子胥所以鞭荊平王之墓也。君何不從容爲上言邪？」……待閒，果言如朱家指。上乃赦季布。〔註15〕

「項氏臣可盡誅邪」一語顯示出當時的實際情形，必然有不少的項羽部下逃亡各地，季布只是其中之一而已。西漢王朝大概從此停止了對敵對勢力集團殘餘逃亡人員的追捕。

有些人因爲不滿劉邦的統治，拒絕與朝廷合作而逃亡。商山四皓多次躲避劉邦徵召，後來卻成爲太子劉盈的門客，劉邦覺得奇怪，「四人曰：『陛下輕士善罵，臣等義不辱，故恐而亡匿。』」〔註16〕他們是不滿劉邦的統治政策，不願與之合作而逃亡。隨著時間的推移和漢朝政權的逐漸穩定，這類逃亡人數也逐漸減少。

〔註14〕《漢書》卷三十四《韓信傳》，頁 1875。
〔註15〕《史記》卷一百《季布列傳》，頁 2729。
〔註16〕《漢書》卷四十《張良傳》，頁 2036。

（二）漢代諸侯王屬官的逃亡

漢代實行分封制，在中央和地方諸侯王國之間存在著政治、經濟利益上的衝突。各個勢力集團內部政治鬥爭中的失敗者爲了躲避打擊，經常會選擇逃亡到其它政治集團來尋求政治庇護，躲避政治迫害。於是，在漢初就出現了不少諸侯王國官員逃亡漢政府的事件。

彭越被封爲梁王，「梁太僕有罪，亡走漢，告梁王與扈輒謀反。於是上使使掩捕梁王，囚之洛陽。有司治反形已具，……遂夷越宗族。」〔註17〕

英布爲淮南王，成爲漢初實力最強大的異姓諸侯王之一，受到劉邦的猜忌，「布有所幸姬病，就醫。醫家與中大夫賁赫對門，赫乃厚饋遺，從姬飲醫家。姬侍王，從容語次，譽赫長者也。王怒曰：『女安從知之？』具道，王疑與亂。赫恐，稱病。王愈怒，欲捕赫。赫上變事，乘傳詣長安。布使人追，不及。赫至，上變，言布謀反有端，可先未發誅也。」〔註18〕這次逃亡爲劉邦誅滅英布找到了機會，經過一場短暫的交戰，英布勢力集團被劉邦消滅了。

漢景帝時期，淮南王劉安與朝中大臣結黨，覬覦皇位，終因時機不成熟而隱忍未發，武帝時期，「（淮南王劉安）太子學用劍，自以爲人莫及，聞郎中雷被巧，召與戲。被壹再辭讓，誤中太子。太子怒，被恐。此時有欲從軍者輒詣長安，被即願奮擊匈奴。太子數惡被，王使郎中令斥免，欲以禁後。元朔五年，被遂亡之長安，上書自明。事下廷尉、河南。河南治，逮淮南太子。」〔註19〕雷被逃亡後向朝廷告發的結果，朝廷削去了淮南王二縣以爲懲罰，對淮南王的打擊是不小的。

> 廣川繆王（劉）齊嗣。……初齊有幸臣乘距，已而有罪，欲誅距。距亡，齊因禽其宗族。距怨王，乃上書告齊與同產姦。……有司請除國，奏可。〔註20〕

> 江充，字次倩，趙國邯鄲人也，充本名齊，有女弟善鼓琴歌舞，嫁之趙太子丹。齊得幸於敬肅王，爲上客。久之，太子疑齊以己陰私告王，與齊忤，使吏逐捕齊，不得，收繫其父兄，按驗，皆棄市。齊遂絕迹亡，西入關，更名充。詣闕告太子丹與同產姊及王後宮姦

〔註17〕《漢書》卷三十四《彭越傳》，頁1880。
〔註18〕《漢書》卷三十四《英布傳》，頁1887。
〔註19〕《漢書》卷四十四《淮南屬王劉長傳》，頁2147。
〔註20〕《漢書》卷五十三《景十三王傳》，頁2427。

亂，交通郡國豪猾，攻剽爲姦，吏不能禁。書奏，天子怒，遣使者
詔郡發吏卒圍趙王宮，收捕太子丹，移繫魏郡詔獄，與廷尉雜治，
法致死。……竟敗趙太子（終見廢也）。〔註21〕

梁太僕、賁赫、雷被、乘距、江充逃亡長安的目的都是利用漢王朝與諸侯王
國之間的對峙狀態，並以告發諸侯王的隱私來換取漢王朝對他們的保護，達
到躲避政治打擊的目的，而此類逃亡告密也往往成爲漢朝中央政府打擊諸侯
王的藉口，漢王朝從這些人的告密中尋找到打擊削弱諸侯王勢力的機會，實
現自己打擊控制諸侯王國的目的。

　　西漢王朝自從武帝時期徹底削弱和控制了諸侯王國勢力，中央集權制推
廣到全國之後，社會進入了大一統的帝國時期。在漢政權的控制之下，與中
央政府對峙的政治集團消失了，從中央政府得到庇護，對抗諸侯王國打擊的
可能也消失了。諸侯王國屬官的逃亡也隨之看不到了。

（三）反政府武裝集團首領的逃亡

　　在秦末大亂時期有反秦武裝集團首領的逃亡，在項羽建立政權後又有反
項羽武裝集團首領的逃亡，在劉邦政權建立後隨之出現了反劉邦的武裝力
量。這些軍事集團首領的逃亡大多屬於前朝官吏或特權貴族，其逃亡原因也
是因爲與朝廷對抗失敗，也屬於官吏犯罪逃亡之列。

　　秦末天下大亂，各地的六國舊貴族乘勢而起，形成了許多武裝集團，「田
儋，狄人也，故齊王田氏之族也。……儋遂自立爲齊王。（秦將章邯）殺儋於
臨濟下。儋從弟榮收儋餘兵東走東阿。……榮怒齊之立假，乃引兵歸，擊逐
假。假亡走楚，相角亡走趙。」〔註22〕田假作爲武裝集團的首領，被擊敗後
選擇了逃亡，投靠項羽，壯大了項羽集團的武裝力量。田榮在控制了齊地以
後，爭奪並未結束：

　　　榮使人將兵助陳餘，令反趙地，而榮亦發兵以距擊田都，都亡
　　走楚。榮留齊王市毋之膠東。市懼，乃亡就國。榮怒，追擊殺市於
　　即墨，還攻殺濟北王安，自立爲王，盡並三齊之地……而橫聞（齊）
　　王死，自立爲王，還擊嬰，嬰敗橫軍於嬴下。橫亡走梁，歸彭越。
　　〔註23〕

〔註21〕《漢書》卷四十五《江充傳》，頁 2175。
〔註22〕《漢書》卷三十三《田儋傳》，頁 1847。
〔註23〕《漢書》卷三十三《田儋傳》，頁 1849～1850。

田氏兄弟在反秦和反項羽的鬥爭失敗後，逃亡投奔其他軍事集團以求庇護，由於接受他們，使許多集團之間的鬥爭更加複雜。

項羽集團由於實力強大，是很多武裝集團首領逃亡的首選之所，「魏豹，故魏諸公子也，其兄魏咎（陳涉立爲魏王，咎自殺），……魏豹亡走楚。楚懷王予豹數千人，復徇魏地。……羽封諸侯，欲有梁地，乃徙豹於河東，都平陽，爲西魏王。」〔註24〕魏豹在兄長被殺後，亡歸項羽，最後成爲一方諸侯。「漢之敗卻彭城，塞王欣、翟王翳亡漢降楚。」〔註25〕這些背叛劉邦的諸侯王，也大多選擇亡歸項羽，以求得東山再起的機會。

楚漢戰爭期間大量反政府政治集團成員的逃亡，直接影響到各軍事集團實力的消長，影響到當時政治局勢的變化。

在兩漢交替之際，形成了許多政治軍事集團，各集團之間展開了長期的軍事爭奪。在王莽政權統治天下時期，這些軍事集團的活動可以看作是反對王莽政權的政治犯罪；王莽政權被推翻，農民政權建立後，又有很多反對農民軍政權的軍事集團活動，也是反對現政權的政治犯罪；劉秀即位，建立東漢王朝後，與之對立的軍事集團的活動也可以看作一種反政府的犯罪活動。在兩漢之際激烈的政治軍事鬥爭中，出現了大量的政治集團首領逃亡事件，是戰亂時期官吏逃亡的一大特點。

新莽政權滅亡後，除劉秀集團外，還出現了許多爭奪全國政權的軍事集團，王郎集團就是其中之一。王郎集團佔據邯鄲城，控制了河北平原的大部分地區，與劉秀集團展開了爭奪，更始二年，劉秀大軍包圍邯鄲，「因急攻之，二十餘日，郎少傅李立爲反間，開門內漢兵，遂拔邯鄲。郎夜亡走，道死，追斬之。」〔註26〕王郎的逃亡，加速了集團的覆滅和劉秀佔領河北平原的速度。《後漢書》記載：

> 李憲者，穎川許昌人也。……更始元年，自稱淮南王。建武三年，遂自立爲天子，置公卿百官，擁九城，眾十餘萬。四年秋，光武幸壽春，遣揚武將軍馬成等擊憲，圍舒。至六年正月，拔之。憲亡走，其軍士帛意追斬憲而降，憲妻子皆伏誅。〔註27〕

〔註24〕《漢書》卷三十三《魏豹傳》，頁1846。
〔註25〕《漢書》卷三十四《韓信傳》，頁1866。
〔註26〕《後漢書》卷十二《王昌傳》，頁494。
〔註27〕《後漢書》卷十二《李憲傳》，頁501。

李憲的逃亡，使貌似強大的軍事集團很快瓦解，劉秀集團控制了東南地區。

隗囂在王莽新朝滅亡後，形成佔據天水、安定等十郡，兵力十餘萬的軍事集團。王莽政權滅亡後，隗囂歸順了更始政權，參與政變失敗後，「與數十騎夜斬平城門關，亡歸天水。復招聚其眾，據故地，自稱西州上將軍。」〔註28〕

隗囂逃亡迴天水後，形成割據西北的軍事集團。劉秀逐漸消滅各地割據政權後，與隗囂集團之間的衝突已然不可避免，雙方經過多次爭奪，隗囂集團爲劉秀漢兵所擊敗。建武十八年（42年）隗囂的兒子隗純「與賓客數十騎亡入胡，至武威，捕得，誅之。」〔註29〕可以說，隗囂集團的形成和覆滅都與主要人物的逃亡聯繫在一起。

隗囂集團的形成和最後失敗，都與當時社會濃厚的鄉土意識有關，在鄉土意識的影響下，即使是那些已經歸順漢朝的地方勢力，一有機會，也會逃歸故里，與地方勢力重新結合。

> 初，隗囂將安定高峻，擁兵萬人，據高平第一（縣），帝使待詔馬援招降峻，由是河西道開。……拜峻通路將軍，封關內侯，……及漢軍退，峻亡歸故營，復助囂拒隴阺。（建武十年）……開城門降。〔註30〕

高峻所爲與當年隗囂逃歸天水的行爲一樣，加劇了地方割據勢力的形成。

在兩漢之際的大亂中，各地爲了對付兵災，以地方豪族爲中心構築營壁，結寨自保，逐漸形成大規模的軍事集團，關中地區尤其集中。

武帝以後，儒學地位逐漸上升，儒家提倡的宋法倫理觀念爲社會成員所接受，宗族勢力逐漸強大起來，加上關中地區乃西漢王朝都城所在地，長期遷徙關東豪傑入關的結果也加劇了關中地區宗族勢力的復興。面對洶湧而來的武裝集團的大肆搶劫，爲了自保，在關中地區出現了大量的以宗族豪強爲核心的武裝集團，他們結成營壘，抗擊其它軍事集團的侵擾，較大的集團也會加入到不同的政治營壘中，在鬥爭失敗後，也與其他政治集團首領一樣，逃亡他處。「自更始敗後，光武方事山東，未遑西伐。關中豪桀呂鮪等往往擁眾以萬數，莫知所屬，多往歸述，皆拜爲將軍。……（建武）三年，征西將

〔註28〕　《後漢書》卷十三《隗囂傳》，頁521。
〔註29〕　《後漢書》卷十三《隗囂傳》，頁531。
〔註30〕　《後漢書》卷十六《寇恂傳》，頁625。

軍馮異擊鮪、育於陳倉，大敗之，鮪、育奔漢中。五年，延岑、田戎爲漢兵所敗，皆亡入蜀。」〔註31〕

　　這些地方勢力集團受到公孫述的引誘，爲公孫述鎭守關中。在劉秀軍隊佔領關中後，他們逃亡到了漢中。等到劉秀控制隴右，得隴望蜀，出擊漢中時，他們又逃亡到了蜀中。這些以宗族、豪強爲中心的軍事集團人數都比較多，他們大規模的逃亡無形中加強了公孫述的勢力，增加了劉秀統一的難度。

　　　　時田戎擁眾夷陵。……（岑）彭出兵攻戎，數月，大破之（黎丘），其大將伍公詣彭降，戎亡歸夷陵。……彭與傅俊南擊田戎，大破之，遂拔夷陵，追至秭歸。戎與數十騎亡入蜀，盡獲其妻子士眾數萬人。〔註32〕

　　　　四年春，延又擊蘇茂、周建於蘄，……復追敗周建、蘇茂於彭城，茂、建亡奔董憲，董憲將賁休舉蘭陵城降。〔註33〕

田戎、蘇茂、周建等都是當時的軍事集團首領，他們戰敗逃亡，影響到當時軍事集團的分合及劉秀統一天下的進程。

（四）官吏犯罪逃亡

　　在漢代一系列重大政治鬥爭中，那些失敗者爲了逃避處罰大都採取逃亡的方式，而這些逃亡事件在一定程度上又改變了政治事件的發展走向，影響到當時的政治生活。自西漢武帝直到東漢滅亡，其間發生過很多足以影響當時政治格局走向的重大事件，政治衝突伴隨著個人地位的沉浮，出現了大量的官吏逃亡。

　　武帝後期對政治變化產生巨大影響的是戾太子逃亡事件。「（徵和二年）秋七月，按道侯韓說、使者江充等掘蠱太子宮。壬午，太子與皇后謀斬充，以節發兵與丞相劉屈氂大戰長安，死者數萬人。庚寅，太子亡，皇后自殺。」〔註34〕

　　戾太子叛亂、逃亡事件是「巫蠱之禍」〔註35〕的總爆發，長安之亂，數

〔註31〕《後漢書》卷十三《公孫述傳》，頁 537。
〔註32〕《後漢書》卷十七《岑彭傳》，頁 658。
〔註33〕《後漢書》卷十八《蓋延傳》，頁 687。
〔註34〕《漢書》卷六《武帝紀》，頁 209。
〔註35〕漢武帝時期的巫蠱之禍發端於元光五年（公元前 130 年）陳皇后阿嬌被廢黜事件，終止於徵和三年（公元前 90 年）丞相劉屈氂被殺案。「巫蠱之禍」的導火線是公孫賀父子一案。天漢二年（公元前 99 年）長安大搜捕，徵和元年（公

萬人死亡，事件影響到皇位繼承人，最後導致幼主即位，權臣輔政；許多皇族人物被殺，除皇后、太子全家被殺外，「丞相公孫賀父子，陽石、諸邑公主，及皇后弟子長平侯衛伉皆坐誅。」〔註36〕牽連甚廣；許多政府官員受到牽連，御史大夫暴勝之、丞相司直田仁在事件發生時已死，隨後「族滅江充家，焚蘇文於橫橋上，及泉鳩里加兵刃於太子者，初爲北地太守，後族。」〔註37〕如此以屠戮骨肉姻親爲主要對象的獄案，其時間之長、影響之大在中國歷史上實屬罕見。受案件牽連而亡命他鄉的人必定不在少數。

東漢後期發生的「黨錮之禍」〔註38〕是影響東漢政治的大事件，同時引發了許多政治人物的逃亡。東漢桓帝延熹九年（161年）第一次黨錮事件發生時，「天子震怒，班下郡國，逮捕黨人，布告天下，使同忿疾，遂收執膺等。其辭所連及陳寔之徒二百餘人，或有逃遁不獲，皆懸金購募，使者四出，相望於道。」〔註39〕這次牽連到的政治人物似乎只有二百餘人，其中許多人爲了躲避懲罰而亡命他鄉，成爲逃亡者。

第一次黨錮之禍引發的黨人逃亡犯罪平息不久，在靈帝建寧二年（169年）又發生了第二次黨錮事件，迫害面進一步加大，更多的黨人走上了逃亡之路，其中最典型者爲張儉、夏馥等。「張儉字元節，山陽高平人。……儉與同郡二十四人爲黨，於是刊章討捕。儉得亡命，困迫遁走，望門投止，莫不重其名行，破家相容。後流轉東萊，之李篤家。……篤因緣送儉出塞，以故得免。

元前92年）朱安世告發公孫賀事件，徵和二年（公元前91年）劉據罹難事件，前後持續40年之久。因巫蠱之獄，遭殺戮者不下十萬餘人，其中僅徵和二年皇太子巫蠱冤案，就有數萬人喪生。被誅連殺戮者，有皇太子、皇后、公主、丞相、將軍等皇親國戚和顯要官員。「巫蠱之禍」發生原因分析可參見徐衛民《西漢巫蠱之禍發生的原因及其影響》長安大學學報2011年第2期。

〔註36〕《漢書》卷六十三《武五子傳》，頁2742。

〔註37〕《漢書》卷六十三《武五子傳》，頁2747。

〔註38〕「黨錮之禍」原因有三，一是地方勢力的強大引起東漢皇權對黨人的注意。因此「黨錮之禍」實質上是中央與地方的衝突。劉姓皇權代表了中央，黨人士大夫則代表了地方。黨人在地方社會上凌駕於律法之上，成爲超越東漢皇權的權威力量，對皇權產生了威脅。二是黨人大多都是出身士大夫豪族階層，把持了地方的用人大權。但是新崛起的宦官集團侵犯了黨人在地方上的選舉利益，從而引起兩大集團的政治衝突。三是黨人「錯誤」的政治理念將當時複雜的社會問題都推到宦官集團身上，公開與宦官集團對立，最終引發了兩次「黨錮之禍」。參見王煜焜《後漢黨錮之禍起因新探》唐都學刊2013年第1期。

〔註39〕《後漢書》卷六十七《黨錮傳》，頁2187。

其所經歷，伏重誅者以十數，宗親並皆殄滅，郡縣爲之殘破。」〔註40〕張儉沿途逃亡，官府跟蹤追擊，其人所到之處，無不受到牽連，最後逃亡境外才得以保全性命。

> 夏馥字子治，陳留圉人也。……與范滂，張儉等俱被誣陷，詔
> 下州郡，捕爲黨魁。及儉等亡命，經歷之處，皆被收考，辭所連引，
> 布遍天下。馥乃頓足而歎曰：「孽自己作，空污良善，一人逃死，禍
> 及萬家，何以生爲。」乃自翦鬚變形，入林慮山中。隱匿姓名，爲
> 冶家傭。親突煙炭，形貌毀瘁，積二三年，人無知者。……黨禁未
> 解而卒。〔註41〕

夏馥與張儉不同，他不願連累他人，所以采取了另一種逃亡方式，毀形貌、變名姓、匿入深山，爲人傭做以逃避打擊。

> 岑晊字公孝，南陽棘陽人也。……太守弘農成瑨下車，欲振威
> 嚴，聞晊高名，請爲公曹，又以張牧爲中賊曹吏。……宛有富賈張
> 汎者，桓帝美人之外親，……用勢縱橫。晊與牧勸收捕汎等，既而
> 遇赦，晊竟誅之，並收其宗族賓客，殺二百餘人，後乃奏聞。於是
> 中常侍侯覽使汎妻上書訟其冤。帝大震怒，徵瑨，下獄死。晊與牧
> 亡匿齊魯之間。會赦出。後州郡察舉，……及李、杜之誅，因復逃
> 竄，終於江夏山中云。〔註42〕

岑晊的第一次逃亡是因爲得罪宦官侯覽，受到打擊而逃亡，第二次則是作爲黨人被追捕。逃亡到山谷之間以逃避處罰，直至老死山中。

> 何顒，字伯求，南陽襄陽人也。……及陳蕃、李膺之敗，顒以
> 與蕃、膺善，遂爲宦官所陷，乃變姓名，亡匿汝南間。所至皆親其
> 豪桀，有聲荊豫之域。袁紹慕之，私與往來，結爲奔走之友。是時
> 黨事起，天下多離其難，顒常私入洛陽，從紹計議。其窮困閉厄者，
> 爲求援救，以濟其患。有被掩捕者，則廣設權計，使得逃隱，全免
> 者甚眾。〔註43〕

何顒的處境與張儉、岑晊均不同，他不但逃脫了朝廷的追捕，而且能夠結交

〔註40〕《後漢書》卷六十七《黨錮傳‧張儉傳》，頁2210。
〔註41〕《後漢書》卷六十七《黨錮傳‧夏馥傳》，頁2202。
〔註42〕《後漢書》卷六十七《黨錮傳‧岑晊傳》，頁2212。
〔註43〕《後漢書》卷六十七《黨錮傳‧何顒傳》，頁2217。

權貴，救濟其他遇險的黨人。當然，在整個黨錮事件中逃亡的人決不止上述三人，黨錮事件發生時，黨人「逃遁不獲，皆懸金購募，使者四出，相望於道。」〔註44〕可見逃亡人數不少，是一次影響很大的政治性逃亡犯罪事件。

重大政治事件中的逃亡者有的是因爲皇帝偏聽，有的是因爲政敵陷害，有的本身觸犯法律，從逃亡原因來說是被確定爲罪犯，即將面臨懲罰。從本質上看，依然屬於逃亡犯罪行爲。

由於封建官場的黑暗和官員之間的互相傾軋，很多政府官員被加以各種各樣的犯罪名目，施以懲罰，受到打擊，他們爲了逃避懲罰會選擇逃亡。「黨錮之禍」中，大量士人被目爲黨人，橫遭鎮壓，從本質上看，這些官員並未觸犯具體法律，所加罪名大多是政治傾軋的產物，基本屬於莫須有，但從逃亡原因來看，確是因爲「犯罪」而逃亡。同時，有些政府官員的行爲確實是觸犯了法律，爲了躲避懲罰也會逃亡他鄉，基本不存在政治傾軋、政敵陷害的問題，所以將此類逃亡按犯罪逃亡來進行討論。秦漢時期官員犯罪逃亡者不少，典型者如：

> 張蒼，陽武人也，好書律曆。秦時爲御使，主柱下方書，有罪，
> 亡歸。〔註45〕

> 孺卿（蘇武弟蘇賢）從祠河東后土，宦騎與黃門駙馬爭船，推
> 墮駙馬河中溺死，宦騎亡，詔使孺卿逐捕不得，惶恐飲藥而死。〔註
> 46〕師古曰：宦騎，宦者而爲騎也。黃門駙馬，天子駙馬之在黃門者。

張蒼、宦騎和黃門駙馬都屬於中央政府官員，張蒼不知所犯何罪，宦騎犯的是殺人罪。爲了躲避懲罰，這些犯罪官員逃亡而去。

漢代亭長負責維護地方治安，盤查行人，檢查符傳，因其官位卑微，常常不受重視，而亭長因爲忠於職守，常常與各種官員發生衝突，得罪達官貴人後被殺者有之，也有逃亡他鄉者。「大司空士夜過奉常亭，亭長苛之，告以官名，亭長醉曰：『寧有符傳邪？』士以馬箠擊亭長，亭長斬士，亡，郡縣逐之。家上書，莽曰：『亭長奉公，勿逐。』大司空邑斥士以謝。」〔註47〕亭長忠於職守而被迫殺人，爲躲避懲罰而逃亡他鄉，受到全國範圍的追捕，最後

〔註44〕《後漢書》卷六十七《黨錮傳》，頁2187。
〔註45〕《史記》卷九十六《張丞相列傳》，頁2675。
〔註46〕《漢書》卷五十四《蘇武傳》，頁2464。
〔註47〕《漢書》卷九十九《王莽傳》，頁4135。

還是王莽下令，才免除了對逃亡亭長的追捕。《後漢書・朱雲傳》記載：

> 朱雲字遊，魯人也，徙平陵。……遷杜陵令，坐故縱亡命，會赦，舉方正，爲槐里令。……雲數上疏，言丞相韋玄成容身保位，亡能往來。……丞相玄成言雲暴虐亡狀。時陳咸在前，聞之，以語雲。……事下丞相，丞相部吏考立其殺人罪。雲亡入長安，復與（陳）咸計議。丞相具發其事，奏「（陳）咸宿衛執法之臣，幸得進見，漏泄所聞，以私語雲，爲定奏草，欲令自下治，後知雲亡命罪人，而與交通，云以故不得。」上於是下咸、雲獄，減死爲城旦。咸、雲遂廢錮，終元帝世。〔註48〕

朱雲兩次因爲犯罪而逃亡，第一次犯故縱罪，會赦而免罪，第二次被定爲殺人罪，爲了替自己辯解再次逃亡到長安，最後驚動了皇帝，被下獄，禁錮不得做官。陳咸獲罪的原因是與逃亡罪人相交通，結果也被免官禁錮。

張敞是宣帝時期的著名人物，被人以「賊殺不辜」罪告發後，宣帝爲了照顧他，「即先下敞前坐楊惲不宜處位奏，免爲庶人。敞免奏既下，詣闕上印綬，便從闕下亡命。」〔註49〕師古曰：「不還其本縣邑也。」按漢律規定，免職官員要回歸本縣邑，接受地方的管轄，張敞爲了躲避回歸本縣邑而亡命他鄉。以下數例最爲典型：

> 寧成，南陽穰人也。……武帝即位，徙爲內史，外戚多毀成之短，抵罪髡鉗。是時九卿死即死，少被刑，而成刑極，自以爲不復收，乃解脱，詐刻傳出關歸家。〔註50〕

> 嚴延年字次卿，東海下邳人也。……延年後復劾大司農田延年持兵干屬車。……事下御史中丞，譴責延年何以不移書宮殿門禁止大司農，而令得出入宮。於是覆劾延年闌入罪人，法至死。延年亡命。〔註51〕

> （馬援）後爲郡督郵，送囚至司命府，因有重罪，援哀而縱之，遂亡命北地。遇赦，因留牧畜，賓客多歸附者，遂役屬數百家。〔註52〕

〔註48〕《漢書》卷六十七《朱雲傳》，頁2912～2914。
〔註49〕《漢書》卷七十六《張敞傳》，頁3224。
〔註50〕《漢書》卷九十《寧成傳》，頁3649。
〔註51〕《漢書》卷九十《嚴延年傳》，頁3667。
〔註52〕《後漢書》卷二十四《馬援列傳》，頁828。

寧成是內史、嚴延年作爲九卿之一、馬援作爲督郵也是重要的地方官。這些官員的所作所爲都觸犯了法律，都屬於犯罪後的逃亡。「詐刻傳」即私自製作假符傳以蒙混過關，只要朝廷不再追究，還是容易逃脫的。

政治鬥爭中存在勝者王侯敗者寇的行爲邏輯，而且在政治陰謀中，確實夾雜著犯罪行爲，但行爲方式卻與一般的犯罪有所不同，故而在此加以區分。

在秦漢時期的政治鬥爭中，有許多未成功的政治陰謀，那些失敗者只要不願意任人宰割，都會選擇逃亡來躲避打擊。西漢昭帝幼年即位，霍光輔政，「於是蓋主、上官桀、安及弘羊皆與燕王通謀。詐令人爲燕王上書。（告霍光欲謀反，昭帝以爲虛妄）是時帝年十四，尚書左右皆驚，而上書者果亡，捕之甚急。」〔註53〕這場政治陰謀因爲昭帝的聰慧而失敗，而上書者作爲發動事變的同謀，成爲最重要的證人，要想陰謀不敗露，上書人只有逃亡一途可供選擇。

王莽執政期間，社會矛盾激化，邊釁四開，盜賊蜂起，有些不滿王莽統治的人利用各種手段反對王莽掌權，「後（樓）護復以薦爲廣漢太守。元始中，王莽爲安漢公，專政，莽長子宇與妻兄呂寬謀以血塗莽第門，欲懼莽令歸政。發覺，莽大怒，殺宇。而呂寬亡。……寬至廣漢過護，……到數日，名捕（舉名姓而捕之也）寬詔書至，護執寬。」〔註54〕呂寬受到王莽的追捕，不得不逃亡他鄉，最後還是難逃一死。

新莽政權建立不久，就有人開始爲推翻新莽政權製造輿論「魏成大尹李焉與卜者王況謀，……漢家當復興，君姓李，李音徵，徵火也，當爲漢輔。……又言莽大臣吉凶，各有日期。會合十餘萬言。焉令吏寫其書，吏亡告之。莽遣使者即捕焉，獄治皆死。」〔註55〕李焉手下小吏的逃亡也是害怕李焉謀劃不成反受其害，所以乾脆逃亡入京，向朝廷告發。

皇甫嵩是鎮壓黃巾義軍的功臣，又手握重兵，具備左右漢王朝政局的實力，在當時易姓換代思潮的影響下，有人準備策動皇甫嵩起兵，「嵩既破黃巾，威震天下，而朝政日亂，海內虛困。故信都令漢陽閻忠干說嵩曰：……忠知計不用，因亡去。」〔註56〕深受儒家忠孝思想薰陶的皇甫嵩拒絕了閻忠的游

〔註53〕《漢書》卷六十八《霍光傳》，頁2936。
〔註54〕《漢書》卷九十二《樓護傳》，頁3708。
〔註55〕《漢書》卷九十九《王莽傳》，頁4166～4167。
〔註56〕《後漢書》卷七十一《皇甫嵩傳》，頁2302～2303。

說，閻忠游說他人謀反，也屬於政治犯罪，游說不成，害怕受到牽連而逃亡。《後漢書・楊秉傳》記載了一件在押罪犯越獄逃亡的世事件，在秦漢時期極為少見：

> 其年冬，（楊秉）復徵拜河南尹。先是中常侍單超弟匡爲濟陰太守，以臧罪爲刺史第五種所劾，窘急，乃賂客任方刺克州從事衛羽。……及捕得方，因繫洛陽，匡應秉當窮竟其事，密令方等得突獄亡走，尚書召秉詰責，……而秉竟坐輸作左校，以久旱赦出。〔註57〕

任方受人指使，殺人入獄，又在權貴協助下逃亡，實際是政治鬥爭中出現的逃亡。

東漢名臣張禹的父親張歆「初以報仇逃亡，後仕爲淮陽相，終於汲令。」〔註58〕注引《東觀記》曰：「歆守皋長，有報父仇賊自出，歆召囚詣閣，曰：『欲自受其辭。』既入，解械飲食，便發遣，遂棄官亡命，逢赦出，由是鄉里服其高義。」

張歆作爲政府官員，按《後漢書》的記載是報父仇殺人而逃亡，屬於官員刑事犯罪後逃亡。按《東觀漢紀》的記載是釋放報父仇的殺人犯而逃亡，如此，則是同情殺人罪犯，甘冒釋放罪犯的瀆職罪名，爲了躲避懲罰而逃亡。

（五）其他類型的官吏逃亡犯罪

1. 為躲避連坐而逃亡

秦文公二十年，「法初有三族之罪」。商鞅變法，規定「令民爲什伍，而相牧司連坐，不告姦者腰斬，告姦者與斬敵首同賞，匿姦者與降敵同罰。」〔註59〕連坐制度正式形成。連坐範圍包括父子連坐、〔註60〕夫妻連坐、〔註61〕同產兄

〔註57〕《後漢書》卷五十四《楊秉傳》，頁 1771。
〔註58〕《後漢書》卷四十四《張禹傳》，頁 1496。
〔註59〕《史記》卷六十八《商君列傳》，頁 2230。
〔註60〕《漢書・景武昭宣元成功臣表》：「義陽侯屬溫敦坐子伊細王謀反，削爵爲關內侯」；「葛繹侯賀，以子敬聲有罪，下獄死」；「嚴鄉侯倍、武平侯瑛，並坐父大逆，免。」《漢書・王子侯表》「曲平侯曾，廣陵屬王子，坐父祝詛上，免。」以上案例皆屬於父子連坐。
〔註61〕《二年律令・收律》：「夫有罪，妻告之，除於收及論；妻有罪，夫告之，亦除其夫罪。」夫妻之間，一人犯罪，另一人若能及時告發，可免連坐。反證，若不告姦，一定會受到連坐懲罰。

妹連坐、〔註62〕舉家連坐、〔註63〕宗族連坐、〔註64〕同伍之人連坐，〔註65〕上述連坐制度普通百姓密切相關，一人犯罪，若不能告姦，即有可能受到連坐處罰。

職務連坐又分爲舉主連坐和公罪連坐。

舉主連坐是官吏選拔上保薦制的產物。〔註66〕指舉薦者要爲自己所舉薦的人的才能、品行等承擔一定的連帶責任，被舉薦者若是才能不夠、品行不端或是違法犯罪等，舉薦者亦要因此而受連坐之罪。《史記‧范睢列傳》：「任鄭安平，使擊趙。鄭安平爲趙所圍，急，以兵二萬人降趙。應侯席稾請罪。秦之法，任人而所任不善者，各以其罪罪之。於是應侯罪當收三族。……後二歲，王稽爲河東守，與諸侯通，坐法誅。」〔註67〕秦簡《編年記》，有「王稽、張祿死」的記載，張祿即范睢。范睢終因保舉王稽不當而與王同時被誅。可見秦朝舉主連坐制度之嚴格。舉主連坐制度在漢代相沿未改，只是在對舉主的懲罰方面稍有減輕。

〔註62〕《史記‧蒙恬列傳》：「二世又遣使者之陽周，令蒙恬曰：『君之過多矣，而卿弟毅有大罪，法及內史……」」，弟蒙毅有罪，是其兄蒙恬的罪狀之一。《漢書‧武昭宣元成功臣表》：「信成侯王定坐弟謀反，削五百戶」。皆爲兄弟連坐之案。

　　《漢書‧循吏傳‧黃霸傳》黃霸「補侍郎謁者，坐同產有罪劾免。」同產，即同母兄弟也。又《漢書‧馮參傳》：「帝祖母傅太后用事，追怨姊中山太后，陷以祝詛大逆之罪，參以同產，當相坐。」《後漢書‧順帝紀》：「定遠侯班始坐殺其妻陰城公主，要斬，同產皆棄市。」以上連坐案例皆屬於兄弟同產連坐。

〔註63〕張家山漢墓竹簡《二年律令‧賊律》：「以城邑亭障反，降諸侯，及守乘城亭障，諸侯人來攻盜，不堅守而棄去之若降之，及謀反者，皆要（腰）斬。其父母、妻子、同產，無少長皆棄市。」「謀反罪」是秦漢時期最嚴重的犯罪之一，連坐範圍也大。

〔註64〕秦朝嫪毐謀反，「皆滅其宗」；李斯謀反，「而夷三族；抵罪」。《漢書‧刑法志》：「漢興之初，雖有約法三章，網漏吞舟之魚。然其大辟，尚有夷三族之令。」高后元年，廢除三族罪。「後三年，冬十月，新垣平詐覺。謀反，夷三族。」是三族之罪，廢而復用。兩漢時期一直有宗族連坐案例出現。

〔註65〕《睡虎地秦墓竹簡‧法律答問》：「律曰：『與盜同法』，有（又）曰『與同罪』，此二物其同居、典、伍當坐。」《二年律令‧錢律》：「盜鑄錢及佐者，棄市。同居不告，贖耐，正典、田典、伍人不告罰金各一斤。」《二年律令‧市律》：「市販匿不自占租，坐所匿租減（賊）爲盜，沒入其所販賣及貫錢縣官，奪之列，列長、伍人弗告，罰金各一甲。」以上皆屬於同伍連坐的規定。

〔註66〕黃留珠《秦仕進制度考述》中國史研究，1982年第1期。

〔註67〕《史記》卷七十九《范睢蔡澤列傳》2417。

　　公罪連坐又分爲下級連坐上級和上級連坐下級兩類。

　　《睡虎地秦墓竹簡‧金布律》：「縣、都官坐效，計以負賞（償）者，已論，嗇夫即以其直（值）分負其官長及冗吏，而人與參辨券，以儌少內，少內以收責之。」〔註68〕律文意思是說，縣、都官在點驗或會計中有罪而應賠償者，經判決後，有關官府嗇夫即將其應償錢數分攤於其官長和群吏，發給每人一份木券，以便向少內繳納，少內憑券收取。對上級官員的處罰最後落到下級身上。《睡虎地秦墓竹簡‧效律》：若倉庫漏雨，導致糧食腐爛，「令官嗇夫、冗吏共賞（償）敗禾粟。」官嗇夫爲主管官員，其他冗吏則屬於同事或下級，管理倉庫失職造成的損失要主管官員和其他管理人員一起承擔，這一規定屬於下級連坐上級。

　　《睡虎地秦墓竹簡‧效律》：「禾、芻稾積廥，有贏、不備而匿弗謁，及者（諸）移贏以賞（償）不備，群它物當負賞（償）而僞出之以彼（貱）賞（償），皆與盜同法。大嗇夫、丞智（知）而弗罪，以平罪人律論之，有（又）與主廥者共賞（償）不備。」〔註69〕大嗇夫、丞屬於主管官員，對下屬的失職行爲要負連帶責任，一樣受到處罰，一起賠償造成的損失。

　　犯罪連坐制度之下，一人犯罪，往往株連家人、宗族、姻親、鄰里、同僚一併受到懲罰，所以一旦官吏犯罪，尤其是政治犯罪而影響較大者，家人、族人、姻親爲了躲避懲罰，都會選擇逃亡。漢代類似的逃亡事件很多。

　　桑弘羊因協助武帝實行鹽鐵官營而受到重用，在昭帝時期與霍光爭權，陰謀殺霍光，廢昭帝，擁立燕王爲天子，事情敗露後，霍光誅殺了參與政變的上官桀、上官安、桑弘羊、丁外人宗族。「御史大夫桑弘羊子遷亡，過父故吏侯史吳。後遷捕得，伏法。」〔註70〕桑遷當時擔任何職不得而知，他是因爲躲避連坐而逃亡的。

　　宣帝親政，霍光死後，霍氏家族失去政治優勢，開始受到打擊，他們爲了保住自己的權位，準備造反，結果被處死。很多人受到牽連而亡命他鄉，也有人爲了復仇而行刺皇帝，「是時霍氏外孫代郡太守任宣坐謀反誅。宣子章爲公車丞，亡在渭城界中，夜玄服入廟，居郎間，執戟立廟門，待上至，欲爲逆。發覺，伏誅。」〔註71〕逃亡者利用他熟悉皇宮地形的優勢，差點行刺成功。

〔註68〕《睡虎地秦墓竹簡》，頁 61。
〔註69〕《睡虎地秦墓竹簡》，頁 100。
〔註70〕《漢書》卷六十《杜延年傳》，頁 2662。
〔註71〕《漢書》卷八十八《梁丘賀傳》，頁 3600。

新莽時期，各地義軍蜂起，也有人因爲兄弟、親戚參加反莽武裝，怕受到新莽政府懲罰而逃亡。「彭寵字伯通，南陽苑人也。……寵少爲郡吏，地皇中，爲大司空士，從王邑東拒漢軍。到洛陽，聞同產弟在漢兵中，懼誅，即與鄉人吳漢亡至漁陽，抵父時吏。」〔註72〕彭寵因爲兄弟參加了反莽武裝，害怕被誅連而亡命他鄉。因爲類似事件而亡命的不止彭寵一人，《後漢書》記載：

> 趙孝王良字次伯，光武之叔父也。……更始立，以良爲國三老。
> 更始敗，良聞光武即位，乃亡奔洛陽。〔註73〕

> 城陽恭王祉字巨伯，光武族兄春陵康侯敞之子也。……更始
> 立，以祉爲太常將軍，紹封春陵侯。從西入關，封爲定陶王。及更
> 始降於赤眉，祉乃間行亡奔洛陽。〔註74〕

劉良、劉祉都是漢室宗親，又都是劉秀一族，當劉秀背叛更始帝自立之時，他們都面臨牽連受到懲罰的可能，爲了躲避這一懲罰，他們都選擇了逃亡，投奔劉秀。《後漢書·李通傳》記載了李通參加劉秀集團時的遭遇：

> （李）季於道病死，（李）守密知之，欲亡歸……會事發覺，
> （李）通得亡走，莽聞之，乃繫守於獄。……會前隊復上通起兵之
> 狀，莽怒，欲殺守，顯爭之，遂並被誅，及守家在長安者盡殺之。
> 南陽亦誅通兄弟、門宗六十四人，皆焚屍宛市。〔註75〕

李守因爲兒子李通要起兵反莽，所以準備逃亡，結果失敗被殺，因爲李通起兵而被殺的不僅僅是其父，還有在長安和南陽兩地的家屬、兄弟、門宗，這一事例從反面證明發生政治犯罪時家屬、姻親、族人逃亡的必要性。《後漢書·李固傳》載：

> 州郡收固二子基、茲於郾城，皆死獄中。《袁宏紀》曰：「基字
> 憲公，茲字季公，並爲長史，聞固策免，並棄官亡歸巴漢。南鄭趙
> 子賤爲郡功曹，詔下郡殺固二子。太守知其枉，遇之甚寬，二子託
> 服藥夭，具棺器，欲因出逃。子賤畏法，敕吏驗實，就殺之。」小
> 子燮得脫亡命。〔註76〕

李基、李茲、李燮都是因爲父親李固的牽連而棄官逃歸本縣邑。

〔註72〕《後漢書》卷十二《彭寵傳》，頁502。
〔註73〕《後漢書》卷十四《趙孝王良傳》，頁558。
〔註74〕《後漢書》卷十四《城陽恭王祉傳》，頁562。
〔註75〕《後漢書》卷十五《李通傳》，頁574。
〔註76〕《後漢書》卷六十三《李固傳》，頁2088。

2. 得罪權貴、豪家害怕報復而逃亡

武帝時期，大量任用酷吏，鎮壓各地豪強勢力，酷吏得罪豪強勢所必然，於是出現了酷吏家屬因爲懼怕報復而逃亡的事件，「尹齊，東郡茌平人也。以刀筆吏稍遷至御史。……武帝使督盜賊，斬伐不避貴勢。……後復爲淮陽都尉。王溫舒敗後數年，病死，家直不滿五十金。所誅滅淮陽甚多，及死，仇家欲燒其屍，妻亡去，歸葬。」〔註77〕

尹齊在任淮陽督尉期間，因爲誅殺不避權貴、豪家，以至於死後都要受到焚屍的威脅，這些豪家所爲不止於焚屍，向尹齊家屬報復也極有可能，他們是爲躲避報復而逃亡。

漢代，高級官吏手握生殺大權，對得罪自己的人總會想法設法施行報復，那些得罪了權貴的人爲了免於一死，便不得不到處逃亡。「韓安國字長孺，梁成安人也，……事梁孝王，爲中大夫。……其後，安國坐法抵罪，蒙獄吏田甲辱安國。安國曰：『死灰獨不復然乎？』甲曰：『然即溺之。』居無幾，梁內史缺，漢使使者拜安國爲梁內史，起徒中爲二千石。田甲亡。安國曰：『甲不就官，我滅而宗。』甲肉袒謝，安國笑曰：『公等足與治乎。』」〔註78〕田甲得罪韓安國，韓安國重新上臺，爲躲避殺身之禍而逃亡，幸得韓安國不想殺他，否則，如得罪李廣的霸陵亭尉一樣，也難逃一死。

跋扈將軍梁冀曾經把持朝廷大權，橫行霸道，爲所欲爲，有的人因爲得罪他而亡命他鄉。「以（耿）恆爲陽亭侯，（耿）承爲羽林中郎將。其後貴人薨，大將軍梁冀從承求貴人珍玩，不能得，冀怒，風有司奏奪其封。承惶恐，遂亡匿於穰。數年，冀推迹得之，乃並族其家十餘人。」〔註79〕耿承以羽林中郎將的身份尚且因爲得罪權臣梁冀要亡匿他鄉躲避災難，最後還是被抓獲，不但自己被處死，就是家人也難免一死。可見梁冀權勢之可怕，受其迫害亡命避難者何止耿承一人。

《後漢書·杜林傳》記載了一個充滿正義感的故事，其間有義士得罪權貴後的逃亡，「建武六年，弟成物故，囂乃聽林持喪東歸。既遣而悔，追令刺客楊賢於隴坻遮殺之。賢見林身推鹿車，載致弟喪，乃歎曰：『當今之世，誰能行義？我雖小人，何忍殺義士。』因亡去。」〔註80〕這一刺客無法完成自

〔註77〕《漢書》卷九十《尹齊傳》，頁 3659。
〔註78〕《漢書》卷五十二《韓安國傳》，頁 2394～2395。
〔註79〕《後漢書》卷十九《耿弇傳》，頁 714。
〔註80〕《後漢書》卷二十七《杜林傳》，頁 936。

己的政治使命，得罪了隗囂，爲了躲避打擊而逃亡。《後漢書・趙岐傳》記載
了趙岐的逃亡經歷：

> 趙岐字邠卿，京兆長陵人也。……先是中長侍唐衡兄玹爲京兆
> 虎牙都尉，……岐及從兄襲又數爲貶議，玹深毒恨。延熹元年，玹
> 爲京兆尹，岐懼禍及，乃與從子戩逃避之。玹果收岐家屬宗親，陷
> 以重法，盡殺之。岐遂逃難四方，江、淮、海、岱，靡所不歷。自
> 匿姓名，賣餅北海市中。時安丘孫嵩年二十餘，遊市見岐，察非常
> 人，停車呼與共載。……藏岐複壁中數年，……後諸唐死滅，因赦
> 乃出。〔註81〕

趙岐因爲抨擊權貴，得罪掌權宦官，爲了躲避迫害而走上了充滿荊棘的逃亡
之路。《後漢書・寇榮傳》記載：

> 榮少知名，桓帝時爲侍中。性矜絜自貴，於人少所與，以此見
> 害於權寵。……延熹中，遂陷以罪辟，與宗族免歸故郡。吏承望風
> 旨，持之浸急，榮恐不免，奔闕自訟。未至，刺史張敬追劾榮以擅
> 去邊，有詔捕之。榮逃竄數年，會赦令，不得除，積窮困，乃自亡
> 命中上書曰：……帝省章愈怒，遂誅榮。〔註82〕

> 潁川甄邵諂附梁冀，爲鄴令。有同歲生得罪於冀，亡奔邵，邵
> 僞納而陰以告冀，冀即捕殺之。〔註83〕

寇榮被人陷害，免官歸故郡，又害怕受到地方官的迫害而逃亡，最後被誅殺。
至於被甄邵出賣的逃亡者也屬於得罪權貴逃亡又被出賣者。

東漢後期大學者蔡邕因爲得罪掌權宦官，「邕慮卒不免，乃亡命江海，遠
迹吳會。往來依太山羊氏，積十二年，在吳。」〔註84〕智者如蔡邕之流，一
旦得罪權貴，爲了躲避打擊，都得逃亡他鄉。

袁著得罪梁冀被殺後，「太原郝絜，與著友善。……絜初逃亡，知不得
免，……仰藥而死，家乃得全。」〔註85〕郝絜爲梁冀勢力所壓制，不得不停
止逃亡，以自己的自殺來換取家人的活命。上述事件都屬於得罪權貴，躲避
迫害而逃亡的事例。

〔註81〕《後漢書》卷六十四《趙岐傳》，頁2122。
〔註82〕《後漢書》卷十六《寇榮傳》，頁627。
〔註83〕《後漢書》卷六十三《李固傳》，頁2091。
〔註84〕《後漢書》卷六十《蔡邕傳》，頁2003。
〔註85〕《後漢書》卷三十四《梁冀傳》，頁1184。

3. 不滿朝廷統治而逃亡

王莽統治時期，政治日益黑暗，很多人不滿王莽的統治而亡命他鄉，「胡廣字伯始，南郡華容人也。六世祖剛，清高有志節。平帝時，大司徒馬宮辟之。值王莽居攝，剛解其衣冠，縣府門而去，遂亡命交阯，隱於屠肆之間。」〔註86〕胡剛是不滿王莽的統治而去職逃亡的。王莽改制篡漢，雖然有很多人擁護，但也受到很多正直之士的反對，想來類似的逃亡避世之人應該不少。

東漢安帝、順帝時期，由於宦官、外戚交替專權，導致政治腐敗，各級政府官員的任命極為混亂，出現州郡無人管理的情況，有的官吏在調任新崗位後，因為對新職不滿，故意以逃亡來躲避，等待大赦後重新獲取任職。這樣的做法嚴重影響到國家對地方的管理，以及國家政治的穩定和發展，這一狀況在左雄的上書中有所反映：

> 臣愚以為守相長吏，惠和有顯效者，可就增秩，勿使移徙，非父母喪不得去官。其不從法禁，不式王命，錮之終身，雖會赦令，不得齒列。若被劾奏，亡不就法者，徙家邊郡，以懲其後。……自是選代交互，令長月易，迎新送舊，勞擾無已，或官寺空曠，無人案事，每選部劇，乃至逃亡。〔註87〕

政府官員的頻繁更換導致的官吏逃亡，使朝廷對地方的管理根本無法進行，地方治安狀況極端惡化，盜賊蜂起，天下大亂，東漢王朝在黃巾義軍的衝擊下，開始徹底衰敗了。

秦漢時期的官吏逃亡人員種類多、原因複雜、影響也很大，從一個側面反映出當時政治鬥爭的的激烈程度。大量的官吏逃亡雖然不像刑事犯罪逃亡或者流民逃亡那樣轟轟烈烈，但對國家政治的影響卻不容低估。官吏逃亡是秦漢逃亡犯罪的重要組成部分。

第二節　罪犯逃亡

秦漢時期，社會成員因為實施犯罪行為，成為罪犯。在被官府捕獲前、捕獲後或服刑期間，為了躲避懲罰而脫籍逃亡，即構成罪犯逃亡。秦漢時期，豪俠、惡少年、盜賊、刑徒構成罪犯逃亡的主要類型，其他社會成員因為犯

〔註86〕《後漢書》卷四十四《胡廣傳》，頁 1504。
〔註87〕《後漢書》卷六十一《左雄傳》，頁 2018～2019。

罪也會選擇逃亡。官吏犯罪後的逃亡歸入官吏逃亡犯罪一類，一是因爲逃亡主體爲官吏或者享有政治特權的貴族，與普通罪犯有別；二是官吏的犯罪多爲政治鬥爭中失敗而被定爲犯罪，與一般的刑事犯罪有別，基於上述原因，官吏犯罪後的逃亡不歸入此類。

一、「惡少年」、豪俠犯罪逃亡

　　「少年」、「惡少年」爲害地方起於先秦，據《韓非子·內儲說上》七術篇記載，子產死，「游吉不肯嚴刑，鄭少年相率爲盜，處於萑澤，將遂以爲鄭禍，游吉率車騎與戰，一日一夜，僅能剋之。」「少年」、「惡少年」作惡地方的事件在戰國、秦、兩漢更是史不絕書。〔註88〕「閭巷少年，攻剽椎埋，劫人作姦，掘冢鑄幣，任俠併兼，借交報仇，篡逐幽隱，不避法禁，走死地如騖者，其實皆爲財用耳」。〔註89〕專門作惡地方與不斷逃亡是此類犯罪最大的特點。

　　這些少年大多是無明確職業的所謂「浮游無事」之徒，他們蔑視法令，縱逸狂放流竄作案，成爲秦漢逃亡犯罪中獨特的一部分。

　　「彭越者，昌邑人也，字仲。常漁巨野澤中，爲群盜。……居歲餘，澤間少年相聚百餘人，往從彭越。」〔註90〕彭越率領「少年」，亡命澤中爲「盜」，最後率領這些爲盜少年走上了反秦的戰場。「三十一年，始皇爲微行咸陽，與武士四人俱，夜出逢盜蘭池，武士擊殺盜。關中大索二十餘日」。〔註91〕這些「盜」極有可能是咸陽「少年」或「惡少年」。秦末大亂，各地「少年」、「惡少年」紛紛殺其守令響應陳勝，「少年」、「惡少年」爲盜的規模可見一斑。

　　漢代，在各地都有豪俠、「惡少年」活動的記載，這些人生活在大小城市，不務正業，殺人、搶劫無所不爲，其由來已久，對漢代社會治安造成較大的影響。豪俠、「惡少年」犯罪之後往往各處逃亡，很難完全緝拿歸案，所以，豪俠、「惡少年」就成了犯罪逃亡犯中影響極大的一部分。其他原因的形成的逃亡者，在逃亡過程中爲了隱藏身份，躲避追捕，一般不會再爲非作歹，觸犯法律，而豪俠、「惡少年」則不然，他們會不斷作案，繼續危害社會治安，因而他們也成爲朝廷重點追捕的對象。西漢成帝時期，外戚開始

〔註88〕王子今《說秦漢「少年」與「惡少年」》，《中國史研究》，1991年第4期。

〔註89〕《史記》卷一百二十九《貨殖列傳》，頁3271。

〔註90〕《史記》卷九十《彭越列傳》，頁2591。

〔註91〕《史記》卷六《秦始皇本紀》，頁251。

逐漸掌權，政治日益黑暗，外戚王氏勾結亡命罪犯，打擊與自己政見不合的人員，結果使京師治安受到嚴重威脅，成帝永始、元延年間（前16～9年），「貴戚驕恣，紅陽長仲兄弟交通輕俠，臧匿亡命。……長安中姦滑浸多，閭里少年群輩殺吏，受賕報仇，相與探丸爲彈，得赤丸者斫武吏，得黑丸者斫文吏，白者主治喪。城中薄暮塵起，剽劫行者，死傷橫道，旗鼓不絕。」〔註92〕由於京師權貴隱匿亡命，利用「惡少年」劃除政治上的異己勢力，一時之間京師長安成爲「惡少年」爲非作歹的最佳舞臺，他們隨意殺人，逃亡後又得不到有效追捕，致使他們猖獗一時。尹尚到任後「乃部戶曹掾史，與鄉吏、亭長、里正、父老、伍人，雜舉長安中輕薄少年惡子，無市籍商販作務，而鮮衣凶服被鎧扞持刀兵者，悉籍記之，得數百人。……尚視事數月，盜賊止，郡國亡命散走，各歸其處，不敢窺長安。」〔註93〕尹尚處死爲非的首惡之人，又派遣得力屬下對餘黨全力追捕，使這些亡命少年無法在京師立足，才使長安的治安形勢得以根本好轉。

「惡少年」以外，「豪俠」、「輕俠」犯罪逃亡也是漢代逃亡的一大特色。

季布是漢初名將，因爲英勇善戰，在文帝時期深受寵愛，曾經做過河東守，差點做了御史大夫，「布弟季心氣蓋關中，遇人恭謹，爲任俠，方數千里，士爭爲死。嘗殺人，亡吳，從爰絲匿，長事爰絲。」〔註94〕季心任俠與季布的影響是分不開的，爰絲是名臣爰盎的兒子，也應該是豪強之家。豪強逃亡起來還是容易的。

西漢哀帝時期，何並爲長陵縣令，先是全力追捕與豪俠勾結爲害地方的前侍中王林卿，迫使其亡命遠遁，隨後展開對地方豪俠的懲治。「陽翟輕俠趙季、李款多畜賓客，以氣力漁食閭里，至姦人婦女，持吏長短，從橫郡中，聞（何）並且至，皆亡去。並下車求勇猛曉文法吏且十人，使文吏治三人獄，武吏往捕之。……得趙、李它郡，持頭還，並皆縣頭及其具獄於市。」〔註95〕

趙季、李款作爲當地豪俠，活動特點是網羅大量「賓客」，實際應該是爪牙；有「氣力」，即有人力、物力，勢力強大；他們殺人亡命之後，依然可以得到地方豪強的庇護。有的甚至由於抓住了地方官吏的把柄，可以橫行鄉里，

〔註92〕《漢書》卷九十《尹賞傳》，頁3673。
〔註93〕《漢書》卷九十《尹賞傳》，頁3674。
〔註94〕《漢書》卷三十七《季布傳》，頁1979。
〔註95〕《漢書》卷起十七《何並傳》，頁3268。

為所欲為。遇到朝廷鎮壓時，他們還能逃亡他鄉，只是遇到剛正如何並的郡守，才得以受到法律的制裁，最後在逃亡地被處死。漢代，全國各地都有類似的豪俠，此類豪俠犯罪逃亡的事例自然不會少，其中典型者如郭解：

> 郭解，河內軹人也，……少時陰賊感慨，不快意，所殺甚眾。……解徙（茂陵），諸公送者出千餘萬。軹人楊季主子為縣掾，毀之，解兄子斷楊掾頭。解入關，……邑人又殺楊季主，季主家人上書又殺闕下。上聞，乃下吏捕解，解亡，……身至臨晉，臨晉籍少翁素不知解，因出關。……解傳太原，……吏逐捕至籍少翁，少翁自殺，口絕。久之得解，……吏奏解無罪……遂族解。〔註96〕

郭解是漢景帝、武帝時期有名的豪俠，他交結權貴，睚眥必報，殺人如草芥，逃亡又很順利，設非沒有公孫弘的建議，郭解又要逍遙法外。

> 會北地浩商為義渠（北地郡轄縣）長所捕，亡，長取其母，與猳豬連繫都亭下。商兄弟會賓客，自稱司隸掾、長安縣尉，殺義渠長妻子六人，亡。丞相、御史請遣掾史與司隸校尉、部刺史並力逐捕，察無狀者，奏可。〔註97〕

浩商有兄弟、賓客，應該是當地豪俠一類的人物，為縣長所捕，應該是犯罪之人。在逃亡途中尚能糾結黨羽，殺害縣令一家人，可見其人在地方上勢力之強大。浩商等人在殺人後又逃亡到了長安，最後在丞相、御史的干預之下，朝廷發出名捕詔書，最後才被抓獲。「而北地大豪浩商等報怨，殺義渠長妻子六人，往來長安中。丞相御史遣掾求逐黨與，詔書召捕，久之乃得。」〔註98〕

　　不僅京師治安受到豪俠、亡命少年的影響，就是地方也不能幸免，一旦地方統治者與亡命少年相勾結，這些人就會在地方胡作非為，嚴重影響地方社會治安。

　　有的諸侯王勾結亡命少年，胡作非為，嚴重影響地方社會治安，「濟東王彭離驕悍，昏莫私與其奴亡命少年數十人行剽，殺人取財物以為好。所殺發覺者百餘人，國皆知之，莫敢夜行。所殺者子上書告言，有司請誅，武帝弗忍，……徙上庸，國除，為大河郡。」〔註99〕亡命者危害地方，百姓竟至於「夜不敢行」，可見這些亡命少年危害之嚴重。

〔註96〕《漢書》卷九十二《郭解傳》，頁3701、3704。
〔註97〕《漢書》卷八十四《翟方進傳》，頁3413。
〔註98〕《漢書》卷九十《尹賞傳》，頁3673。
〔註99〕《漢書》卷四十七《文三王傳》，頁2213。

> （灌夫）諸所與交通，無非豪傑大猾。家累數千萬，食客日數
> 十百人。陂池田園，宗族賓客爲權利，橫潁川。……元光四年春，
> 蚡言灌夫家在潁川，橫甚，民苦之。……遂其前事，遣吏分曹逐捕
> 諸灌氏支屬，皆得棄市罪。諸灌氏皆亡匿，夫繫，遂不得告言蚡陰
> 事。〔註100〕

灌氏家族是標準的地方豪強，「橫甚」顯示其危害地方的程度之深，當時
有民謠曰：「潁水清，灌氏寧，潁水濁，灌氏族。」師古曰：「深怨嫉之，故
爲此言。」表現出地方民眾對豪強的憎恨。灌氏家族最後被懲罰，又因爲權
貴的支持而逃亡他鄉，屬於豪強犯罪逃亡。西漢成帝時期，名臣朱博就以懲
治豪強犯罪逃亡而出名，《漢書・朱博傳》記載：

> 博治郡，常令屬縣各用其豪桀以爲大吏，文武從宜。縣有劇賊
> 及它非常，博輒移書以詭責之，其盡力有效，必加厚賞。懷詐不稱，
> 誅罰輒行。以是豪強熱服。姑幕縣有群輩八人報仇廷中，皆不得。
> 長吏自繫書言府，賊曹掾史自白請至姑幕。……王卿得敕惶怖，親
> 屬失色，晝夜馳鶩，十餘日間捕得五人。〔註101〕

朱博深得治理地方的要領，採取以豪強治豪強的做法，達到管理地方治安的
目的。所以面對敢於在縣廷中公開殺人的逃亡罪犯，能夠很快抓獲。

作惡地方的豪強要是遇到專以打擊豪強爲目的的酷吏時，就只有亡命他
鄉以躲避打擊了，「義縱，河東人也。……義縱自河內遷爲南陽太守，聞寧成
家居南陽，……至郡，逐桉甯氏，破碎其家。成坐有罪，及孔、暴之屬皆奔
亡。」〔註102〕師古曰：「孔氏、暴氏二家素豪猾者。」這些爲害地方的豪猾之民，
平時作姦犯科，害怕受到追究、懲罰而逃亡躲避。

漢代，爲了徹底打擊亡命者和「惡少年」，這些人成爲歷次徵發戍邊的對
象，「元風五年（前76年），六月，發三輔及郡國惡少年吏有告劾亡者，屯遼
東。」〔註103〕如淳曰：「告者，爲人所告也。劾者，爲人所劾也。」師古曰：
「惡少年謂無賴子弟也。告劾亡者，謂被告劾而逃亡。」通過徵發戍邊，來
減少逃亡者、「惡少年」對地方治安的破壞，不失爲一種有效的措施。

〔註100〕《漢書》卷五十二《灌夫傳》，頁2387。
〔註101〕《漢書》卷八十三《朱博傳》，頁3401。
〔註102〕《漢書》卷九十《義縱傳》，頁3653。
〔註103〕《漢書》卷七《昭帝紀》，頁231。

二、盜賊犯罪逃亡

《晉書・刑法志》：「取非其物謂之盜。」在秦漢時期有單人為盜者、家族為盜者，更有「群盜」活動在全國各地，各種各樣的盜賊在作案後為躲避懲罰，都會在一定時期內逃亡各地，所以盜賊也是犯罪逃亡的重要組成部分。

根據為盜者的身份可以將秦漢時期的盜賊逃亡分為兩種：

（一）編戶齊民〔註104〕為盜而逃亡

秦朝建立後，「賦斂亡度，竭民財力，百姓散亡，不得從耕織之業，群盜並起。」〔註105〕「頭會箕斂」的殘酷剝削使百姓無法生產、生活，紛紛為「盜」，竊取他人財物以求生存。睡虎地秦墓竹簡《法律答問》中有許多盜牛、盜馬、盜羊、盜豬、盜桑葉、盜取金錢換取衣食之資的記載，還有許多盜賊逃亡受到追捕的記載，均屬於普通百姓無法生存為盜後所犯竊案，這些人在作案後逃亡各地，繼續尋找作案機會。《法律答問》：

> 夫、妻、子五人共盜，皆當刑城旦，今中（甲）盡捕告（逮捕告官）之，問甲當購（賞金）幾可（何）？人購二兩。

> 夫、妻、子十人共盜，當刑城旦，今甲盡捕得其八人，問甲當購幾可（何）？當人購二兩。〔註106〕

商鞅變法的當年（孝公 3 年）規定「民有二男以上不分異者，倍其賦，」孝公十二年又「令民父子兄弟同室內息者為禁」〔註107〕。隨著農村公社和宗族的逐漸破壞，五口之家成為秦朝百姓生活的基本單位，失去了宗族救助庇護後，

〔註104〕顏師古《漢書・高帝紀》注曰：「編戶者，言列次名籍也。」《漢書・梅福傳》注曰：「列為庶人也。」「編戶齊民」統一編入戶籍，擔負賦役的居民，區別於因享受特權而不入普通戶籍的官僚貴族和沒有獨立戶籍的奴婢。杜正勝指出：「『編戶齊民』就是列入國家戶籍而身份平等的人民」。戰國秦漢時期作為「國家主體的編戶齊民，在政治社會結構中，至少具有五種特性：（1）構成國家武力骨幹；（2）是嚴密組織下的國家公民；（3）擁有田地私有權；（4）是國家法律主要的保護對象。以及（5）居住在「共同體」性的聚落內，但個人的發展並未被抹殺。」參見杜正勝：《「編戶齊民論」的剖析》，載王健文主編《臺灣學者中國史研究論叢：政治與權力》，中國大百科全書出版社 2005 年，頁 36。本文的「編戶齊民」僅作為普通人民大眾的代名詞使用，以便於與刑徒區分，不考慮過多的政治、經濟、社會特性。

〔註105〕《漢書》卷五十六《董仲舒傳》，頁 2511。

〔註106〕《睡虎地秦墓竹簡》，頁 209。

〔註107〕《史記》卷六十八《商君列傳》，頁 2231、2232。

無法生存的普通百姓只有逃亡為生，逃亡途中作姦犯科，搶劫偷盜在所難免。五人以上的逃亡者結夥搶劫則被稱為「群盜」，睡虎地秦簡《封診式》中有群盜武裝對抗追捕的案例記載：

> 士五（伍），居某里。此首某里士五（伍）己、庚、辛，強攻群盜某里公士某室，盜錢萬，去亡。己等已前得。丁與戊去亡，流行母（無）所主舍。自晝居某山，甲等而捕丁、戊，戊射乙，而發殺收首。皆母（無）它坐罪。〔註108〕

這些案犯平時流動不定，以搶劫他人為生，遇到政府追捕時可以持兵作戰，以死抵抗追捕，在經過一場激烈的交戰，殺死一名追捕人員後，終於被抓獲，從中可以看到群盜的活動特點。

漢代編戶民不堪賦斂盤剝，成為盜賊的記載也很多，《漢書·景帝紀》「（六年）定鑄錢偽黃金棄市律。」注引應劭曰：「文帝五年，聽民放鑄，律尚未除。先時多作偽金，偽金終不可成，而徒損費，轉相誑耀，窮則起為盜賊，故定其律也。」則在漢文帝時期各地就出現了大量的盜賊活動，面對盜賊群起的現象，景帝發布詔書說：「或詐偽為吏，吏以貨賂為市，漁奪百姓，縣丞，長吏也，姦法與盜盜，甚無謂也。」注引文穎曰：「與盜，謂盜者當治，而知情反佐與之，是則共盜無異也。」〔註109〕文帝、景帝時期的一系列法制建設，務在澄清吏治，減少民為盜賊的現象。

武帝時期，由於大興事功，海內鼎沸，編戶民大規模起而為盜。「天漢二年（前99年）泰山、琅邪群盜徐勃等阻山攻城，道路不通。」〔註110〕這次關東地區大規模的群盜活動影響極大，武帝採取了很多措施才最後鎮壓下去。宣帝時期號稱中興，但盜賊活動依然猖獗，宣帝在黃龍元年（前49年）發布詔書說：「方今天下少事，徭役省減，兵革不動，而民多貧，盜賊不止，其咎安在？」〔註111〕大概盜賊逃亡犯罪的活動規模是不小的。

元成哀平時期，政治逐漸腐敗，盜賊活動就更多了，永光二年（前42年）詔書說：「元元大困，流散道路，盜賊並興。」〔註112〕此後王莽實行改制，擾亂天下，更是盜賊群起，直到東漢初期，盜賊逃亡犯罪活動還很猖獗。《後漢

〔註108〕《睡虎地秦墓竹簡》，頁255。
〔註109〕《漢書》卷五《景帝紀》，頁149、151。
〔註110〕《漢書》卷六《武帝紀》，頁204。
〔註111〕《漢書》卷八《宣帝紀》，頁273。
〔註112〕《漢書》卷九《元帝紀》，頁288。

書》記載：

> （建武十六年）郡國大姓及兵長、群盜處處並起，攻劫在所，
> 害殺長吏。郡縣追討，到則解散，去復屯結，青、徐、幽、冀四州
> 尤甚。冬十月，遣使者下郡國，聽群盜自相糾擿，五人共斬一人者，
> 除其罪。……其牧守令長坐界內盜賊而不收捕者，又以畏懦捐城委
> 守者，皆不以爲負，……於是更相追捕，賊並解散。〔註113〕

東漢安帝時期，盜賊再次猖獗，安帝元初二年（115年）發布詔書說：「其吏人
聚爲盜賊，有悔過者，除其罪。……延光三年（124年）六月辛巳，遣侍御史
分行青冀二州災害，督錄盜賊。」〔註114〕到了順帝、桓帝時期，寇盜肆暴，
劫質令長、攻盜郡縣、自稱皇帝的記載屢屢見於帝紀，靈帝時期終於演變成
爲大規模的黃巾起義，東漢王朝也在這一浪潮中變得名存實亡了。

　　不斷出現的大規模盜賊活動是秦漢時期逃亡犯罪的重要組成部分，盜賊
不斷作案，不斷逃亡，對社會秩序造成巨大的衝擊，爲統治者深惡痛絕，屬
於政府嚴厲鎮壓的犯罪之一，也是逃亡犯罪中影響最大的一種。

（二）刑徒逃亡為盜

　　秦王朝厲行法治，「重以貪暴之吏，刑戮妄加。民愁亡聊，亡逃山林，轉
爲盜賊。赭衣半道，斷獄歲以千萬數。」〔註115〕法網嚴酷，觸犯法律被處勞
役刑的人很多，刑徒逃亡者也很多。刑徒逃亡後的出路大概有兩種，一種是
逃亡境外，如《風俗通義・佚文》第十六：「秦始皇遣蒙恬築長城，徒士犯罪
亡依鮮卑山。」這些刑徒逃亡到了國外，蒙恬曾經率領三十萬人北擊匈奴，
又率領大量刑徒和徵發的民眾修築長城，其中很多人最後逃入匈奴。

　　另外一種出路就是成爲盜賊，搶劫求生。《睡虎地秦墓竹簡》中有很多服
役人員逃亡的記載。秦朝勞役刑徒種類多，勞作極爲辛苦。如被判爲「城旦」
者，《史記・秦始皇本紀》《集解》注引如淳曰：「《律說》論決爲髡鉗，輸邊
築長城，晝日司寇虜，夜暮築長城。」〔註116〕晝夜不得休息；《睡虎地秦墓竹
簡・倉律》：「食軭（餓）囚，日少半斗。」對刑徒進行飢餓懲罰；秦政府對
刑徒看管也極爲嚴酷，《睡虎地秦墓竹簡・司空律》規定夜晚對城旦要施加木
械、黑索、脛鉗以防止其逃亡；很多刑徒受到肉體的殘害，黥刑、劓刑、斬

〔註113〕《後漢書》卷一《光武帝紀下》，頁67。
〔註114〕《後漢書》卷五《安帝紀》，頁224、239。
〔註115〕《漢書》卷二十四《食貨志》，頁1137。
〔註116〕《史記》卷六《秦始皇本紀》，頁255。

左趾、宮刑、名目繁多；《睡簡》律文中還有很多關於刑徒毀壞器物、做工殿後受到鞭笞懲罰的記載。艱苦的勞作、飢餓、非人的拘禁、肉體的損傷、隨意的鞭笞都可能奪取他們的生命，刑徒如此，被徵發的服役人員的處境也不會更好。《史記‧陳涉世家》記載陳涉發動起義時的講話，其中有「藉弟令毋斬，而戍死者固十六七」〔註117〕的說法，戍邊的「閭左」死亡率尚且如此之高，服勞役可以說是百無一還了。逃亡為盜，隱匿山林川澤，生存的機會或許還要大些，所以刑徒逃亡為盜的人數不會少。

黥布犯罪，被判處在驪山服勞役，當時驪山工地上的服役刑徒人數達到數十萬人之多。黥布利用他們的不滿情緒。把他們組織起來，最後逃亡到川澤地區，形成一支規模很大的武裝隊伍，成為推翻秦王朝統治的重要力量；漢高祖劉邦做亭長時，負責押送刑徒到驪山工地，押送途中刑徒們紛紛逃亡，最後也形成了一支反秦武裝。秦朝末年的刑徒逃亡者充滿山林川澤，成為以後反秦力量的核心。

漢代刑徒大規模逃亡，並對社會政治帶來危機是在漢成帝時期：

> 陽朔三年（前22年）夏六月，潁川鐵官徒申屠聖等百八十人殺長吏，盜庫兵，自稱將軍，經歷九郡。遣丞相長史、御史中丞逐捕，以軍興從事，皆伏辜。……（鴻嘉三年：前18年）廣漢男子鄭躬等六十餘人攻官寺，篡囚徒，盜庫兵，自稱山君。……（永始三年：前14年）十二月，山陽鐵官徒蘇令等二百二十八人攻殺長吏，盜庫兵，自稱將軍，經歷郡國十九，殺東郡太守、汝南都尉。〔註118〕

所謂「鐵官徒」就是從事官營鐵礦開採和冶煉的刑徒，申屠聖是直接帶領鐵官徒逃亡為盜，鄭躬則是以解放在押刑徒的方式來壯大自己的力量。「時它郡盜徒五人來入圉界，吏捕得之，陳留太守馬嚴聞而疾惡，風縣殺之。」〔註119〕「盜徒」可能就是逃亡為盜的刑徒。

《史記》、《漢書》、《睡虎地秦墓竹簡》中有許多關於「盜」、「群盜」的記載，可知秦漢時期多「盜」，盜與逃亡緊密聯繫在一起的，《漢書‧惠帝紀》注中有「盜者逃也」的說法，一旦事發，只有逃亡他鄉，所以流動不定是盜活動的共同特徵。盜在逃亡過程中，不守朝廷法令，作姦犯科，或者流竄於城市鄉間，或者流亡山林川澤，一有機會，就與政府公開對抗，成為反政府

〔註117〕《史記》卷四十八《陳涉世家》，頁1592。
〔註118〕《漢書》卷十《成帝紀》，頁314、318、323。
〔註119〕《後漢書》卷三十五《曹褒傳》，頁1202。

的武裝。

> 臣竊見元年以來，盜賊連發，攻亭劫掠，多所傷殺。夫穿窬不
> 禁，則致強盜。強盜不斷，則爲攻盜。攻盜成群，必生大姦。故亡
> 逃之科，憲令所急，至於通行飲食，罪致大辟。而頃者以來，莫以
> 爲憂。州郡督錄怠慢，長吏防禦不肅，皆欲採獲虛名，諱以盜賊爲
> 負。雖有發覺，不務清澄。至有迫戚濫怒，無辜僵僕。或有跼蹐比
> 伍，轉相賦斂。或隨吏追赴，周章道路。是以盜發之家，不敢申告，
> 鄰舍比里，共相壓迮，或出私財，以償所亡。其大章著不可掩者，
> 乃肯發露。陵遲之漸，遂且成俗。寇攘誅笞，皆由於此。前年勃海
> 張伯路，可爲至戒。覆車之軌，其迹不遠。蓋失之末流，求之本源。
> 宜纠增舊科，以防來事。自今強盜爲上官若它郡縣所糺覺，一發，
> 部吏皆正法，尉貶秩一等，令長三月奉贖罪。二發，尉免官，令長
> 貶秩一等。三發以上，令長免官。便可撰立科條，處爲詔文，切敕
> 刺史，嚴加糺罰。冀以猛濟寬，驚懼姦慝。〔註120〕

按照上面的說法，在東漢末年，社會上活動著大量盜賊逃亡者。這些盜賊集
團由小偷小摸發展到強盜搶劫，最後形成大規模的武裝集團，直接危及國家
政權的存在。其根本原因在於地方官員的瀆職，故意隱瞞情況，以致地方盜
賊越來越多，最後積重難返，釀成大禍。有的地方官員一旦發現盜賊蹤迹，
則會橫加牽連，殃及無辜，鄰里之人受到更重的盤剝，結果激起更多人逃亡
爲盜。陳寵建議，對地方官吏嚴加處罰，督促他們努力鎮壓逃亡盜賊，力求
平息這些盜賊犯罪逃亡者。

三、普通民眾犯罪逃亡

秦漢法律根據情節輕重、是否故意，對殺人犯罪規定得十分嚴密，相應
的懲治也十分嚴厲。對於普通民眾而言，不管因爲什麼原因，一旦殺人斃命，
要麼接受懲罰，要麼亡命他鄉，成爲犯罪逃亡者。除殺人大罪以外，其他犯
罪者爲了躲避懲罰，也經常選擇亡命，成爲犯罪逃亡者。

（一）復仇殺人而犯罪逃亡

復仇在上古氏族社會即已有之，到了周秦及其以後的宗法社會繼續流

〔註120〕《後漢書》卷四十六《陳寵傳》，頁 1559。

行。在宗法社會，一族之人按照血緣關繫上的親疏遠近彼此負有相應的責任與義務，爲親人復仇即是其中之一。這種責任與義務關係一旦發生，就是必須履行的，不可推卸的，同時，復仇的盛行與儒家思想的流行也有極大關係。〔註121〕《孟子·盡心下》說：「吾今而後知殺人親之重，殺人之父，人亦殺其父；殺人之兄，人亦殺其兄。然則非自殺之也，一間也。」顯然是十分認同復仇殺人的；《禮記·曲禮》說：「父之仇，弗與共戴天。兄弟之仇，不反兵。交遊之仇，不同國。」孔穎達疏：「父是子之天，彼殺己之父，是殺己之天，故必報殺之，不可與共處於天下也。天在上，故曰戴。」進一步將爲父母、兄弟、朋友復仇規定爲一個社會人必須完成的任務；《周禮·地官·調人》說：「父之仇，辟諸海外則得與共戴天，此不共戴天者，謂孝子之心不許共仇人戴天，必殺之乃止。」不但要復仇，而且必須復仇，直到復仇成功方止；《禮記·檀弓》說：「子夏問於孔子曰：『居父母之仇如之何？』夫子曰：『寢苫，枕干，不仕，弗與共天下也。遇諸市朝，不反兵而鬥。』曰：『請問居昆弟之仇如之何？』曰：『仕，弗與共國，銜君命而使，雖遇之不鬥。』曰：『請問居從父昆弟之仇如之何？』曰：『不爲魁。主人能，則執兵而陪其後。』」孔子更將復仇的各種規定進一步細化，也進一步強調了復仇的重要性。不復仇，幾乎就不能有正常的社會生活。

從先秦到兩漢，儒家在復仇問題上觀點是一致的，即鼓勵、提倡人們血親復仇。秦朝屬行法治，復仇之風稍稍收斂，到了漢代，隨著儒學盛行，儒家經典中對復仇的論述在兩漢社會得到進一步的社會認同，在一定程度上成爲人們的行爲準則。諸侯王、官吏、豪俠、太學生、平民都會成爲復仇行爲的主體；幼年、青年、中年、老年人，男性、女性也都可復仇殺人；復仇對象涉及諸侯王、官吏、豪強、普通人。〔註122〕爲父、爲母、爲兄、爲弟、爲夫復仇的事件很多，甚至發展到爲老師、爲主人、爲朋友復仇而殺人，這些殺人者大多成爲逃亡者。

> 原涉字巨先。……先是涉季父爲茂陵秦氏所殺，涉居谷口半歲所，自劾去官，欲報仇。谷口豪傑爲殺秦氏，亡命歲餘，逢赦出。〔註123〕

〔註121〕周天遊《兩漢復仇盛行的原因》歷史研究1991年第1期。
〔註122〕彭衛《論漢代的血族復仇》河南大學學報1986年第4期。
〔註123〕《漢書》卷九十二《原涉傳》，頁3715。

元朔中，睢陽人犴反，人辱其父，而與睢陽太守客俱出同車。犴反殺其仇車上，亡去。睢陽太守怒，以讓梁二千石。二千石以下求反急，執反親戚。反知國陰事，乃上變告梁王與大母爭尊狀。〔註124〕

其中勇士自號猛虎，遂相聚得數十百人，因與呂母入海中，招合亡命，眾至數千。呂母自稱將軍，引兵還攻破海曲，執縣宰。諸吏叩頭為宰請。母曰：「吾子犯小罪，不當死，而為宰所殺。殺人當死，又何請乎？」遂斬之，以其首祭子冢，復還海中。〔註125〕

上舉數例殺人報仇的案件中，谷口豪傑殺人屬於為朋友報仇；犴反殺人乃為報辱父之仇；呂母乃是為子復仇而殺人。為殺子之仇而殺人尚且可以理解，那因為父親受到侮辱而殺人就有些矯情；豪傑為地方官員報仇顯示出的則是地方豪強勢力對國家法律的踐踏。呂母所招的數千人皆「亡命」之人，即因為各種原因而逃亡者。呂母帶領這些亡命者報了殺子之仇以後，「復還海中」，成為海上武裝逃亡集團，這在秦漢歷史上是極為少見的。

安成孝侯賜字子琴，光武族兄也。祖父利，蒼梧太守。賜少孤。兄顯報怨殺人，吏捕顯殺之。賜與顯子信賣田宅，同拋財產，結客報吏，皆亡命逃伏，遭赦歸。《續漢書》曰：王莽時諸劉抑廢，為郡縣所侵。蔡陽國釜亭侯長醉詢更始父子張，子張怒，刺殺亭長。後十餘歲，亭長子報殺更始弟騫。賜兄顯欲為報怨，賓客轉劫人，發覺，州郡殺顯獄中。賜與顯子信結客陳政等九人，燔燒殺亭長妻子四人。〔註126〕

這是一件標準的連環報仇殺人案件，設若一直這樣代代相傳，互相報仇的話，不知道何時才能結束。只要有復仇，就有逃亡，復仇不止，逃亡不息。漢代復仇之風帶來的弊端和對社會治安的破壞在此案中得到充分顯示。

漢代，除了為父母報仇殺人外，為兄弟報仇而殺人的事件也很多。

王常字顏卿，潁川舞陽人也。王莽末，為弟報仇，亡命江夏。〔註127〕

王莽末，四方潰畔，（馮）魴乃聚賓客，招豪桀，作營塹，以

〔註124〕《漢書》卷四十七《梁孝王傳》，頁2215。
〔註125〕《後漢書》卷十一《劉盆子傳》，頁477。
〔註126〕《後漢書》卷十四《安成孝侯傳》，頁564。
〔註127〕《後漢書》卷十五《王常傳》，頁578。

待所歸。是時湖陽大姓虞都尉反城稱兵，先與同縣申屠季有仇，而
殺其兄，謀滅季族。季亡歸鮎，鮎將季欲還其營，道逢都尉從弟長
卿來，欲執季。（鮎斥之）遂與俱歸。〔註128〕

　　（崔）瑗字子玉。初，瑗兄章爲州人所殺，瑗手刃報仇，因亡
命。會赦，歸家。〔註129〕

　　魏朗字少英，會稽上虞人也。少爲縣吏。兄爲鄉人所殺，朗白
日操刃報仇於縣中，遂亡命到陳國。〔註130〕

王常、崔瑗、魏朗屬於爲兄弟報仇殺人而犯罪逃亡。申屠季雖不是自己復仇
而逃亡，卻是因爲別人向他復仇，爲了逃避殺身之禍而逃亡，也屬於復仇逃
亡。爲父母兄弟之仇而殺人在漢代極其普遍，因此而引起的犯罪逃亡也更多。

　　除去爲父母兄弟復仇而殺人外，還有爲舅舅復仇而殺人的事件「翟酺字
子超。……以報舅讎，當徙日南，亡於長安，爲卜相工，後牧羊涼州。」〔註
131〕翟酺就是爲舅報仇而輾轉逃亡到涼州地界的，不過此類復仇事件在漢代並
不多見。

　　又安丘男子毋丘長與母俱行市，道遇醉客辱其母，長殺之而
亡，（吳祐）追蹤於膠東得之。祐呼長謂曰：「子母見辱，人情所恥。
然孝子忿必慮難，動不累親。今若背親逞怒，白日殺人，赦若非義，
刑若不忍，將如之何？」長以械自繫，因投環而死。〔註132〕

吳祐指出了因爲小的憤怒而殺人的弊端。酒能亂性，醉酒之人偶而有不禮貌
的舉動並非出於故意，孝子竟因此而殺人。見出漢代孝道教化深入後對民風
民俗的深刻影響，正與賈誼所言的秦代風俗形成鮮明對比。動輒爲小怨殺人，
也顯示出漢代孝道教化的負面影響。

　　在私家報仇之風的影響下，許多人破家捨業，全力復仇，隨後亡命他鄉，
不但影響到社會治安，而且已經影響到人們正常的社會生活。復仇殺人成爲
嚴重的社會問題，引起許多人的思考，東漢思想家桓譚就提出要嚴禁私家報
仇之風。他說：

〔註128〕《後漢書》卷三十三《馮鮎傳》，頁1147。
〔註129〕《後漢書》卷五十二《崔駰傳》，頁1722。
〔註130〕《後漢書》卷六十七《魏朗傳》，頁2200。
〔註131〕《後漢書》卷四十八《翟酺傳》，頁1602。
〔註132〕《後漢書》卷六十四《吳祐傳》，頁2101。

今人相殺傷，雖已伏法，而私結怨讎，子孫相報，後忿深前，
至於滅戶殄業，而俗稱豪健，故雖有怯弱，猶勉而行之，此爲聽人
自理而無復法禁者也。今宜申明舊令，若已伏官誅而私相傷殺者，
雖一身逃亡，皆徙家屬於邊，其相傷者，加常二等，不得雇山贖罪。
如此，則仇怨自解，盜賊息矣。〔註133〕

桓譚認爲，國家要明確規定，犯罪已經得到政府法律制裁的，個人不得再復
仇，對於因爲復仇而逃亡者，要加重懲罰，以此來控制和減少私家復仇，只
是桓譚的建議並未得到朝廷的採納，復仇之風依然盛行，因爲復仇而引起的
逃亡與日俱增。

（二）其他原因導致的犯罪逃亡

除去殺人以外，普通民眾也會經常觸犯其他法律，形成犯罪而亡命他鄉。

把其叚（假）以亡，得及自出，當爲盜不當？自出，以亡論。
其得，坐臧（贓）爲盜：盜罪輕於亡，以亡論。〔註134〕

甲捕乙，告盜書丞印以亡，問亡二日，它如甲，已論耐乙，問
甲當購不當？不當。〔註135〕

私自吞沒借之於官府的東西、盜取官府的文書、印信，都有犯罪嫌疑。《法律
答問》中有關盜竊他人牛、羊，官府財物等犯罪逃亡的記載還有很多。

（原涉）遣奴至市買肉，奴乘涉氣與屠爭言，斫傷屠者，亡。
〔註136〕

杜周，南陽杜衍人也。……至周爲廷尉，詔獄亦益多矣。二千
石繫者新故相因，不減百餘人。郡吏大府舉之廷尉，一歲至千餘章。
章大者連逮證案數百，小者數十人；遠者數其千里，近者數百里。
會獄，吏因責如章告劾，不服，以掠笞定之。於是聞有逮證，皆亡
匿。獄久者至更數赦十餘歲而相告言，大氐盡詆以不道，以上廷尉
及中都官，詔獄逮至六七萬人，吏所增加十有餘萬。〔註137〕

元涉之奴犯罪屬於權貴家奴仗勢欺人，畏罪逃亡。杜周是武帝時期著名的酷

〔註133〕《後漢書》卷二十八《桓譚傳》，頁 958。
〔註134〕《睡虎地秦墓竹簡》，頁 207。
〔註135〕《睡虎地秦墓竹簡》，頁 209。
〔註136〕《漢書》卷九十二《原涉傳》，頁 3717。
〔註137〕《漢書》卷六十《杜周傳》，頁 2660。

吏，在他做廷尉的時候，執法極爲嚴酷，一般情況下都有百人以上的高級官員關押在朝廷的大獄之中，各地的疑難案件上報廷尉的更多。審理這些案件必然牽扯到眾多的證人，小案件數十人，大案件數百人，近者數百里，遠者數千里，案犯、證人到京之後，官府嚴加考問，確定罪名使之服罪。人們害怕到京師受審或作證，於是紛紛逃亡，有的案件因爲長期拖延不決，得不到赦免，有的人一逃亡就是十幾年，一旦被抓獲還要處以不道罪。朝廷下詔追捕的案犯達到六七萬人，審案人員又加以擴大，牽連達到十餘萬人。如此，在杜周爲廷尉的時候，一般都有十餘萬人因爲其執法嚴酷而逃亡，這些逃亡者不見得全是犯罪者，但因犯罪而逃亡則是千眞萬確的。

王莽篡奪漢家江山的行爲，在王氏家族內部也引起了反對「（王）尋復作符命，言故漢氏平帝后黃皇室主爲尋之妻。莽以詐立，心疑大臣怨謗，欲震威以懼下，因是發怒。……收捕尋。尋亡，（王）豐自殺。（王）尋隨方士入華山，歲餘捕得，……牽引公卿黨親列侯以下，死者數百人。」〔註138〕這是王莽代漢前的一次重大政治事件，其間也出現了逃亡，王尋是因爲統治階級內部的互相傾軋而導致的逃亡。

「吳漢字子顏，南陽宛人也。……王莽末，以賓客犯法，乃亡命至漁陽。資用乏，以販馬自業，往來燕、薊間，所至皆交結豪傑。」〔註139〕吳漢屬於因爲手下賓客犯罪受到牽連而亡命他鄉者。「劉玄字聖公，弟爲人所殺，聖公結客欲報之。客犯法，聖公避吏於平林。」〔註140〕劉玄逃亡也屬於賓客犯罪，連及主人逃亡的事例。

> 後（竇）憲奴誣（馬）光與憲逆，自殺，家屬歸本郡。」〔註141〕《東觀記》曰：「奴名玉當。初，竇氏有事，玉當亡，私從光乞，不與。恨去，懷挾欲中光。官捕得玉當，因告言光與憲有惡謀，光以被誣不能自明，乃自殺。光死後，憲他奴郭扈自出證明光、憲無惡言，光子朗上書迎光喪葬舊塋，詔許之。

「有事」當指竇憲被殺之事，主人被殺，奴僕怕受牽連四散逃亡，則玉當之亡屬於主人犯罪失勢，奴僕爲躲避懲罰而逃亡。

〔註138〕《漢書》卷九十九《王莽傳》，頁4123。
〔註139〕《後漢書》卷十八《吳漢傳》，頁675。
〔註140〕《後漢書》卷十一《劉玄傳》，頁467。
〔註141〕《後漢書》卷二十四《馬援傳》，頁858。

「龐萌，山陽人。初亡命在下江兵中。」〔註142〕龐萌屬於原因不明的逃亡者。

秦漢時期的犯罪逃亡者中，因為竊盜、強盜、攻盜而犯罪的逃亡者人數最多，影響也最大，是當時最主要的刑事犯罪逃亡之一；豪強、少年、惡少年犯罪逃亡一直持續整個秦漢時期，雖然東漢時期稍微減少，但也是刑事犯罪逃亡者的主流之一；因為復仇而殺人逃亡的事件比較多，其他刑事案件導致的犯罪逃亡數量相對較少一些。

第三節　軍人逃亡犯罪

秦漢時期既有國內戰爭，也有漢匈之間的戰爭，在這些大規模的戰爭時期，出現了不少的軍人逃亡，可以認定為軍事犯罪逃亡。這些軍人逃亡雖然和一般人員的逃亡有所區別，但就其以逃亡方式觸犯軍法來說，也可以歸結到逃亡犯罪之中加以考察。

一、國內戰爭中的軍人逃亡犯罪

秦漢時期，有過幾次大的國內戰爭，公元前 206 年到 202 年的楚漢戰爭、景帝時期的吳楚七國之亂、兩漢之際的戰亂等都是波及範圍很廣的國內戰爭，在這些戰爭中也出現了很多的軍人逃亡事件。

（一）楚漢戰爭及西漢前期的軍人逃亡犯罪

從楚漢戰爭到西漢武帝徹底削弱諸侯王勢力建立中央集權制國家為止，其間有長達四年的楚漢戰爭、有多次諸侯王叛亂、景帝時期更有大規模的吳楚七國之亂，在這些戰爭中不可避免有軍人的逃亡，軍人逃亡影響到軍事集團之間實力的消長、影響到戰爭的勝負，是這一時期逃亡犯罪的重要內容。

> 秦二世元年秋七月，發閭左戍漁陽九百人，勝、廣皆為屯長。
> 行至蘄大澤鄉，會天大雨，道不通，度已失期。失期法斬，勝、廣
> 乃謀曰：今亡亦死，舉大計亦死，等死，死國可乎？〔註143〕

對於觸犯軍法面臨死罪威脅的軍士來說，首先想到的就是逃亡，大概軍人逃亡是這一時期的一種普遍現象。當項羽擊敗秦軍主力，引兵進入函谷關，決

〔註142〕《後漢書》卷十二《劉永傳》，頁 496。
〔註143〕《漢書》卷三十一《陳勝傳》，頁 1786。

定攻擊劉邦時，「會羽季父左尹項伯素善張良，夜馳見張良，具告其實，欲與俱去，毋特俱死。良曰：臣爲韓王送沛公，不可不告，亡去不義。」〔註144〕大概在項伯看來，這種情況下張良逃亡是順理成章的。

　　劉邦被封爲漢王，出發去封地南鄭時，就出現士兵集體逃亡事件。「漢王既至南鄭，諸將及士卒皆歌謳思東歸，多道亡還者。」〔註145〕師古曰：「未至南鄭，在道即亡歸。」士兵逃亡是因爲鄉土情結的作用，大規模的士兵逃亡直接威脅到劉邦集團的生存。劉邦集團的許多重要將領都有過多次逃亡的經歷，韓信最初投奔項梁，後歸項羽。

> 信數以策干項羽，羽弗用。漢王之入蜀，信亡楚歸漢，未得知
> 名，爲連敖。數與蕭何語，何奇之。至南鄭，諸將道亡者數十人。
> 信度何等已數言上，不我用，即亡。〔註146〕

得到信任、重用，就爲之效力，否則就會另投明主，以謀發展。韓信後來因爲得到劉邦的重用，成爲他不願背叛劉邦的重要因素，武涉勸韓信叛漢自立時他回答說：「臣得事項王數年，官不過郎中，位不過執戟，言不聽，畫策不用，故背楚歸漢。漢王授我上將軍印，數萬之眾，解衣衣我，推食食我，言聽計用，吾得至於此，夫人深親信我，背之不祥。」〔註147〕韓信的看法說出了當時軍人逃亡的最主要的原因。當然，像韓信這樣有傑出的軍事才能，又有明確的奮鬥目標，爲實現自己的抱負而不斷逃亡，選擇明主的逃亡軍人畢竟是少數，更多的軍人逃亡是爲了避免戰敗的懲罰。

> 陳平，陽武戶牖鄉人也。……平已前謝兄伯，從少年往事魏王
> 咎，爲太僕。說魏王，王不聽。人或讒之，平亡去。項羽略地至河
> 上，平往歸之，從入破秦，賜爵卿。……居無何，漢攻下殷，項王
> 怒，將誅定殷者。平懼誅，乃封其金與印，使使歸項王，而平身間
> 行杖劍亡。……降漢。〔註148〕

陳平的多次逃亡似乎與韓信有所不同，主要是因爲得不到信任，爲了躲避殺身之禍而逃亡，此類原因導致的軍人逃亡所佔比例也是不小的。陳平逃亡途中「船人見其美丈夫，獨行，疑其亡將」，顯示出當時軍人逃亡的普遍性。

〔註144〕《漢書》卷一《高帝紀》，頁 25。
〔註145〕《漢書》卷一《高帝紀》，頁 30。
〔註146〕《漢書》卷三十四《韓信傳》，頁 1863。
〔註147〕《漢書》卷三十四《韓信傳》，頁 1874。
〔註148〕《漢書》卷四十《陳平傳》，頁 2039。

　　秦漢之際，由於軍事鬥爭的激烈，軍事集團興衰成敗往往在頃刻之間，所以見諸文獻記載的軍人逃亡事例還有很多，如：

　　「章邯至栗，梁使別將朱雞石、余樊君與戰。余樊君死。朱雞石敗，亡走胡陵。梁乃引兵入薛，誅朱雞石。」〔註149〕項梁對戰敗逃亡的將軍堅決誅殺以徵效尤。

　　「魏豹亡走楚。楚懷王予豹數千人，復徇魏地。……豹引精兵從項羽入關。羽封諸侯，……爲西魏王。」〔註150〕魏豹降楚對項羽實力的壯大有很大的幫助。

　　「漢王至河南，信急擊韓王昌，昌降漢。乃立信爲韓王，常將韓兵從。漢王使信與周苛等守滎陽，楚拔之，信降楚。已得亡歸漢。漢復以爲韓王，竟從擊破項籍。五年春，與信剖符，王潁川。」〔註151〕韓王信降漢，對漢軍實力的壯大，直至最後戰勝項羽都起了一定的作用。

　　在楚漢戰爭時期，不論是劉邦集團還是項羽集團，對於逃亡而來的軍人或者軍事勢力都是十分歡迎的，即使是曾經背叛過自己的軍人或者軍事集團，只要投奔而來，還是前嫌盡釋和好如初，這爲當時軍人逃亡提供了條件，構成軍人逃亡犯罪的肥沃土壤。

　　戰爭結束，西漢政權建立以後，一度出現不少的諸侯王軍事叛亂事件，在這些軍事鬥爭中也出現了不少的軍人逃亡事件。由於西漢王朝政權的建立，這些逃亡者只能向西漢王朝統治範圍以外逃亡，即「南走胡，北走越」，以躲避西漢政府的追捕。黥布反叛失敗後，「與百餘人走江南，布舊與番君婚，故長沙哀王使人誘布，僞與俱亡走越，布信而隨至番陽。番陽人殺布茲鄉，遂滅之。」〔註152〕黥布集團被徹底消滅。

> 吳大敗，士卒多饑死叛散。於是吳王乃與其戲下壯士千人夜亡去，度淮走丹徒，保東越。東越兵可萬餘人，使人收聚亡卒。漢使人以利啗東越，東越即給吳王，吳王出勞軍，使人鏦殺吳王，盛其頭，馳傳以聞，吳王太子駒亡走閩越。吳王之棄軍亡也，軍遂潰，往往稍降太尉條侯及梁軍。〔註153〕

〔註149〕《漢書》卷三十一《項籍傳》，頁1799。

〔註150〕《漢書》卷三十三《魏豹傳》，頁1846。

〔註151〕《漢書》卷三十三《韓王信傳》，頁1853。

〔註152〕《漢書》卷三十四《黥布傳》，頁1890。

〔註153〕《漢書》卷三十五《吳王劉濞傳》，頁1916。

英布和吳王劉濞是西漢前期兩次叛亂的主要人物，在戰亂被鎮壓後，都曾逃亡他鄉，由於西漢王朝強大的實力，沒有任何勢力集團敢於接受他們，最後都被誘殺。

（二）兩漢之際的軍人逃亡

新莽時期，北方邊境地區數十萬士兵的給養得不到很好得解決，引起大批士兵逃亡，數千人為一夥，形成大規模的逃亡軍人集團，危害地方，「莽遣捕盜將軍孔仁將兵與郡縣合擊，歲餘乃定，邊郡亦略將盡。師古曰：「言其逃亡，結為盜賊，在者少也。」〔註154〕

在推翻新莽政權和建立東漢王朝的長期戰爭過程中，也出現過大量的軍人逃亡事件，見於《後漢書》各傳記載的有：

> 會更始都洛陽，遣使降（樊）崇。崇等聞漢室復興，即留其兵，自將渠帥二十餘人，隨使者至洛陽降更始，皆封為列侯。崇等既未有國邑，而留眾稍有離叛，乃遂亡歸其營，將兵入潁川。〔註155〕

> （劉秀）遣建威大將軍耿弇等七將軍從隴道伐蜀，先使來歙奉璽書喻旨。囂疑懼，即勒兵，使王元據隴坻，伐木塞道，謀欲殺歙。歙得亡歸。〔註156〕

> （王）匡悉軍出攻禹，禹令軍中無得妄動。既至營下，因傳發諸將鼓而並進，大破之。匡等皆棄軍亡走，……遂定河東。（《鄧禹傳》）

> 會隗囂畔，夏，復遣（吳）漢西屯長安。八年，從車駕上隴，遂圍隗囂於西城。帝敕漢曰：「諸郡甲卒但坐費糧食，若有逃亡，則沮敗眾心，宜悉罷之。」漢等貪並力攻囂，遂不能遣，糧食日少，吏士疲役，逃亡者多，及公孫述救至，漢遂退敗。（《吳漢傳》）

> 又魏郡大姓數反覆，而更始將卓京謀欲相率反鄴城。帝以期為魏郡太守，行大將軍事。期發郡兵擊卓京，破之，斬首六百餘級。京亡入山，追斬其將校數十人，獲京妻子。進擊繁陽、內黃，復斬數百級，郡界清平。〔註157〕（《銚期傳》）

〔註154〕《漢書》卷九十九《王莽傳》，頁4140。
〔註155〕《後漢書》卷十一《劉盆子傳》，頁479。
〔註156〕《後漢書》卷十三《隗囂傳》，頁526。
〔註157〕《後漢書》卷十六《鄧禹傳》，頁 601、《吳漢傳》，頁 681、《銚期傳》，頁

在戰亂時期，各種軍事集團紛紛出現，對於這些集團的首領人物而言，他們是以軍隊爲基礎的政治集團首領，手下人數眾多的軍人都是他們進行政治鬥爭、爭權奪利的工具。考慮到這一因素，所以把戰亂時期軍事集團首領的逃亡歸入官吏逃亡來考察。對於眾多軍事集團中的軍人而言，不管他們屬於哪一集團，作爲軍人這一點來看則是一樣的，這一點也是我們單獨考察軍人逃亡的基本出發點。這一時期的軍人逃亡直接影響到各軍事集團的實力和當時軍事格局的變遷，也是秦漢逃亡的重要組成部分。

東漢末年，戰亂不休，軍人逃亡事件更多，只是就漢朝政權來說，已經名存實亡，所以這一時期的軍人逃亡也就忽略了。

二、漢匈戰爭中的軍人逃亡

西漢政府與匈奴勢力之關係，在漢武帝馬邑之謀前，爲和親時期，之後則發生戰爭，直到匈奴被擊敗。漢匈戰爭中的軍人逃亡也分爲兩種類型。

（一）漢初韓王信、陳豨叛亂中的軍人逃亡

西漢初期漢朝與匈奴之間發生過戰爭，其起因則是趙代地區的叛亂，在這場叛亂中，韓王信、陳豨作爲漢朝派往趙代地區的最高軍事長官，率部逃亡匈奴，其間夾雜著大量的邊地商人。邊地商人本來不是軍人，但因其商業利益受到限制，才與韓王信、陳豨集團勾結走私，走私行爲受到漢朝追究時，則參加韓王信、陳豨軍事集團，搖身一變成爲軍人。

1. 趙代地區的邊地商人群體

《史記‧貨殖列傳》云：「趙，中山地薄人眾，仰機利而食。」邯鄲地區之民，「設智巧，仰機利」，具有從事商業活動的傳統。「楊、平陽（陳）西賈秦、翟，北賈種、代。種、代，石北也，地邊胡，數被寇。」〔註158〕楊、平陽位於戰國時期趙國西部，與秦接壤，北接匈奴。種在恒州石邑縣北，地望在今蔚州地界，代，即漢代代郡，石即石邑縣，在常山郡。戰國後期直至秦漢，在趙國北部邊境地區，活躍著邊地商人群體，依靠經營邊境貿易而獲得巨大的經濟利益和社會影響。

《史記‧馮唐傳》：「臣大父言，李牧爲趙將居邊，軍市之租皆自用饗士，

732。
〔註158〕《史記》卷一百二十九《貨殖列傳》，頁3263。

賞賜決於外，不從中擾也。委任而責成功，故李牧乃得盡其智慧，遣選車千三百乘，殷騎萬三千，百金之士十萬。是以北逐單于，破東胡，滅澹林，西抑強秦，南支韓、魏。」何謂「軍市」，《資治通鑑》五代後周顯德六年（公元959年）胡三省注：「軍中有市，聽軍人各以土物自相貿易。」軍市出現於戰國中期。《商君書·墾令》說：「令軍市無有女子，而命其商人自給甲兵，使視軍興；又使軍市無得私輸糧者，則姦謀無所於伏，盜輸糧者不私，稽輕惰之民不遊軍市。」商人通過軍市為軍隊提供作戰需要的物資，商人可以自由出入軍市，根據軍隊作戰需要準備相應的物資。能保障動輒十萬甚至數十萬軍隊的物資需要的商人群體應該是十分龐大的。

軍市設立於戰時軍營附近。《三國志·吳志·潘璋傳》記載潘璋「征伐止頓，便立軍市，他軍所無，皆仰取足」。大軍出征，駐屯無定處，在正常的物品供應渠道不暢之處，而又必須讓士兵的日常生活消耗品能有補充，於是軍市的設置就有了必要。這也是軍市多見於戰亂之中或邊遠之地的原因。

軍市多設立於邊境或遠離城鎮的地區，駐紮於城鎮的軍隊不許設立軍市。《漢書·胡建傳》記載，西漢武帝時胡建為北軍執法官（守軍正丞），他發現北軍監軍御史在都城長安私設軍市，「穿北軍壘垣以為賈區，……以求賈利，私買賣以與士市」。結果胡建不經請示，斷然將監軍御史當眾斬首，事後反而得到皇帝的褒揚。所謂「賈區」，即軍市，在長期駐軍之所是不允許設立軍市的。

李牧為趙國將軍，長期率領大軍駐守北邊代（今河北蔚縣）、雁門（治所在今山西右玉縣南）防備匈奴，對匈奴開戰時，從全軍中選拔出戰車一千三百乘，精銳騎兵一萬三千人，善於搏殺之士五萬人，善射士兵十萬人。各軍種的精兵達到十六萬六千九百人，為之服務的軍市和參與軍市交易的商人數量應該有相當大的規模的。從戰國後期開始，在趙國北部的雁門、代一帶，圍繞軍市聚集了數量可觀的商人群體，從事「仰機利而食」的商業活動。與此同時，趙國似乎沒有禁止與匈奴的貿易往來，那麼這些依靠軍市的商人群體，也會從事與匈奴之間的邊境貿易。

秦統一六國，「使蒙恬將三十萬眾北逐戎狄，收河南。築長城，因地形，用制險塞，起臨洮，至遼東，延袤萬餘里。……蒙恬威振匈奴。」〔註159〕匈奴勢力受到打擊，遠離秦朝邊境。圍繞三十萬秦軍的軍市，邊地商人群體繼

〔註159〕《史記》卷八十八《蒙恬列傳》，頁2566。

續從事著他們的經營活動。只是長城的修築，可能在一定程度上會限制商人從事境外貿易。

秦末大亂，匈奴乘此有利時機，重新佔領了被蒙恬奪去的「河南地」。據《史記·匈奴列傳》：「（冒頓單于）大破滅東胡王，虜其民眾畜產。既歸，西擊走月氏，南并樓煩、白羊河南王。悉復收秦所使蒙恬所奪匈奴地者，與漢關故河南塞，至朝那、膚施，遂侵燕、代。是時漢方與項羽相距，中國罷於兵革，以故冒頓得自強，控弦之士三十餘萬……至冒頓，而匈奴最強大，盡服從北夷，而南與諸夏為敵國。」[註160]駐守北部邊境的秦朝軍隊一時逃散，「蒙恬死，諸侯畔秦，中國擾亂，諸秦所徙適戍邊者皆復去，於是匈奴得寬，稍復渡河南與中國界於故塞。」[註161]故塞即秦昭王時修建的長城，[註162]匈奴勢力重新回到秦長城沿線，「常往來侵盜代地」。秦軍的退卻，圍繞軍市的貿易活動自然不復存在，但邊境貿易帶來的巨大利益，依然值得邊地商人群體去追求。

西漢建立之初，匈奴「與漢關故河南塞，至朝那、膚施，……劉敬從匈奴來，因言：匈奴河南白羊、樓煩王，去長安近者七百里。」[註163]索隱：「二者並在河南。河南者，案在朔方之河南，舊並匈奴地也，今亦謂之新秦中。」匈奴勢力南下越過長城，方便了朔方郡附近的邊地商人從事貿易，但也使關中地區更易受到匈奴攻擊。高祖進入關中之後，於二年十一月「繕治河上塞，六月，興關中卒，乘邊塞」。[註164]徵發士卒，補充兵力，修繕長城要塞，防備匈奴的入侵。漢朝在上郡一帶的嚴密防禦，限制了匈奴的南下，也間接限制了這一地區商人的邊境貿易。隨後，匈奴勢力開始從雁門、雲中、代郡地區這些對匈奴封鎖不太嚴密的地區南下侵擾漢朝。三郡在項羽封建時屬趙歇的代國，高祖三年韓信、張耳討滅陳余和趙歇，三郡屬漢，四年以後，雁門、雲中屬張耳的趙國。三郡與匈奴接境，時常受到匈奴的攻擊，是漢匈對峙的前線地區。

與修築各種防禦設施相對應，漢政府頒佈了《津關令》：「越塞闌關，論未有□，請闌出入塞之津關，黥為城旦舂；越塞，斬左止（趾）為城旦；令、

〔註160〕《漢書》九十四上《匈奴傳》，頁 3750。

〔註161〕《史記》卷一百十《匈奴列傳》，頁 2887。

〔註162〕周振鶴《西漢政區地理》人民出版社 1987 年版，頁 274。

〔註163〕《史記》卷九十九《劉敬列傳》，頁 2719。

〔註164〕《漢書》卷一上《高帝紀》，頁 33。

丞、令史罰金四兩。智（知）其請（情）而出入之，及假予人符傳，令以闌出入者，與同罪。」〔註165〕《津關令》規定出入關塞必須持有「符傳」，漢匈邊境地區的「津關」重在限制人員、物資、武器、馬匹、金屬等戰略物資流入匈奴。〔註166〕

此外，還有「關市」貿易管理規定，「關市」是設在邊境地區互市市場。〔註167〕《史記・汲鄭列傳》裴駰《集解》引應劭曰：「律：胡市，吏民不得持兵器出關。」〔註168〕《漢書・汲黯傳》顏師古注引應劭曰：「律，胡市，吏民不得持兵器及鐵出關。」〔註169〕這一規定在景帝、武帝時期一直都在執行，（宋子惠侯）「孝景中二年，坐寄使匈奴買塞外禁物，免。」〔註170〕列侯因爲違反禁令與匈奴交易而受到處罰。武帝元狩二年，「後渾邪王至，賈人與市者，坐當死五百餘人。黯入，曰：……愚民安知市賈長安中而文吏繩以爲闌出財物如邊關乎？」〔註171〕應劭曰：「闌，妄也。律，胡市，吏民不得持兵器及鐵出關。雖於京師市賈，其律一也」。臣瓚曰：「無符傳出入爲闌也。」限制、禁止與匈奴之間的物資貿易是「津關令」的核心內容之一。

西漢初期，張蒼主持了這一地區的邊境防務，「漢王以蒼爲代相，備邊寇。已而徙爲趙相，相趙王耳，耳卒，相趙王敖。復徙相代。（高祖五年七

〔註165〕《張家山漢墓竹簡》（釋文修訂本）文物出版社 2006 年 5 月版，頁 83。
〔註166〕《張家山漢墓竹簡》（釋文修訂本）文物出版社 2006 年 5 月版；陳偉《張家山漢簡〈津關令〉涉馬諸令研究》考古學報 2003 年第 1 期；王子今、劉華祝：《張家山漢簡〈二年律令・津關令〉所見五關》中國歷史文物 2003 年第 1 期；王子今、李禹階：《漢代北邊的關市》中國邊疆史地研究 2007 年第 3 期。
〔註167〕「高后時，有司請禁南越關市鐵器。」（《史記・南越列傳》）這是最早的關於西漢「關市」的記載。「孝景帝復與匈奴和親，通關市，給遺匈奴，遣公主，如故約。」（《史記・匈奴列傳》）這是漢匈邊境「關市」的最早記載。林幹先生認爲漢匈關市開始於高帝九年（公元前 198 年），「漢朝開放關市，准許兩族人民交易，這在劉敬往結和親之後便執行了。」（《匈奴通史》人民出版社 1986 年版第 51 頁）；宋超先生指出「漢朝開放關市，准許漢匈雙方物資交流」是「和親」政策的內容之一，與林幹先生判斷一樣，（《漢匈戰爭三百年》華夏出版社 1996 年版第 28 頁）；王子今先生根據現有材料，判定漢匈關市的開放不晚於景帝初年，（王子今、李禹階：《漢代北邊的關市》中國邊疆史地研究 2007 年第 3 期）。
〔註168〕《史記》卷一百二十《汲鄭列傳》，頁 3109。
〔註169〕《漢書》卷五十《汲黯傳》，頁 2321。
〔註170〕《漢書》卷十六《高惠高后文功臣表》，頁 588。
〔註171〕《漢書》卷五十《汲黯傳》，頁 2320。

月）燕王藏荼反，高祖往擊之，蒼以代相從攻藏荼有功，以六年中封爲北平侯。」〔註172〕趙王歇在擊敗張耳後分代地王陳餘，陳餘被殺後代地爲漢郡，直到高祖六年才封劉喜爲代王，當時張蒼已經進入中央政府。漢初，諸侯王相國實際掌控諸侯王國，張蒼以「代相」、「趙相」的身份作爲三郡地區的最高行政長官，主持對匈奴的防禦工作，加上趙王張耳、張敖父子對漢朝的忠誠，〔註173〕在韓王信叛亂以前，漢朝在代郡一帶對匈奴的防禦是成功的，至少沒有與匈奴勢力勾結，也看不出地方政府與商人勢力勾結從事貿易走私的痕迹。

高祖六年，高祖下令軍隊復員，趙、代邊郡地區沒有出現戰國後期趙國、秦朝那樣駐紮數十萬軍隊備胡的現象，依賴軍市贏利的商人群體只能通過邊境貿易獲利。漢朝封鎖邊境和《津關令》、「關市律」實施的結果，漢匈之間貿易往來受到限制，依賴漢匈貿易獲取利益的邊地商人受到打擊。

2. 邊地商人群體與韓王信、陳豨叛亂

代郡、雁門、常山郡靠近匈奴的地區的商人群體，面對漢朝的邊境封鎖，他們以犯禁走私應對。「漢使馬邑下人聶翁壹姦蘭出物與匈奴交，詳爲賣馬邑城以誘單于。單于信之。」〔註174〕裴駰《集解》：「姦音干，干蘭，犯禁私出物也。」裴駰《集解》引《漢書音義》曰：「私出塞與匈奴交市。」邊地商人的「姦出物」行爲，在漢朝封鎖邊境的政策得到嚴格執行時，必然受到很大限制；得到地方政府的默許時，則會暢通無阻。所以，地方政府執行對匈奴封鎖政策的嚴格程度，直接決定著商人的經營活動能否順利進行，間接決定了商人勢力對政府的態度。漢政府修築要塞、加強邊境軍備、頒佈《津關令》，嚴格限制漢匈之間人員流動、物資流通，嚴重損害了從事漢匈貿易的商人利益。邊地商人開始聚集在代郡一帶，繼續其「姦出物」的行爲，並尋找機會，努力使「姦出物」行爲得到政府默許。

西漢初期的郡國並行體制下，上郡（今寧夏河套平原一帶）屬於漢朝直轄地區，隨著對匈奴封鎖的加強，邊地商人們只能向東移動到諸侯王轄區，

〔註172〕《史記》卷九十六《張丞相列傳》，頁 2675。
〔註173〕據《史記·張耳陳餘列傳》記載：張敖手下準備刺殺劉邦時，「張敖齧指出血，曰：君何言之誤也！先人亡國，賴高祖得復國，德流子孫，秋毫皆高祖力也。願君無復出口。」加上張敖之妻爲魯元公主的緣故，張耳父子對漢朝的忠誠度要高於其他諸侯王。
〔註174〕《史記》卷一百十《匈奴列傳》，頁 2905。

繼續尋求貿易機會。當時匈奴王庭在代地正北方，代郡又屬於諸侯王封地，對匈奴防備相對鬆懈，代郡一帶遂成爲商人進行對匈奴貿易的理想場所。

　　韓王信是戰國時期韓國王族之後，高祖二年十一月封王，五年春改封潁川。六年正月，移封太原，同年九月，匈奴軍隊圍太原，韓王信叛漢，七年十月，高祖率軍攻打韓王信，韓王信敗走匈奴。其部將曼丘臣、王黃擁立戰國時期趙國王族後裔趙利，收集韓王信殘兵，與匈奴聯合繼續與漢兵作戰。高祖再次率軍出征，於平城被圍，用陳平奇計脫逃，遂派樊噲領兵平叛，自己返回長安。七年十二月匈奴攻代，代王劉喜逃歸洛陽，高祖封劉如意爲代王，八年十月，高祖擊韓王信餘黨於東垣，終於平息叛亂。韓王信、曼丘臣、王黃逃亡，與匈奴勢力勾結繼續侵擾漢朝邊境。「信亡走匈奴，其將白土人曼丘臣、王黃等立趙苗裔趙利爲王，收覆信敗散兵，而與信及冒頓謀攻漢。」〔註175〕韓王信叛亂被平息後，漢朝派陳豨鎮守代郡，不久之後，陳豨又與韓王信的殘餘勢力及匈奴人勾結，發動了叛亂。劉邦再次親征。「上曰：陳豨將誰，曰王黃、曼丘臣，皆故賈人。」〔註176〕白土人曼丘臣、王黃原來都是活動於邊境地區的商人，「（樊噲）破豨別將胡人王黃軍於代南。」〔註177〕則王黃還是匈奴人。陳豨曾「使王黃求救匈奴。」〔註178〕王黃作爲匈奴出身的商人，長期與匈奴保持著密切聯繫，所以陳豨才會派遣他去與匈奴人聯繫。

　　王黃等邊地商人是西漢初期代郡一帶叛亂的重要人物。他們是歷次叛軍的重要將領，在韓王信叛亂時，王黃率軍接應匈奴，「匈奴使左右賢王將萬餘騎，與王黃等屯廣武，以南至晉陽，與漢兵戰。」〔註179〕甚至準備與冒頓單于合圍漢高祖於平城，「冒頓與韓信將王黃、趙利期，而兵久不來，疑其與漢有謀。」〔註180〕不僅如此，王黃在韓王信叛亂被鎮壓後，再次策動了陳豨叛亂，「十年春，（韓王）信令王黃等說誤陳豨。……陳豨恐，陰令客通使王黃、曼丘臣所。及高祖十年七月，太上皇崩，使人招豨，豨稱病甚。九月，陳豨遂與王黃等反，自立爲代王，劫掠趙、代。」〔註181〕王黃等邊地商人是策動

〔註175〕《史記》卷九十三《韓信盧綰列傳》，頁2633。
〔註176〕《史記》卷九十三《韓信盧綰列傳》，頁2633。
〔註177〕《史記》卷九十五《樊噲傳》，頁2657。
〔註178〕《史記》卷九十三《韓信盧綰列傳》，頁2638。
〔註179〕《史記》卷九十三《韓信盧綰列傳》，頁2633。
〔註180〕《漢書》卷九十四上《匈奴傳》，頁3753。
〔註181〕《史記》卷九十三《韓信盧綰列傳》，頁2640。

韓王信、陳豨叛亂的罪魁禍首，還是韓王信、陳豨等叛亂勢力與匈奴之間建立聯繫的使者，又在韓王信、陳豨叛亂時率領叛軍與漢軍作戰。高祖對上述情況是知道的。

　　白土為上郡屬縣，地望在現在陝西省神木縣、榆林縣、米脂縣一帶，秦昭王修建的長城附近（神木縣在長城以北、榆林縣在長城沿線、米脂縣在其南），境內「圜水出西，東入河。」〔註182〕這一地區是古代西戎活動的地方，「晉文公攘戎狄，居於河西圜、洛之間。號曰赤翟、白翟。」〔註183〕進入戰國時代，這一地區被義渠戎佔據，秦昭王時「遂起兵伐滅義渠。於是秦有隴西、北地、上郡。築長城以距胡。……後秦滅六國，而始皇帝使蒙恬將數十萬之眾北擊胡，悉收河南地，因河為塞，築四十四縣臨河，徙謫戍以充之。而通直道。……十有餘年而蒙恬死，於是諸侯畔秦，中國擾亂，諸秦所徙謫邊者皆復去，匈奴得寬，稍復渡河南與中國界於故塞。（楚漢戰爭時期匈奴）悉復收秦所使蒙恬所奪匈奴地者，與漢關故河南塞者，至朝那、膚施（榆林）。遂侵雁代。」〔註184〕這一地區在秦末大亂時為匈奴人所佔據，王黃是匈奴人就不奇怪了。

　　這一地區歷代都活動著溝通漢族與北邊游牧民族貿易往來的商人。「烏氏倮畜牧，及眾，斥賣，求奇繪物，間獻遺戎王。戎王什倍其賞，與之畜，畜至用谷量牛馬。」〔註185〕烏氏縣即在朝那（今寧夏固原一帶）附近，處於秦昭王修建的長城之南，「奇繪物」即出產於內地而為少數民族所需要的各類織物。這些地區的商人在與北方少數民族的貿易中獲得豐厚的收入，白土與朝那一樣處於漢族與北方少數民族的分界線附近，隨著匈奴的南下，白土商人獲得了商機，從事匈奴與中國之間的貿易活動。當時匈奴不僅到達朝那，也到達了膚施，膚施是上郡郡治，在白土之南，由於匈奴南進和秦漢之際的戰亂，再加上王黃匈奴出身的背景，使王黃等白土地區的商人們得到活動的機會，對外貿易的豐厚利潤使他們積累起巨大的經濟實力和社會影響力。西漢政權打擊異姓諸侯王的做法於邊境防禦政策一起，促成了邊地商人勢力與韓王信、陳豨集團的結合，商人勢力的加入，對邊境地區的叛亂行為起了推潑

〔註182〕《漢書》卷二十八下《地理志》，頁1617。
〔註183〕《史記》卷一百十《匈奴列傳》，頁2883。
〔註184〕《漢書》卷九十四上《匈奴傳》，頁3749～3750。
〔註185〕《漢書》卷九十一《貨值傳》，頁3685。

助瀾的作用。韓王信、陳豨叛亂，是西漢初期最大規模的軍人逃亡匈奴案。

（二）武帝時期漢匈戰爭中的軍人逃亡

馬邑之謀後，漢武帝發動了連綿不斷的對匈奴戰爭。長期戰爭，雖然消滅了大量匈奴軍隊，漢軍也付出了慘重的代價，除去戰死沙場的軍士外，還有大量漢軍將士因戰敗被俘、投降以及在作戰中亡失而流落匈奴，數量十分巨大。

元光六年（前129年）公孫敖隨衛青出擊匈奴，「騎將軍敖亡七千騎。」〔註186〕

元朔六年（前123年）衛青率十餘萬騎擊匈奴，雖「得首虜前後萬九千餘級，而漢亦亡兩將軍，三千餘騎。」〔註187〕

元狩二年（前121年），張騫、李廣出右北平擊匈奴，「廣殺匈奴三千餘人，盡亡其軍四千人，獨身脫還，及公孫敖、張騫皆後期，當斬，贖爲庶人。」〔註188〕。

太初二年（前103年），漢軍出擊匈奴，趙破奴二萬騎被匈奴八萬騎包圍，「軍遂沒於匈奴。」〔註189〕

天漢二年（前99年），李陵率五千騎出居延，二千戰死，餘眾投降，「其兵脫歸漢者四百餘人。」〔註190〕

天漢四年（前97年），公孫敖將騎兵萬人、步兵三萬擊匈奴，因爲「亡士卒多，下吏，當斬。」〔註191〕

徵和三年（前90年）李廣利將七萬之眾出擊匈奴，「軍大亂敗，貳師降。」〔註192〕

據以上粗略統計，僅武帝時期，從軍將士因戰敗投降、被俘及亡失者至少在五萬以上。武帝以外，文帝、宣帝、王莽時期又有規模不等的戰事，其從軍將士因種種原因而入匈奴者也不可忽視。合而言之，從軍將士亡入匈奴者將近十萬。〔註193〕具體見於史傳的逃亡軍人還有：

〔註186〕《史記》卷一百一十一《衛將軍驃騎列傳》，頁2923。
〔註187〕《漢書》卷九十四《匈奴傳上》，頁3768。
〔註188〕《漢書》卷六《武帝紀》，頁176。
〔註189〕《史記》卷一百一十《匈奴列傳》，頁2915。
〔註190〕《漢書》卷五十四《李廣傳附李陵傳》，頁2878。
〔註191〕《史記》卷一百一十《衛將軍驃騎列傳》，頁2942。
〔註192〕《漢書》卷九十四《匈奴傳上》，頁3780。
〔註193〕張元誠《西漢時期漢人流落匈奴及其影響》，《中國邊疆史地研究》，2002

　　趙信，蘇建、趙信並軍三千餘騎，獨逢單于兵，與戰一日餘，漢兵且盡。信故胡人，降爲翕侯，見急，匈奴誘之，遂將其餘騎可八百奔降單于。蘇建盡亡其軍，獨以身得亡去，自歸青。〔註194〕

　　公孫敖，義渠人，以郎事景帝。至武帝立十二歲，爲騎將軍，出代，亡卒七千人，當斬，贖爲庶人。後五歲，以校尉從大將軍，封合騎侯。後一歲，以中將軍從大將軍再出定襄，無功。後二歲，以將軍出北地，後票騎，失期當斬，贖爲庶人。後二歲，以校尉從大將軍，無功。後十四歲，以因〔杅〕將軍築受降城。七歲，復以因杅將軍再出擊匈奴，至余吾，亡士多，下吏，當斬，詐死，亡居民間五六歲。〔註195〕

　　張騫爲衛尉，與李廣俱出右北平擊匈奴。匈奴圍李將軍，軍失亡多，而騫後期當斬，贖爲庶人。〔註196〕

史料記載中的軍人「亡」、「失亡」包含了戰死和逃亡在內，但被俘、投降、逃亡的軍人應該占到較大的比例。對外戰爭中出現的軍人逃亡往往是雙向的，軍隊是一時代生產技術和其他技術最集中的地方，所以軍人的逃亡對於文化的交流、生產技術的傳播，都有著不可忽視的作用。

　　相對而言，秦漢時期的戰亂時間不長，但戰爭規模卻不小。秦漢之際和兩漢之際的戰亂以及西漢對匈奴的戰爭，不論是涉及地域還是參加戰爭的人數都是全國性的，在這些全國性的戰爭過程中，因爲各種原因引起的軍人逃亡數量應該還是不少的。

第四節　秦漢民眾逃亡犯罪

　　在所有的逃亡人口中，除去政治人物、各類罪犯、逃亡軍人以外，還有不少的普通百姓逃亡在外，較大規模的民眾逃亡在秦漢史籍中稱做「流民」、「無名數」、「流人」、「流冗」、「流庸」，〔註197〕成爲秦漢社會逃亡犯罪的重要

　　　年2期。
〔註194〕《漢書》卷五十五《霍去病傳》，頁2477。
〔註195〕《漢書》卷五十五《公孫敖傳》，頁2491。
〔註196〕《漢書》卷六十一《張騫傳》，頁2691。
〔註197〕《史記・萬石張叔列傳》：「元封四年中，關東流民二百萬口，無名數者四十萬。」《漢書・食貨志》：「至昭帝時，流民稍還。」《後漢書・賈逵傳》：「後

組成部分。就語義恰當來說，應該稱作「流亡」。爲了敘述方便，也爲了照顧作爲一種犯罪現象考察時的整體要求，姑且把災民流亡稱作「逃亡」。

一、民衆逃亡的特徵

戰國時期開始，一定規模的民衆遷移已經發生。梁惠王曾問孟子：「寡人之於國也，盡心焉耳矣。河內凶，則移其民於河東，移其粟於河內，河東凶亦然，察鄰國之政，無如寡人之用心者，鄰國之民不加少，寡人之民不加多，何也？」（《孟子‧梁惠王》上）通過人爲做法，使魏國與鄰國之間人口數出現此消彼長，是梁惠王的目的，間接說明，當時各國人口都處於流動中，這種人口的流動，對流出國而言，即爲逃亡犯罪。孟子評價鄒穆公時說：「凶年饑歲，君之民，老弱轉乎溝壑，壯者散而之四方者，幾千人矣。」（《孟子‧梁惠王》下）。《孟子》一書中意思相類的話還很多，這些話反映出生活無著的百姓四處逃亡的情形。儘管各國都有嚴格的戶籍制度、過關憑證制度以及一系列的嚴屬懲罰措施，但擋不住人們逃亡求生的步伐。

戰國時期的爭霸戰爭中，各國爲了戰勝對手，立於不敗之地，在嚴密控制國民逃亡他國的同時，都在想法設法，增加人口。除了努力發展生產，鼓勵生育以外，制定相關的措施，吸引他國人口逃亡而來，以增加自己的國家實力和軍事後備力量，也是各國，尤其是秦國採用的措施。各國爭奪的結果，就是民衆的逃亡；另外，連綿不絕的戰爭，也是引起民衆逃亡的重要原因。其中以《商君書‧徠民》中的論證和措施設計最爲典型，也是諸侯國以鄰爲壑，引發民衆逃亡境外的最好例證。

《商君書‧徠民》說：「地方百里者，山陵處什一，藪澤處什一，谿谷、流水處什一，都邑、蹊道處什一，惡田處什二，良田處什四，以此食作夫五萬。」方圓百里的土地可以供養農夫五萬人，「今秦之地，方千里者五，而穀土不能處二，田數不滿百萬，其藪澤、谿谷、名山、大川之財物貨寶又不盡爲用，此人不稱土也」（《商君書‧徠民》）。自然資源沒有被充分利用，使得秦國生產力低下，「田荒而國貧」，「地大而力小」（《商君書‧算地》）。爲改變

累遷至爲魯相，以得教化，百姓稱之，流人歸者八千戶。」《鹽鐵論‧執務》：「百姓足而流人歸其田裏。」《漢書‧成帝紀》：「水旱成災，關東流冗者眾。」《漢書‧昭帝紀》：「比歲不登，民匱於食，流庸未盡還。」師古注：「流庸，謂去其本鄉而行，爲人傭作。」

「人不稱土」的局面，秦國需招徠他國人民進行農業生產。與秦國相鄰的三晉，「彼土狹而民眾，其宅參居而並處，其寡萌賈息，民上無通名，下無田宅，而恃姦務末作以處。人之復陰陽澤水者過半。此其土之不足以生其民也，似有過秦民之不足以實其土也」（《徠民》）。為此建議秦王，「今王發明惠，諸侯之士來歸義者，今使復之，三世無知軍事。秦四竟之內，陵、阪、丘、隰，不起十年征者，於律也，足以造作夫百萬」（《徠民》）。學術界認為《徠民》篇非商鞅手訂作品，〔註198〕《徠民》篇的計劃沒有得到實現。如錢穆認為：「史公序商鞅變法，條理悉備。其一民於耕戰則有之矣，徠三晉民耕於內，驅秦民戰於外，史公無此說也。後世言商君變法，往往以開阡陌徠民並稱，失之遠矣。」〔註199〕也有學者認為徠民政策曾經推行於秦國。〔註200〕不管「徠民策」是否落實於秦國，但是向秦王提出徠民策，就足以證明吸引三晉民眾入秦有其現實可能性，這種可能性的基本依據就是民眾可以脫離戶籍、逃亡他國。這也從一個側面說明戰國時期民眾逃亡現象的存在。

秦漢時期，在大一統的封建王朝統治之下，除去西漢初期以外，基本不存在地區之間相互吸引民眾導致逃亡的問題，所謂「北走胡，南走越」的境外逃亡，不會有太大的規模。這一時期出現的大規模民眾逃亡多數情況下都被稱為流民。

這些人在外力（天災人禍）作用下，脫離戶籍，在沒有得到政府許可的情況下到處流亡。流民的身份主要是「民」，不是官員、士大夫、軍人、罪犯；

〔註198〕對於《徠民》篇的作者，學術界有不同看法。陳啓天懷疑是秦孝文王或莊襄王時的大臣或客卿如呂不韋等所作（陳啓天：《商君評傳》商務印書館 1935年版第 130 頁）；鄭良樹認為本篇作於昭王末年，是激進派的法家為了配合時代的需要，應付日益頻繁的戰爭及日漸增長的戰線而作（鄭良樹：《商鞅及其學派》臺灣學生書局 1987 年版第 86 頁）；徐勇認為本篇作成於公元前 242～230 年之間，可能是尉繚入秦後與秦王政談話的記錄（徐勇：《商君書·徠民篇的成書時代和作者蠡測》《松遼學刊》1991 年第 2 期）；張覺認為此篇應該作於秦昭王晚年，即公元前 260 一公元前 251 年之間，應該是某一大臣向秦昭王的上書（張覺：《商君書校注》嶽麓書社 2005 年版第 115 頁）。目前學術界多傾向於是商鞅後學中的秦國某位大臣給秦昭王的一篇奏疏。

〔註199〕錢穆：《先秦諸子繫年》商務印書館 2001 年版，頁 267。

〔註200〕高亨說：「《徠民篇》是商鞅死後七十多年的一位法家獻給秦昭王的建議書……秦昭王大概是採納了。」（高亨：《商君書注譯》中華書局 1959 年版，頁 11～12）林劍鳴認為：「秦國設法招誘三晉之民入秦耕作……到戰國末年，（關中）已成為肥沃的良田」（林劍鳴：《秦史稿》上海人民出版社 1981年版，頁 277）。

他們在流亡過程中，脫離了政府的組織管理系統，成爲失去政權控制的人；流民規模有大有小，一個人、一家人可以流亡他鄉，成爲流民，數十人，甚至數百萬人也可以流亡他鄉同樣是流民；流民在流亡過程中沒有什麼組織，他們各自爲政，互不統屬，帶有很大的盲目性；流民的生活有很大的暫時性和過渡性，在離鄉背井到重新定居以前，一直流移不定，沒有正常穩定的生產和生活手段；流民隊伍本身處於變動狀態，很多人一有機會，就會定居下來，脫離流民隊伍，也有很多人不斷因爲外力影響而加入進來。

流民與逃亡者在脫離戶籍流亡他鄉這一點來說是一致的，但兩者也有區別。顏師古：「命者，名也。凡言亡命，謂脫其名籍而逃亡。」〔註201〕亡命者中有亡徒，「亡徒當傳，勿傳。」〔註202〕注曰：「徒囚逃亡當傳捕者，放之勿捕。」有亡軍，「（馮）衍乃亡命河東。」〔註203〕注引《華嶠書》曰：「丹死，衍西歸，吏以亡軍，下司命乘傳逐捕，故亡命。」有因罪而逃亡者，有告劾而逃亡者，「六月，發三輔及郡國惡少年吏有告劾亡者，屯遼東。」〔註204〕師古曰：「惡少年謂無賴子弟也。告劾亡者，謂被告劾而逃亡。」兩漢詔書中說到亡命時，基本不與流民、無名數者聯繫。亡命者在違犯了國家戶籍管理規定的同時，大多數因爲觸犯各類法律而逃亡，而流民逃亡只是觸犯了戶籍管理的法規，並未觸犯其他法規。所以，國家對流民和亡命者的處理方式也不同，對亡命者只有遇到大赦或者其他機會才有可能免罪，而流民則經常能夠受到朝廷賜爵、賜田等優厚條件而招攬回鄉。此外，流民在遇到大的天災人禍時，會形成流民潮，流民潮一旦形成，數量就會較大。但逃亡者的情況則有所不同，亡命者多因犯罪而起，如果不是遇到像秦朝嚴刑酷法的逼迫，或者漢武帝、王莽時期、東漢中期以後的苛捐雜稅及暴政、盜賊、兵災的逼迫，大批農民群起對抗官府而逃亡的話，亡命者只是零星的個人行動。

流民與逃亡者雖然有很多不同之處，但就離開本土，脫離戶籍，亡命他鄉，破壞了國家戶籍管理制度，不斷衝擊著正常的社會管理秩序而言，則是一致的。另外，逃亡他鄉的流民隊伍中，爲盜爲姦者所在多有，與各種犯罪緊密相連，從這一角度看，民眾流亡也可以看作一種犯罪，是可以與各種犯

〔註201〕《漢書》卷三十二《張耳陳餘傳》，頁1829。
〔註202〕《後漢書》卷六《順帝紀》，頁252。
〔註203〕《後漢書》卷二十八《馮衍傳》，頁963。
〔註204〕《漢書》卷七《昭帝紀》，頁231。

罪逃亡放在一起的。有鑒於此，本文就將流民歸結爲逃亡犯罪的一種存在形態加以討論。

二、秦漢時期的民衆逃亡概況

在整個秦漢時期，一直存在著數量不等的流民逃亡，從未間斷。但秦漢流民逃亡現象並不是一條風平浪靜的涓涓細流，而是長江大河，潮起潮落，波瀾壯闊。在政治清明，風調雨順之時，社會上雖然也有民衆逃亡，但規模較小，影響有限，加上政府行政效率高，對社會的控制力強大，少量流民不會對社會秩序產生大的影響。但在政治黑暗，社會動蕩，天災人禍交加之時，流民潮便會應時而起，對現存社會秩序造成大的衝擊，甚至淹沒封建王朝。本節按照時間順序對秦漢社會逃亡犯罪組成部分的流民逃亡現象進行考察。

（一）秦及漢初的流民（秦朝及西漢高祖到景帝）

秦朝建立後，秦始皇依然堅持嚴刑酷法治理天下，同時又築陵墓、擊匈奴、伐南粵，社會上出現了大量的流民。董仲舒分析說：

> 至秦則不然，用商鞅之法，改帝王之制，除井田，民得賣買，富者田連仟伯，貧者亡立錐之地。又顓川澤之利，管山林之饒，荒淫越制，逾侈以相高。邑有人君之尊，里有公侯之富，小民安得不困？又加月爲更卒，已，復爲正一歲，屯戍一歲，力役三十倍於古。田租口賦，鹽鐵之利，二十倍於古。或耕豪民之田，見稅什五。故貧民常衣牛馬之衣，而食犬彘之食。重以貪暴之吏，刑戮妄加，民愁亡聊，亡逃山林，轉爲盜賊，赭衣半道，斷獄歲以千萬數。〔註205〕

在《睡虎地秦墓竹簡》中可以看到一家五人、十人爲盜而逃亡他鄉的記載，這些逃亡者應該都是無法生存的小民。經過秦漢之際的戰亂，被迫流亡他鄉，暴骨中野的流民數量更多。

> 天下初定，故大城名都散亡，戶口可得而數者十二三，是以大侯不過萬家，小者五六百戶。〔註206〕

> 高帝南過曲逆，上其城，望室屋甚大，曰：「壯哉縣。吾行天下，獨見洛陽與是耳。」顧問御史：「曲逆戶口幾何？」對曰：「始

〔註205〕《漢書》卷二十四《食貨志上》，頁 1137。
〔註206〕《史記》卷十八《高祖功臣侯者年表》，頁 877。

秦時三萬餘戶，間者兵數起，多亡匿，今見五千餘戶。」於是詔御
史，更封平為曲逆侯，盡食之，除前所食戶牖。〔註207〕

當時是高祖七年十月，存留當地的人口只及當年的六分之一，可見當時民眾
流亡的嚴重。高祖五年（前202年）五月曾經下詔：「民聚保山澤，不書名數
者，令各歸其縣，復故爵田宅，凡以飢餓自賣為奴婢者，免為庶人。」〔註208〕
但從《陳平傳》的記載看，人民隱匿逃亡仍然相當嚴重。直到文帝、景帝時
期似乎在社會上還有不少的流民逃亡者。

漢初的青年政治家賈誼在給文帝的上書中說：「地有遺利，民有餘力，生
穀之土未盡墾，山澤之利未盡出也，遊食之民未盡歸農也。民貧，則姦邪生。
貧生於不足，不足生於不農，不農則不地著，不地著則離鄉輕家，民如鳥獸，
雖有高城深池，嚴法重刑，猶不能禁也。……民者，在上所以牧之，趨利如
水走下，四方亡擇也。」〔註209〕

賈誼上書是在文帝時期，對這一時期流民出現的原因，賈誼認為是民眾
不重視農業造成的、晁錯則歸之於商人的兼併〔註210〕。從賈誼和晁錯的上書
中可以看到當時的流民還是有一定的規模、以至於引起了這些政治家的關
注。西漢初期流民的另一現象是諸侯王吸引民眾到王國地區，最明顯的事例
是漢初吳王劉濞、淮南王劉安招納亡人的事例，《張家山漢墓竹簡》有「津關
令」，對逃亡諸侯王國地區的人口有嚴格控制。

（二）西漢中期的流民（武帝、昭帝、宣帝）

漢武帝即位初期，經過文帝景帝時期的休養生息，漢王朝國庫充實，國
力空前強大，「至武帝之初七十年間，國家亡事，非遇水旱，則民人給家足，
都鄙廩庾盡滿，而府庫餘財。京師之錢累百鉅萬，貫朽而不可校。太倉之粟
陳陳相因，充溢露積於外，腐敗不可食。眾庶街巷有馬，仟伯之間成群，乘
牸牝者擯而不得會聚。……是後，外事四夷，內興功利，役費並興，而民去
本。」〔註211〕隨著長時期、大規模的戰爭消耗，以及連續不斷的水旱災害影

〔註207〕《漢書》卷四十《陳平傳》，頁2045。
〔註208〕《漢書》卷一《高帝紀》，頁54。
〔註209〕《漢書》卷二十四《食貨志》，頁1130。
〔註210〕《漢書》卷二十四《食貨志》：「晁錯復說上曰：（商人）亡農夫之苦，有阡陌
　　　　之得，因其富後，交通王侯，力過吏勢，以利相傾，……此商人之所以兼併
　　　　農人，農人之所以流亡也。」
〔註211〕《漢書》卷二十四《食貨志上》，頁1136～1137。

響，武帝後期開始出現了大規模的流民潮。

　　　　元狩四年冬，有司言關東貧民徙隴西、北地、西河、上郡、會
　　稽凡七十二萬五千口，縣官衣食振業，用度不足，請收銀錫造白金
　　及皮幣以足用。初算緡錢。〔註212〕

　　　　元鼎二年，是時山東被河災，及歲不登數年，人或相食，方二
　　三千里。天子憐之，令饑民得流就食江淮間，欲留，流處。使者冠
　　蓋相屬於道護之，下巴蜀粟以賑焉。〔註213〕

　　　　元封四年，關東流民二百萬口，無名數者四十萬，公卿議欲徙
　　流民於邊議謫之。〔註214〕徵和二年，制詔御史，……以邊爲援，使
　　內郡自作車，又令耕者自轉，以困農煩擾畜者，重馬傷耗，武備衰
　　減，下吏妄賦，百姓流亡。〔註215〕

元狩四年（前119年）遷徙災民是武帝時期最大規模的一次安置流民的活動，
結果出現「海內虛耗，戶口減半」的現象，此後再沒有看到大規模的安置行
動，元鼎二年（前115年）也只是派使者監護，聽任災民自己流亡，以後乾脆
連派使者監護都取消了，大概使者監護徒有虛名，沒有什麼實際效果。武帝
在解決流民問題上沒有取得實質性的進展。昭帝時期，採取輕繇薄賦、假民
公田、整頓吏治等措施，在流民問題解決取得了進展。

　　　　至昭帝時，流民稍還，田野益闢，頗有畜積。宣帝即位，用吏
　　多選賢良，百姓安土，歲數豐穰，穀至石五錢，農人少利。〔註216〕

宣帝時期，大量任用循吏，大力招撫流民，取得不錯的效果。王成就是典型。
「今膠東相成，勞來不怠，流民自占八萬餘口，治有異等之效，其賜爵成關
內侯，秩中二千石。」〔註217〕武帝時期出現的流民逃亡浪潮在宣帝時期才逐
漸歸於平定。

（三）元、成、哀、平及新莽時期的流民

　　西漢晚期，外戚專政、皇帝威權下移，政治日益腐敗，大規模的民眾流
亡重新出現，《漢書‧鮑宣傳》提出了七種導致民眾逃亡的原因，主要是水旱

〔註212〕《漢書》卷六《武帝紀》，頁178。
〔註213〕《漢書》卷二十四《食貨志》，頁1172。
〔註214〕《漢書》卷四十六《石慶傳》，頁2197。
〔註215〕《漢書》卷六十六《劉屈氂傳》，頁2879。
〔註216〕《漢書》卷二十四《食貨志》，頁1141。
〔註217〕《漢書》卷八十九《王成傳》，頁3627。

災害和政治黑暗、吏治不良。漢末的流民群就是在這種背景下出現的。谷永上書成帝說「流散冗食，餒死於道，以百萬數。」〔註218〕從《漢書·于定國傳》、《天文志》成帝和平元年、《成帝紀》陽朔二年、元嘉四年等的記載都曾講到流民準備入關就食的問題。漢哀帝在策免丞相孔光的時候說：「百姓飢饉，父子分散，流離道路，以十萬數。」〔註219〕流民問題似乎沒有得到解決。很多人死於流亡道上。也有人起兵反抗，或成為盜賊，引起了西漢王朝最高統治者的關注：

> 百姓飢饉，流離道路，疾疫死者以萬數，人至相食，盜賊並興，
> 群職曠廢，是朕之不德而股肱不良也。〔註220〕

在王莽篡漢以前，社會上就已經出現了大量的流民。新莽政權建立後，因為妄開邊患，連年戰爭，結果「吏士放縱，而內郡愁於徵發，民棄城郭流亡，為盜賊，并州、平州尤甚。……青、徐民多棄鄉里流亡，老弱死道路，壯者入賊中。」隨後南方因為飢饉，「人庶群入野澤，」流民入關者也有數十萬人，因吏盜資糧，餓死者十七八。〔註221〕流民規模愈來愈大終於演化成大規模的社會動亂。

綠林、赤眉軍起，天下大亂，隨著義軍進入關中，關中和長安百姓大量逃亡，長安城中「民飢餓相食，死者數十萬，長安為虛，城中無人行。」〔註222〕長安受到了嚴重的破壞，人口除去死亡者外，恐怕逃亡四方的要更多些。

《後漢書·劉盆子傳》記載：「時三輔大饑，人相食，城郭皆空，白骨蔽野，遺人往往聚為營保，各堅守不下。」其中大量人口逃亡河西地區和天水、上郡等地。而在戰亂中死於道路者更多，「四垂之人，肝腦塗地，死亡之數，不啻太半，殃咎之毒，痛入骨髓，匹夫僮婦，咸懷怨怒。」〔註223〕就是證明。《後漢書·郡國志》：

> 注引應劭《漢官》曰：世祖中興，海內人民可得而數，裁十
> 二三。邊陲蕭條，靡有孑遺，郭塞破壞，亭隊絕滅。建武二十一年，

〔註218〕《漢書》卷八十五《谷永傳》，頁3426。
〔註219〕《漢書》卷八十一《孔光傳》，頁3358。
〔註220〕《漢書》卷八十三《薛宣傳》，頁3393。
〔註221〕《漢書》卷九十九《王莽傳》，頁4125、4157，《後漢書》卷十一《劉玄傳》，頁467。
〔註222〕《漢書》卷九十九《王莽傳下》，頁4193。
〔註223〕《後漢書》卷十一《劉盆子傳》，頁484、《後漢書》卷二十八《馮衍傳》，頁966。

　　　　始遣中郎將馬援、謁者，分築烽候，堡壁稍興，立郡縣十餘萬戶，

　　　或空置太守、令、長，招還人民。上笑曰：「設長吏治之，難如春

　　　秋素王矣。乃建立三營，屯田殖穀，弛刑謫徒以充實之。」〔註224〕

內地人民逃亡的同時，邊境地區人民也受到內地戰亂的影響，四散逃亡，東
漢政權建立之初，竟至於要空置郡守、令長，於此可見當時民眾流亡散失之
嚴重。

（四）東漢早期的流民（光武、明帝、章帝）

　　東漢政府建立之初，經過長期的戰亂，流民逃亡非常嚴重，戶口急劇減
少，除了死亡道路、亡命他鄉以外，還有許多人避亂江南，「時天下新定，道
路未通，避亂江南者皆未還中土，會稽頗稱多士。」〔註225〕許多人在戰爭結
束後也沒有能夠及時返回中原。而北方少數民族的侵擾也加劇了民眾逃亡的
規模。

　　　　光武初，烏桓與匈奴連兵為寇，代郡以北尤被其害。居止近塞，

　　　朝發穹廬，暮至城郭，五郡民庶，家受其辜，至於郡縣損壞，百姓

　　　流亡。〔註226〕

東漢王朝建立之初，烏桓強盛，經常侵擾邊境地區，不堪侵擾的百姓也加入
了流民的逃亡行列。直到烏桓勢力被東漢王朝擊敗後，這類流民才逐漸消失。

　　此外，從東漢王朝的許多政策上也可以推測到當時流民的數量，劉秀在
位時曾經多次發布放免奴婢的詔書，其實也有檢查流民的目的存在。奴婢是
流民的變化形態，流民逃亡者無法生存時，就會投靠豪強，成為奴婢，成為
不再流動的流民，放免奴婢其實是要各地把流亡而來的民眾放免歸鄉，增加
政府的納稅人口。劉秀推行的度田措施也帶有清查流民，登記戶口，使之回
鄉的作用。

　　這一時期，在朝廷的號召之下，許多地方郡守也都致力於流民的招撫和
安置：

　　　　（李忠）遷丹陽太守。……乃為起學校，習禮容，春秋享飲，

　　　選用明經，郡中嚮慕之。墾田增多，三歲間流民占著者五萬餘口。

　　　〔註227〕

〔註224〕《後漢書》志二十三《郡國志》，頁3532。

〔註225〕《後漢書》卷七十六《任延傳》，頁2460。

〔註226〕《後漢書》卷九十《烏桓傳》，頁2982。

〔註227〕《後漢書》卷二十一《李忠傳》，頁756。

隴西雖平，而人饑，流者相望。（來）歙乃傾倉廩，轉運諸縣，以賑贍之。於是隴右遂安，而涼州流通焉。〔註228〕

（衛颯）於是役省勞息，姦吏杜絕。流民稍還，漸成聚邑，使輸租稅，同之平民〔註229〕

這些地方官的努力應該是有一定的效果的。經過光武帝和明帝將近四十年休養生息，加上政治清明，地方官吏大多能夠勵精圖治，到了永平末年就出現了「故吏稱其官，民安其業，遠近肅服，戶口滋殖焉」〔註230〕的局面，從西漢末年出現的大規模流民逃亡問題在這一時期得到了基本解決。

（五）東漢中期的流民（和帝至質帝）

東漢中期以後，在王景等人的精心策劃之下，決堤的黃河得到徹底的治理，進入了相對安流的時期。雖然黃河水患減少了，但水旱災害並未徹底消除，仍然時時而起。

永元五年，遣使者分行貧民，舉實流冗，開倉賑稟三十餘郡。……永元六年，詔曰：「朕以眇末，承奉鴻烈。陰陽不和，水旱違度，濟河之域，凶饉流亡。」〔註231〕

和帝永元時期（89 年～104 年）就因水旱災害出現了大規模的民眾逃亡，安帝時期，「青、冀之域淫雨漏河，徐岱之濱海水盆溢，兗豫蝗蟓滋生，荊楊稻收儉薄，並涼二州羌戎叛戾。」〔註232〕大範圍的災害帶來的必然是無數的流民。朝廷用頻繁的賑貸來安撫流民，但效果如何就不得而知了。

災害以外，邊境地區的外患也在不同程度上影響到了民眾的生活，羌禍常常導致穀貴人流，飢饉相望。在與羌人的戰爭中，更因爲東漢王朝官吏瀆職殘民，造成了大規模的流民。《後漢書‧西羌傳》記載了安帝永初（107～114年）年間因羌禍引起的邊民逃亡問題。

百姓戀土，不樂去舊，（官府）刈其禾稼，發撤室屋，夷營壁，破積聚。時連旱蝗饑荒，而驅癘劫略，流離分散，隨道死亡，或棄

〔註228〕《後漢書》卷十五《來歙傳》，頁 588。
〔註229〕《後漢書》卷七十六《衛颯傳》，頁 2459。
〔註230〕《後漢書》卷二《明帝紀》，頁 124。
〔註231〕《後漢書》卷四《和帝紀》，頁 175、178。
〔註232〕《後漢書》卷四十六《陳忠傳》，頁 1562。

捐老弱，或爲人僕妾，喪其太半。〔註233〕

政治腐敗使當時的流民問題日益嚴重。此外，這一時期由於宦官、外戚交替專權，政治日益黑暗，人民迫於無奈鋌而走險者大增，在這些大小不等的暴亂事件中，必然出現規模不等的流民。到安帝初年已經是「百姓流亡，盜賊並起，郡縣更相飾匿，莫肯糾發。」〔註234〕順帝時期，羌人亂邊，朝廷派馬賢率兵鎮壓，結果勞師靡費，給邊境地區的民眾帶來極大危害。皇甫規上書說：

> 臣每惟（馬）賢等擁眾四年，未有成功，懸師之費且百億計，出於平人，回入姦吏。故江湖之人，群爲盜賊，青、徐荒饑，繼負流散。夫羌戎潰叛，不由承平，皆因邊將失於綏御。乘常守安，則加侵暴，苟競小利，則致大害，微勝則虛張首級，軍敗則隱匿不言。軍士勞怨，困於猾吏，進不得快戰以徼功，退不得溫飽以全命，餓死溝渠，暴骨中原。徒見王師之出，不聞振旅之聲。〔註235〕

戰爭侵擾、將吏貪殘，使邊患帶來的危害更加嚴重，激起的流民規模也是驚人的。政府對流民社會失去控制的結果，流民隊伍中又滋生出大量的盜賊集團。數量不少的盜賊集團與流民結合，使其流動性加強的同時，流民集團的社會破壞力也隨之增加。盜賊、流民互爲聲援，使流民問題越發嚴重，最終成爲影響一代政權存在的問題。

（六）東漢晚期的流民（桓、靈、獻三帝）

東漢後期，宦官勢力甚囂塵上，毒害流遍天下，有所謂「田野空，朝廷空，倉庫空」〔註236〕的說法，所謂田野空，就是流民逃亡規模巨大的寫照。導致「三空」出現的關鍵在於兩次黨錮之禍和黃巾起義的影響，而最根本的則在於官吏貪殘，郡縣害民，「時黃巾新破，兵凶之後，郡縣重斂，因緣生姦。」〔註237〕這是當時政治家的看法。

薛瑩《後漢書》桓帝紀贊說：「政荒民散，亡徵漸積，逮至靈帝，遂傾四海。」說出了民散及流民逃亡對國家政權的巨大影響。隨著軍閥混戰的到

〔註233〕《後漢書》卷八十七《西羌傳》，頁2888。
〔註234〕《後漢書》卷四十六《陳忠傳》，頁1558。
〔註235〕《後漢書》卷六十五《皇甫規傳》，頁2129。
〔註236〕《後漢書》卷六十六《陳蕃傳》，頁2162。
〔註237〕《後漢書》卷三十一《貫琮傳》，頁1112。

來，民眾流亡的規模更是與日俱增，「以及今日，名都空而不居，百里絕而無民者，不可勝數。」〔註238〕當是流民規模巨大的反映。

東漢末年因為戰亂造成的流民逃亡是十分驚人的，「初，帝入關，三輔戶口尚數十萬，自催汜相攻，天子東歸後，長安城空四十餘日，強者四散，羸者相食，二三年間，關中無復人迹。」〔註239〕

東漢末年的長期戰亂，關西流民大多流向漢中投奔張魯政權、三輔百姓多流向南陽荊州，青徐百姓多流向幽州，進而轉向遼東，形成大規模的流民潮。這次大規模的流民潮直到三國鼎立局面出現後才逐漸平息下來。

流民問題一直以不同的程度困擾著秦漢王朝的統治者，秦王朝採取嚴刑酷法加以鎮壓，結果適得其反，西漢王朝建立後採取一系列安撫措施，才逐漸解決了流民問題。後來由於武帝內外政策失當而使流民逃亡再次蜂起，這次流民潮在武帝、昭、宣等三代皇帝的努力下，最終平息下來，沒有危及到國家政權的存在。西漢後期，由於政治日漸腐敗，加上王莽專權和改制，終於引起大規模的流民活動，在這次流民潮中，西漢、新莽兩個政權相繼結束，在大亂之中建立的東漢政權，經過三代皇帝的努力，才逐漸平息了這次延續時間很長的流民逃亡浪潮。東漢中期以後，伴隨著外戚和宦官交替掌權，政治越來越黑暗，流民隊伍也在逐漸壯大，終於在桓帝、靈帝時期達到不可收拾的程度，一直持續到東漢滅亡，這次流民潮的影響極為深遠。

據杜佑《通典·食貨典》記載，東漢戶口在順帝時期達到頂峰，到了興平、建安時期，人口所存，十無一二，其中不乏死於戰亂者，但更多的是流散四方的流民，他們離開故土，失去戶籍，反映在戶籍上就是十無一二了。

第五節　戰亂時期災民逃亡的特點

秦漢時期有過三次大規模的戰亂，秦漢之際的戰亂從秦二世元年（前209年）到漢五年（前202年），持續七年，兩漢之際的戰亂從天鳳四年（15年）到建武十二年（36年）持續20餘年，東漢末年的戰亂則持續時間更長達三十多年。三次大規模戰亂也引起了大量的民眾逃亡，比較三次戰亂時期民眾逃亡的特點，也有利於我們瞭解秦漢時期逃亡犯罪的特徵。

〔註238〕《後漢書》卷四十九《仲長統傳》，頁1649。
〔註239〕《後漢書》卷七十二《董卓傳》，頁2341。

一、秦漢之際 —— 亡入山林川澤求生

　　秦漢之際的戰亂，引起了大規模的民眾逃亡。雖然史料記載比較缺乏，但從僅有的記載中還是可以看到戰亂帶來的民眾逃亡規模之巨大。《漢書》記載：

> 帝乃西都洛陽。夏五月，兵皆罷歸家。詔曰：民前或相聚保山澤，不書名數，今天下已定，令各歸其縣，復故爵田宅，吏以文法教訓辨告，勿笞辱。〔註240〕師古曰：「保，守也，安也。守而安之，以避難也。名數，謂戶籍也。」

> 訖十二年，侯者百四十有三人。時大城名都民人散亡，戶口可得而數裁什二三，是以大侯不過萬家，小者五六百戶。〔註241〕

這是對秦漢之際戰亂導致社會大逃亡的記載，因爲史料記載的簡略，我們無法看到更多、更具體的逃亡個案，從中得出更多的信息。但從秦漢時期社會制度和居住制度變遷的大框架中，我們還是可以尋到秦漢時期流民逃亡的大概情況。

　　商鞅變法之後，秦國極力推行小家庭制度，五口之家成爲社會上占主導地位的家庭形態，統一六國後，又將秦國的制度推行到關東地區，使五口之家的小家庭遍佈全國。另外，隨著宗法制度的逐漸解體，宗法宗族也逐漸消失，而後世所見到的民間自發形成的宗族還比較少見，因此，在秦漢之際的大規模逃亡中，既看不到宗族集體逃亡的記載，也看不到逃亡者組成武裝進行自衛的現象。在秦漢之際的地方社會中，亭長、父老、三老、豪傑等鄉里社會的基層管理者成爲戰亂時期民間社會秩序的實際主宰者，可以看到他們發動民眾固守地方，推翻秦朝基層政權，但很少看見他們率領民眾逃亡避難。根據《睡虎地秦墓竹簡》和《張家山漢墓竹簡·二年律令》中有關流亡盜賊的記載，再聯繫項梁、呂公等人逃亡的記載，我們大概可以斷定，秦漢之際的民眾流亡是以個體小家庭爲單位逃亡他鄉以求生存的。

二、兩漢之際 —— 逃入營堡躲避戰爭

　　王莽的新朝建立後，伴隨著天災和王莽的暴政，從天鳳四年（17 年）開始

〔註240〕《漢書》卷一《高帝紀》，頁 54。
〔註241〕《漢書》卷十六《高惠高后文功臣表》，頁 527。

在全國出現了大規模的農民起義，隨著王莽新朝的覆滅，社會陷入軍閥混戰之中。劉秀翦滅群雄，建立東漢王朝，逐步消滅了各地的割據勢力，直到建武十二年（36 年）消滅公孫述，盧芳逃亡匈奴，這場大亂才基本平息。在長達二十年的戰亂之中，國家政權失去了對地方的控制，原有的控制鄉里社會的一套制度和機構也因為受到戰爭的衝擊而陷於崩潰。面對天災和無休止的兵災，鄉里民眾紛紛逃亡，有的流亡他鄉，有的逃入營堡，躲避兵災。

（一）逃亡求食

面對天災，在宗族勢力較弱的黃河中下游地區，人們往往逃亡他鄉以求食，或為盜搶掠以求生。流民武裝和逃亡求食記載往往同時出現，流民最多的地區也是流民武裝最多的地區，宗族在災民救助上的作用清楚地顯示出來。

> 王莽末，南方飢饉，人庶群入野澤，掘鳧茈而食之，更相侵奪。新市人王匡、王鳳為評理諍訟，遂推為渠帥，眾數百人。於是諸亡命馬武、王常、成丹等往從之；共攻離鄉聚。藏於綠林中。數月間至七八千人。〔註242〕注曰：離鄉聚謂諸鄉聚離散，去城郭遠者。大曰鄉、小曰聚。

形成綠林兵的成員似乎都是一些逃亡求食者，其間沒有看到宗族活動的痕迹，就是後來成為劉秀雲臺二十八將的馬武也是單身逃亡而來。「馬武字子張，南陽湖陽人也。少時避仇，客居江夏。王莽末，竟陵、西陽三老起兵於郡界，武往從之，後入綠林中，遂與漢軍合。」〔註243〕整個綠林兵就是大量個體逃亡者以求食、求生為契機而形成的一支軍隊。在黃淮平原形成的流民逃亡武裝規模最大。《後漢書》載：

> 後數歲，琅邪人樊崇起兵於莒，眾百餘人，轉入太山，自號三老。時青徐大饑，寇賊蜂起，眾盜以崇勇猛，皆附之，一歲間至萬餘人。崇同郡人逢安、東海人徐宣、謝祿、楊音各起兵，合數萬人，復引從崇。共還攻莒，不能下，轉掠至姑幕……遂北入青州，所過擄掠，還至太山，留屯南城。初，崇等以困窮為寇，無攻城徇地之計。……與王莽沂平大尹戰，敗，死者數千人，乃引去，掠楚沛汝南潁川，還入陳留，攻拔魯城，轉至濮陽。〔註244〕

〔註242〕《後漢書》卷十一《劉玄傳》，頁 467。
〔註243〕《後漢書》卷二十二《馬武傳》，頁 784。
〔註244〕《後漢書》卷十一《劉盆子傳》，頁 478。

赤眉軍的形成關鍵也在於逃亡求食、逃亡求生人口的大量存在，在求生的過程中逐漸吸引逃亡者，最後形成大規模的軍事集團。那些沒有投入亡命軍事集團的逃亡者則會受到亡命軍事集團的威脅，甚至殺害。從下面的材料中或許可以看到赤眉軍的另一面：

> 時汝南有王琳巨尉者，年十餘歲喪父母。因遭大亂，百姓奔逃，唯琳兄弟獨守塚廬，號泣不絕。弟季，出遇赤眉，將為所哺，琳自縛，請先季死。賊矜而放遣。〔註245〕

> 劉平字公子，楚郡彭城人也。本名曠，……更始時，天下亂，平弟仲為賊所殺。其後賊復忽然而至，平扶侍其母，奔走逃難。仲遺腹女始一歲，平抱仲女而棄其子。母欲還取之，平不聽，曰：「力不能兩活，仲不可以絕類。」遂去不顧，與母俱匿野澤中。平朝出求食，逢餓賊，將亨〔之〕，平叩頭曰：「今旦為老母求菜，老母待曠為命。顧得先歸，食母畢，還就死。」因涕泣。賊見其至誠，哀而遣之。平還，既食母迄，因白曰：「屬與賊期，義不可欺。」遂還詣賊。眾皆大驚，相謂曰：「常聞烈士，乃今見之。子去矣，吾不忍食子。」於是得全。〔註246〕

> 趙孝字長平，沛國蘄人也。……及天下亂，人相食。孝弟禮為餓賊所得，孝聞之，乃自縛詣賊，曰：「禮久餓羸瘦，不如孝肥飽。」賊大驚，並放之。謂曰：「可且歸，更持米糒來。」孝求不能得，復往報賊，願就亨。眾異之，遂不害。〔註247〕

這些事件發生在梁、汝南、楚、沛等郡，屬於淮北平原，是西漢末年黃河決堤後受災最嚴重的地區，或許當地的那些有實力的宗族早已遷徙而去，留下的是一些孤弱小民，面對大規模的逃亡武裝集團，他們既不能建立營壘，也無法組織抵抗，結果只能以孝心來感化那些殺人搶掠者。賊總是試圖吃人肉，而他們為了救家人，自己一方又沒有其他物品和食物，只好將自己提供出去，賊和地方勢力都極度缺乏糧食，這也是長期黃河決堤影響當地農業生產和社會發展所帶來的惡性後果。另外，也是最關鍵的一點，在這些逃亡的個案中，看不到任何宗族之間互相救助、抵抗強盜搶掠的活動痕迹。所看到的只有百

〔註245〕《後漢書》卷三十九《趙孝傳》，頁1300。
〔註246〕《後漢書》卷三十九《劉平傳》，頁1295。
〔註247〕《後漢書》卷三十九《趙孝傳》，頁1298。

姓以核心家庭為單位的流亡活動。

逃亡求食者一般是在本地無法生存的民眾，他們得不到官府和宗族的救濟幫助，為了生存而為盜，以擄掠他人財物為生，其成員沒有強大的宗族背景，沒有明確的政治目的，為了生存只好不斷流動，直至最後被消滅為止。就這一點而言，與秦漢之際的民眾逃亡相似。

（二）逃入營堡躲避戰爭

更始政權建立後，並沒有使國家局面穩定下來，「更始立，三輔連被兵寇，百姓震駭，強宗右姓，各擁眾保營，莫肯先附。」〔註248〕強宗大姓結寨自保是關中地區的普遍情況，「盆子居長樂宮……三輔郡縣營長遣使貢獻，兵士輒剽奪之。又數虜暴吏民，百姓保壁，由是皆復固守。」〔註249〕壁壘一般修建在地形險要，易守難攻的地方。民眾平時各自居家，遇到戰爭或者盜寇侵擾時，大家逃進營堡，依靠堅固的防禦工事抵抗侵擾，保全生命，這實際上是一種近距離的逃亡。

第五家族是漢代關中地區的大族，出現了不少著名的歷史人物，他們在面臨戰亂威脅的時候，就以宗族為中心，建築營堡，抵抗各種武裝集團的的侵擾。「第五倫字伯魚，京兆長陵人也。……王莽末，盜賊起，宗族閭里爭往附之。倫乃依險固築營壁，有賊，輒奮勵其眾，引強持滿以拒之，銅馬、赤眉之屬前後數十輩，皆不能下。」〔註250〕面對戰亂，第五倫以逃亡歸附的宗族閭里成員為中心形成了有戰鬥力的防禦集團，他們結寨自保，利用強有力的武裝，保護了宗族成員，使他們免於殺戮。不僅關中，其他地區也出現了類似的現象：

> 王莽末，義兵起，……（樊宏）與宗家親屬做營塹自守，老弱歸之者千餘家。……時赤眉寇略唐子鄉，多所殘殺，欲前攻宏營，宏遣人持牛酒米穀，勞遺赤眉。……遂免寇難。〔註251〕

> 馮魴字孝孫，南陽湖陽人也。為郡族姓。王莽末，四方潰叛，魴乃聚賓客，招豪傑，作營塹，一待所歸。……時天下未定，而四方之士擁兵矯稱者甚眾，唯魴自守，兼有方略。遷郟令，……使魴

〔註248〕《後漢書》卷三十一《郭伋傳》，頁1091。
〔註249〕《後漢書》卷十一《劉盆子傳》，頁481。
〔註250〕《後漢書》卷四十一《第五倫傳》，頁1395。
〔註251〕《後漢書》卷三十二《樊宏傳》，頁1120。

　　轉降諸聚落，縣中平定。〔註252〕

樊宏和馮魴都是郡中族姓，即是說宗族勢力比較強大。在戰亂時期，他們組織自己的營塹防衛流寇的攻擊，遇到大的武裝勢力時則主動與之交好，通過靈活的方式，保護了逃入營堡的宗族成員和鄉里民眾的生命。馮魴後來還做了縣令，又引導縣中的「諸聚落」投向劉秀，顯示出在南陽地區結寨自保情況是極爲普遍的。

　　營堡主要集中在關中和西北地區以及關東地區的河北平原，這些營堡依靠堅固的防禦工事，抵抗流寇的襲擊，是一支不弱的軍事力量，成爲政治集團極力爭取的對象。

　　關中地區大規模的營堡，抵抗了赤眉軍在關中的活動，等到劉秀集團進入關中得到地方勢力的支持後，實力大增，爲以後消滅其他割據勢力奠定了基礎。而其他的軍事集團也利用宗族營堡強烈的鄉土情結，割據地方。

	地　域	場所	時　期	史　料		
1	三輔	長陵	王莽末	倫乃依險固築營壁，	第五倫傳	
2	三輔	茂陵	更始時	強宗右姓各擁眾保營，	郭伋傳	
3	三輔		建武1	三輔郡縣營長……百姓保壁，由是皆復固守	劉盆子傳	
4	三輔	旬邑	建武1	（鄧）禹擊破赤眉別將諸營壘，	鄧禹傳	
5	三輔	長安	建武1	轉攻諸營堡，	張宗傳	
6	三輔		建武2	時三輔……邑人往往聚爲營堡，各復堅守	劉盆子傳	
7	三輔	宜陽	建武3	諸營堡數萬人，	馮異傳	
8	三輔	藍田	建武3	諸營堡附延岑，	同上	
9	三輔	陳倉	建武4	營堡降者甚眾	同上	
10	蜀		建武11	郡邑復更保聚，觀望成敗。	藏宮傳	
11	南陽	湖陽	王莽末	魴乃聚賓客招豪傑做營塹，……故能處營自守。	馮魴傳	
12	南陽	湖陽	更始時	與宗家親屬作營塹自守，	樊宏傳	
13	河南	緱氏	王莽末	宗族老弱在營堡間，周堪常力戰陷敵	周堪傳	

〔註252〕《後漢書》卷三十三《馮魴傳》，頁 1147。

14	河南	成皋	建武 1	南下河南、成皋已東十三縣及諸屯聚，皆平之。	馮異傳	
15	趙‧魏		建武初	時趙魏豪右往往屯聚，……	李章傳	
16	清河		建武初	清河大姓趙綱遂於縣界起塢堡，	同上	
17	魏‧清河‧東郡		建武 2	擊五校賊於魏郡、清河、東郡，悉平諸營堡……	杜茂傳	
18	河內	修武	建武 2	及河內修武，悉破駐屯聚，	吳漢傳	
19	河間漁陽		建武初	詔常北擊河間、漁陽，平駐屯聚，	王常傳	
20	陳留	東昏	王莽末	（虞延）常嬰甲冑，擁衛親族。	虞延傳	★
21	梁	蒙	王莽末	（夏）恭以恩信為眾所附，擁兵固守，獨按全。	夏恭傳	★
22	汝南	汝陽	王莽末	（周）嘉乃擁何敵，以身捍之。	周嘉傳	★
23	北地		建武 6	北地營堡，按兵觀望。	馮異傳	
24	安定‧北地		建武 9	安定、北地營堡皆下之。	耿弇傳	
25	隴西地方		建武 9	五谿，先零諸種數為寇掠，皆營塹自守。	來歙傳	
26	江南地方	簡陽	建武初	由是諸營壁悉降。	趙憙傳	

　　宗族集團形成的以營堡為基礎的武裝，成為兩漢之際割據勢力存在的基礎。上表是見諸《後漢書》兩漢交替時期營堡營塹統計（帶★者屬於不能肯定存在營堡的史料）。

　　營堡是以地方大族為核心形成的軍事集團，是西漢末年地方豪強勢力逐漸強大的結果。西漢王朝統治的將近二百年中，基層社會上的宗族力量逐漸強大起來，影響到戰亂時期的流民逃亡。只要是宗族勢力強大的地方，人們都會自然而然地以宗族為依託，組成營堡，結成大小不一的準軍事集團，抵抗其他流民逃亡集團的侵擾和襲擊。

　　在兩漢之際，與存在大量以單個家庭為單位四散逃亡的情況並存的是以宗族為中心形成營堡，遇到侵擾時，人們做短距離的逃亡，依靠營堡求生。

三、東漢末年——以宗族集團的形式逃亡

　　東漢末年，隨著黃巾起義的爆發，中央政權基本失去了對地方的控制，從董卓專權開始出現了大規模的軍閥混戰，社會陷於混亂之中。不斷發生的

軍閥混戰嚴重影響到人民生命財產的安全，為躲避戰爭，很多人走上了逃亡之路。在戰亂頻繁的時代，單個家庭是很難進行遠距離的逃難的，為了在逃亡過程中互相照顧，互相幫助，抵抗各種人為的和自然的災害，形成了大小不等的宗族集團。這是國家統治力衰弱，無法對社會和民眾進行有效整合時出現的鬆散人群集團。這些大小不等的宗族集團屬於逃亡民眾的自發組織，也是這一階段的民眾逃亡不同於以往的特徵。

（一）宗族集團的構成特點

1. 以某一宗族為核心，包括賓客而形成的宗族集團

唐長儒在《東漢末期的大姓名士》〔註253〕中講到東漢末年在社會上出現的一些宗族集團，這類宗族集團見諸史籍記載的很多，「時天下草創，多不奉法。郡主簿劉節，舊族豪俠，賓客千餘家，出為盜賊，入亂吏治……而賓客每不與役」。〔註254〕舊族即長期居於一地，勢力較大的宗族。劉節的宗族成員加上眾多的賓客形成的宗族集團可以拒絕官府的徭役徵發，這對保存宗族集團成員的利益顯然是有極大好處的。「（常）林叔父撾客，為諸生所白，（王）匡怒收治，舉宗慌怖」。〔註255〕常林叔父由於毆打自己的賓客，被別人上告到官府，受到地方官的懲治，顯示出豪強對宗族成員的人身控制權和宗族集團的構成特徵——由賓客和宗族成員形成的宗族集團。文獻記載：

> 和洽，汝南平西人也，……（袁紹時）遂與親舊俱南從表，表以上客待之。〔註256〕

> （王郎）雖流移窮困，朝不謀夕，而收恤親舊，分多割少，行義甚著。〔註257〕

> 楊俊，字季才，河內獲嘉人也……俊以兵亂方起，而河內處四達之衢，必為戰場，乃扶持老弱，詣京密山間，同行者百餘家。俊賑濟貧乏，通共有無。宗族、知故為人所略作奴僕者凡六家，俊皆傾財屬之。〔註258〕

〔註253〕唐長儒《魏晉南北朝史論拾遺》，中華書局，1983年。
〔註254〕《三國志》卷十二《魏書・司馬芝傳》，頁386。
〔註255〕《三國志》卷二十三《魏書・常林傳》，頁658。
〔註256〕《三國志》卷二十三《魏書・常林傳》，頁655。
〔註257〕《三國志》卷十三《魏書・王郎傳》，頁407。
〔註258〕《三國志》卷二十三《魏書・楊俊傳》，頁663。

親者，宗族之人；舊者，賓客之屬。和洽、王郎所在的宗族集團也是由宗族成員加上賓客等故舊人員形成的。

此類宗族集團在和平時期就已經形成，平時在宗族領袖的領導下活動；遇到戰爭，需要逃亡避亂時則集體行動，轉移到安全的地方。

2. 以某一宗族為中心吸納其他宗族而形成的宗族集團

在漢魏之際，名士和高義之士往往成為人們依附和投靠的中心，最著名的首推田疇集團。《三國志·田疇傳》記載：

> 疇得北歸，率舉宗族他附從數百人……遂入徐無山中，營深險平敞地而居，躬耕以養父母。百姓歸之，數年間致五千餘家……疇乃為約束相殺傷、犯盜、爭訟之法，法重者致死，其次抵罪，二十餘條。又制為婚姻嫁娶之禮，興舉學校講授之業，班行其眾，眾皆便之，至道不拾遺。〔註259〕

這一集團後來隨著田疇遷居到鄴，投入曹操集團。這樣的宗族集團形成於戰亂時期，人們為了躲避戰亂，在逃亡途中以宗族為單位逐漸結合起來，成員之間沒有任何關係，為生存計大家聚集在一起，集團內部關係較為鬆散，但在戰爭時期，此類集團數量應該不少，「黃巾起，原將家屬入海，住鬱洲山中，原以黃巾方盛，遂至遼東……原在遼東，一年中歸原居者數百家。」〔註260〕就是一個例子。

軍閥混戰中，百姓常受到賊寇的侵擾，為求自保，結成較大的人群集團是很普遍的。曹操手下的勇將許褚，「聚少年及宗族數千家，共堅壁以禦寇。時汝南葛陂賊萬餘人攻褚壁……賊不敢進。……由是淮、汝、陳、梁間聞皆畏憚之。」〔註261〕這是專門為防禦賊寇而形成的武裝集團，武裝色彩很濃。「林乃避地上黨，耕種山阿……依故河間太守陳延壁。陳、馮二姓，舊族冠冕。張楊利其婦女，貪其資貨。林率其宗族，為之策謀，見圍六十餘日，卒全堡壁。」〔註262〕這是常林宗族和陳馮二姓宗族在戰亂之中為了抵抗賊寇的攻擊而形成的宗族集團，這樣的宗族集團多活動在本地，由某一宗族吸納鄉里邑人而形成，具有極強的地緣性。這種處於自保，帶有極強武裝色彩的宗族集

〔註259〕《三國志》卷十一《魏書·田疇傳》，頁341。
〔註260〕《三國志》卷十一《魏書·邴原傳》，頁350。
〔註261〕《三國志》卷十八《魏書·許褚傳》，頁542。
〔註262〕《三國志》卷二十三《魏書·常林傳》，頁659。

團很容易發展形成家兵、山賊、宗賊一類的武裝組織。史籍所記載的山賊多以家論，可以推知其組成成分和武裝性較強的宗族集團之間的關係。

3. 宗族集團核心人物的特點

要形成宗族集團必須要有一個核心人物，這些核心人物是某一宗族首領的同時還必須具備某些特點。田疇就屬於「高義之士」。劉虞在幽州被公孫瓚殺死後，嚴厲禁止人們祭奠劉虞。《三國志‧田疇傳》記述他不避刑戮，冒著被公孫瓚殺頭的危險，「謁祭虞墓，陳發表章，哭泣而去。」〔註263〕顯示出他不畏權貴的一面。田疇集團在袁紹控制區生存多年，曹軍消滅袁紹集團的最後一支人馬，斬殺袁尚後，曹操下令：「三軍有敢哭者，斬。疇嘗為尚所辟，乃往弔祭。」〔註264〕田疇在這些行為中表現出故吏對舉主的忠誠，以及為追求這種忠誠將生死置之度外的品德，這在當時人們看來是一種高義。在世風日下的時代這種高尚品德對時人還是很有吸引力的，也符合社會輿論的評價標準，因而贏得了流亡民眾的擁護，這是田疇被推為宗族集團領袖的重要原因。

另外如名士邴原，「少與管寧俱以操尚稱，州府辟命皆不就。」後來逃亡到遼東，「原在遼東，一年中往歸原居者數百家，游學之士，教授之聲不絕。」〔註265〕這種修養是一種以儒學為主的道德修養，帶給周圍人的是仁愛、互助、秩序。在鄉里社會失去原有的生活秩序，人民生命財產受到嚴重威脅時，這種品德給人們生活下去的希望，這是人們願意依附於他們的重要原因。天下大亂時，名士許靖率領宗族成員逃亡交州，在整個流亡過程中，許靖的表現也是令人感歎的：

> 孫策東渡江，皆走交州以避其難，靖身坐岸邊，先載附從，疏親悉發，乃從後去。……與群士相隨，每有患急，常先人後己，與九族中外同其飢寒。其紀綱同類，仁恕惻隱，皆有效事。〔註266〕

在生死存亡的緊急關頭許靖的表現是很有吸引力的。

除去高義之士和有德行之人成為宗族集團首領以外，各地勢力強大的豪俠也成為宗族集團的首領。「高密孫氏素豪俠，人客數犯法。民有相劫者，賊入

〔註263〕《三國志》卷十一《魏書‧田疇傳》，頁340。
〔註264〕《三國志》卷十一《魏書‧田疇傳》，頁343。
〔註265〕《三國志》卷十一《魏書‧邴原傳》，頁350。
〔註266〕《三國志》卷三十八《蜀書‧許靖傳》，頁964。

孫氏，吏不能執。……膠東人公沙盧宗強，自爲營塹，不肯應發調。」〔註267〕在軍閥混戰的時期，投靠這些強宗大族可以躲避官府的徭役和兵役徵發及地方政府的不斷騷擾，因而豪俠之人往往成爲宗族集團的核心人物。也有宗族首領因爲孔武善戰，眾人歸附而形成宗族集團。據《三國志‧許褚傳》記載，許褚就是因爲長八尺餘，容貌雄毅，勇力絕人，在東漢末年，以許褚爲中心聚集了好事少年及宗族數千家，形成大規模的武裝軍事集團，抵禦不斷出現的軍閥侵擾。「典從父乾，有雄氣，合賓客數千家在乘氏。」〔註268〕像許褚、李典這些英勇善戰的人在戰亂年代，可以利用他們過人的能力爲宗族集團帶來安全感，故而容易成爲宗族集團的首領。

在兩漢時期的宗族中，族長在一定程度上可以支配全體族人，其權威主要體現在主持對祖先的祭祀、召開族人大會、主持決定族中的重大事件〔註269〕。這種宗族首領的權威在宗族集團中也輻射到其他成員的身上，首領對宗族集團成員可以責打，如《常林傳》所載。賓客受到宗族集團的庇護而免去某些徭役和兵役。自然，宗族成員在人身上要受到某些控制。但地方政府似乎對這樣的控制不予承認，從法權看，賓客與宗族領袖的地位是平等的，常林的叔父就因爲責打賓客而受到政府的干涉。在沒有賓客的宗族集團中，核心人物利用其名士的身份、高義者的人格魅力、豪族大姓的雄厚財力和政治勢力、勇力者的勇猛善戰對宗族成員享有程度不同的約束力，他們的這種約束力來源於其自身而不是國家的強制力，因而在集團的穩定性和對集團成員的控制力度上又受到限制。整個宗族集團在首領的率領下活動，宗族集團成員和核心人物之間的關係基本是平等的，遠未達到統治與被統治的程度。政府對地方社會和民眾的控制力越強，宗族集團核心人物的權威就越弱，反之則越強。

（二）逃亡宗族集團的活動及其影響

1. 逃亡宗族集團的活動

在漢魏之際的軍閥混戰中，戰亂之地的宗族集團大多遷徙外地以躲避戰爭，尋找生存機會。有的遷徙到山中據險自守，如田疇率眾進入徐無山中，楊俊也是進入京密山中躲避戰亂。常林在設法救出叔父後也率領族人「乃避

〔註267〕《三國志》卷十一《魏書‧王修傳》，頁345。
〔註268〕《三國志》卷十八《魏書‧李典傳》，頁533。
〔註269〕張鶴泉《漢代宗族組織試探》中國史研究，1993年第1期。

地上黨，耕種山阿」。〔註270〕也有許多宗族集團長途跋涉遷徙到戰亂較少的比較安定的地方，繼續生存。漢魏之際宗族集團遷入的地方主要是遼東、幽州、荊州、江東、益州、漢中等地方。這種人口大遷徙在王仲犖《魏晉南北朝史》、馬植傑《三國史》等著作中均有專門章節進行敘述。

　　許多宗族集團利用自己人口多的特點，修築營壘、抵禦賊寇的侵擾和軍閥的橫征暴斂。《三國志》記載：

> 初平中，北海孔融招（王修）爲主簿、守高密令。高密孫氏素豪俠，人客數犯法。民有相劫者，賊入孫氏，吏不能執。修將吏民圍之，孫氏據守，吏民畏憚不敢近。修令吏民：敢有不攻者與同罪。孫氏懼，乃出賊……復署功曹。時膠東多賊寇，復令修守膠東令。膠東人公沙盧宗強，自爲營塹，不肯應發調。修獨將數騎徑入其門，斬盧兄弟，公沙氏驚愕莫敢動。修撫慰其眾，由是寇少止。〔註271〕

孫氏和公沙氏能夠依靠宗族集團自己修築營塹，與地方政府相對抗，如果考慮到當時各地軍閥對民眾的殘酷掠奪和無盡的人力徵發，那麼宗族集團的存在對於普通百姓生存的作用就很容易理解了。除了地方軍閥的侵擾，還有賊寇對普通民眾的威脅，如《三國志·常林傳》所載，常林、陳延所在的宗族集團假若沒有陳延的壁壘，是難以抵禦張揚賊寇的進攻和搶劫的。

　　還有宗族集團堅守城池自保的記載。據《三國志·劉曄傳》記載：

> 時（劉）勳兵強於江淮之間。孫策惡之，遣使卑辭厚幣，以書說勳曰：上繚宗民，數欺下國，忿之有年也。擊之，路不便，願因大國伐之。上繚甚實，得之可以富國。請出兵爲外援。勳信之……而曄獨否。勳問其故，對曰：上繚雖小，城堅池深，攻難守易，不可旬日而舉。則兵疲於外，而國內虛。策乘虛而襲我，則後不能獨守。是將軍進屈於敵，退無所歸。若軍必出，禍今至矣。勳不從，興兵伐上繚，策果襲其後。勳窮蹙，遂奔太祖（曹操）。〔註272〕

堅守上繚的「宗民」應該就是宗族集團的武裝，由於城池堅固，宗族集團武裝堅守的小城能夠在兩大軍閥集團之間長期生存，顯示出這一宗族集團武裝力量的強大。宗族集團武裝堅守城池的事例還見於《三國志·楊阜傳》：

〔註270〕《三國志》卷二十三《魏書·常林傳》，頁659。
〔註271〕《三國志》卷十一《魏書·王修傳》，頁345。
〔註272〕《三國志》卷十四《魏書·劉曄傳》，頁444。

> （馬）超率諸戎渠帥以擊隴上郡縣，隴上郡縣皆應之，唯冀城
> 奉州郡以固守……阜率國士大夫及宗族子弟勝兵者千餘人，使從弟岳
> 於城上作偃月營，與超接戰。自正月至八月拒守而救兵不至。〔註273〕

楊阜率領的宗族武裝後來因為刺史、太守的投降而放棄了對冀城的堅守，他
們長期堅守古城的事實顯示了武裝宗族集團堅守城池的能力。

漢魏之際的很多宗族集團都參與了軍閥混戰，《典論・自序》：「名豪大
俠，富室強族，飄揚雲會，萬里相赴……而山東大者連郡國，中者嬰城邑，
小者聚阡陌。以還相吞滅。」〔註274〕許褚、呂虔、李典都是以宗族集團首
領的身份率領宗族集團武裝參加了曹操集團，最後成為著名的軍事將領。許
多大姓名士和地方豪強為了在政治權利的爭奪中分得一杯羹，大都以自己所
在宗族集團的人力物力為資本參與到某一軍事集團，從而參與到社會政治生
活中。

2. 逃亡宗族集團的影響

宗族集團在逃亡過程中不論是結寨自保、遷徙他鄉還是拒守城池、參與
軍閥混戰，由於以集團的形式存在，在一定程度上保護了宗族集團成員的生
命。

> 董卓之亂，（荀彧）棄官歸鄉里。同郡韓融時將宗親千餘家，
> 避亂密西山中。彧謂父老曰：潁川，四戰之地也，天下有變，常為
> 兵衝。密雖小固，不足捍大難，宜亟避之。鄉人多懷土不能去。會
> 冀州牧同郡韓馥遣騎迎之，彧乃獨將宗族從馥。留者後為董卓將李
> 榷所殺略焉。〔註275〕

荀彧所在宗族集團的活動在一定程度上減少了人口遭受軍閥殺戮的機會，保
存了宗族成員的生命。遷徙他鄉者，由於和大量的宗族成員在一起，遷徙途
中的生命和財產可以得到一定程度的保護，在新的居留地也容易開展生產活
動。如大量的宗族集團成員遷入的遼東、益州、幽州、荊州、江東的社會經
濟都有了一定程度的發展。北方地區遭受戰亂侵擾後，如曹丕《典論・自序》
所言：「會黃巾盛於海、岱，山寇暴於并、冀，乘勝轉攻，席卷而南，鄉邑望

〔註273〕《三國志》卷二十五《魏書・楊阜傳》，頁701。
〔註274〕《三國志》卷二《魏書・文帝紀》，頁89。
〔註275〕《後漢書》卷七十《荀彧傳》，頁2281。

煙而奔，城郭睹塵而潰，百姓死亡，暴骨如莽。」〔註276〕社會生產力遭受到
極大的破壞。在戰爭平息後，由於遷徙他鄉的宗族集團保存了大量的人力物
力，使他們有力量遷回故鄉，如《三國志‧衛顗傳》所載遷回關中的人口就
有十餘萬家，見於史傳記載，從遼東、益州、幽州、荊州遷回故土的人口是
很多的。由於大量宗族集團人口的回遷，使北方遭受戰亂破壞的社會經濟能
夠很快恢復起來。

　　大量的宗族集團活動還影響到地方的政治歸屬。軍閥混戰，社會陷於戰
亂之中，單個的家庭或個人已經無法保障生命財產的安全，他們只有投靠某
一大的軍事集團，依靠強大的軍事勢力，才有生存下去的希望。所以在漢魏
之際的軍閥混戰之中，民間社會實際是由一個個統一行動的宗族集團組成
的。他們利用自己的實力影響著地方社會在政治上的歸屬。《三國志‧董昭傳》
記載：

> 袁紹逆公孫瓚於界橋，鉅鹿太守李邵及郡冠蓋，以瓚兵強，皆
> 欲屬瓚。紹聞之，使昭領鉅鹿……時郡右姓孫伉等數十人專爲謀主，
> 驚動吏民……昭案檄告令，皆即斬之，一郡惶恐，乃以次安慰，遂
> 皆平集。〔註277〕

冠蓋、右姓即地方大姓爲首的宗族集團，冠蓋李邵、右姓孫伉等宗族集團在
政治上的取捨影響了鉅鹿地方的政治歸屬。董昭也是在鎮壓了這些強大的地
方宗族勢力之後，才保證了袁紹集團對鉅鹿地區的穩定控制。在一個地方，
普通宗族集團的行動受到大姓宗族的影響，據《三國志‧司馬朗傳》記載：

> 後關東兵起，故冀州刺史李邵家居野王，近山險，欲徙居溫。
> 朗謂邵曰：……且君，國人之望也，今寇未至而先徙，帶山之縣必
> 駭，是搖動民之心而開姦宄之原也。竊爲郡内憂之。邵不從。邊山
> 之民果亂，内徙，或爲寇抄。〔註278〕

大的宗族集團因爲人多勢眾，社會地位高，信息來源廣，他們在戰亂時期的
行動容易爲其他宗族集團所仿傚，影響到地方宗族集團對自己行動取向的判
斷。徐州名士、廣陵太守陳登，父爲沛相，諸弟任職州郡，是徐州最有實力
的宗族集團首領，他在勸劉備接任徐州牧時說：「今漢室陵遲，海內傾覆，立

〔註276〕《三國志》卷二《魏書‧文帝紀》，頁89。
〔註277〕《三國志》卷十四《魏書‧董昭傳》，頁436。
〔註278〕《三國志》卷十五《魏書‧司馬朗傳》，頁465。

功立事，在於今日。彼州殷富，戶口百萬，欲屈使君撫臨州事。」〔註279〕儼然以徐州主人翁自居，陳登父子聯手拆散了呂布與袁術的聯盟，又幫助曹軍擊敗呂布，使徐州最終歸屬於曹操，顯示出大姓宗族集團在地方政治歸屬上的巨大影響。

三次戰亂時期民眾逃亡的不同特點，顯示了秦漢時期民間社會宗族勢力由弱到強，最終控制了基層社會的發展軌迹。也給不同時期的流民逃亡帶來不同的影響，反映出不同時期流民逃亡的不同特點。大規模宗族集團的出現和活動特點，也爲我們理解魏晉時期地方社會的變遷提供了線索。

第六節　逃亡犯罪人員的活動

任何人都不可能永遠逃亡，他們在逃出政府的控制或者逃脱了追捕之後，如何生存，逃亡後的活動會對社會造成什麼影響，這些問題也是需要我們加以探討和關注的。從秦漢逃亡犯罪的具體材料來看，一般的逃亡者在逃脱了政府的追捕，沒有得到大赦免罪以前，大部分會隱匿民間，依託於親戚、朋友、權貴、豪家、地方諸侯勢力，求得繼續生存的機會；也有人在逃亡之後，爲了生存而走上偷竊、搶劫、結夥爲盜的道路。

一、隱匿民間求生

各種各樣的人員在逃亡後，爲了生存，最容易投靠的就是異地的親戚朋友，得到朋友的幫助，可以很容易地生活下去；在西漢初年，很多人逃入諸侯王國轄區，得到諸侯王勢力的庇護，也可以生存下去；遠離統治中心的「南走胡，北走越」和逃亡到遠離行政中心的三不管地區也容易擺脱追捕。秦漢時期，逃亡者的亡命生涯是充滿艱辛的。

（一）隱匿民間求生

劉邦的岳父就曾經是一個亡命者，「單父人呂公，善沛令，辟仇，從之客，因家焉。」〔註280〕師古曰：「與沛令相善，因辟仇亡匿，初就爲客，後遂家沛也。」呂公爲了躲避仇人報復要舉家亡命，大概呂公所爲絶非等閒，或者是殺人之類的大仇。呂公逃亡之後投靠朋友求生，而且定居到逃亡地。

〔註279〕《三國志》卷三十二《蜀書‧先主傳》，頁 873。
〔註280〕《漢書》卷一《高帝紀》，頁 3。

項梁殺人犯罪後逃亡他鄉，「梁嘗殺人，與籍避仇吳中。吳中賢士大夫皆出梁下。每有大徭役及喪，梁常主辦，陰以兵法部勒賓客子弟，以知其能。」〔註281〕不但逃脫了政府的追捕，而且成為當地有影響力的人物。在秦朝末年，逃亡者只要擺脫了朝廷的追捕，似乎很容易在民間生存下去，一般的地方官也不太追究這些外來人的來歷。

魏國滅亡後，張耳、陳餘一起逃亡，也是隱匿在社會下層，做里監門求生。張蒼在秦朝擔任柱下御史，後來因為犯罪而「亡歸」，就是逃回故鄉，躲避追捕。

秦滅六國後，張良為報家國之仇，找到一位大力士，乘秦始皇東遊的機會，在博狼沙地方襲擊秦皇帝，結果誤中副車，張良受到政府通緝抓捕後，也是隱匿民間，尋找機會反秦。

項梁、項羽、張耳、陳餘、張蒼、張良這些受到政府追捕的逃亡者，隱匿民間社會，躲過了朝廷的追捕，還取得了鄉里社會的信任。這些身負家國血仇的逃亡犯罪者成為社會統治秩序的嚴重隱患，一旦遇到天下大亂的機會，這些逃亡者立刻起兵叛亂，成為推翻秦政府的主要力量。

在政權穩定的時候，逃亡者無法進行反政府活動時，大多隱匿民間，等候大赦機會，獲得赦免，重新過正常人的生活。「季心嘗殺人，亡吳，從爰絲（爰盎子）匿，長事爰絲，弟畜灌夫、籍福之屬。」〔註282〕季心殺人亡命後，投靠地方豪強，躲過了朝廷的追捕。後來可能是遇到大赦，還作了中司馬。

亡命者在逃亡過程中得不到大赦的話，就得時刻注意被追捕，「安成孝侯賜字子琴，光武族兄也。祖父利，蒼梧太守。賜少孤。兄顯報怨殺人，吏捕顯殺之。賜與顯子信賣田宅，財產，結客報吏，皆亡命逃伏，遭赦歸。」〔註283〕所謂「亡命逃伏」形象地刻畫出了亡命者的生活狀態。

有的人在逃亡期間沒有遇到大赦，或者所犯罪行不在大赦之列，一旦被發覺，就會重新入獄，受到處罰。公孫敖「復以因杅將軍再出擊匈奴，至余吾，亡士多，下吏，當斬，詐死，亡居民間五六歲。後覺，復繫。坐妻為巫蠱，族。」〔註284〕公孫敖逃亡隱匿民間時大概沒有等到大赦，被發現後抓進

〔註281〕《漢書》卷三十一《項籍傳》，頁1796。
〔註282〕《漢書》卷三十七《季布、欒布列傳》，頁1979。
〔註283〕《後漢書》卷十四《宗室四王三侯傳》，頁564。
〔註284〕《漢書》卷五十五《衛青霍去病傳》，頁2491。

了監獄。《張敞傳》記載：

> （張敞論殺絮舜）會立春，行冤獄使者出，舜家載屍，並編敞
> 教，自言使者。使者奏敞賊殺不辜。天子薄其罪，欲令敞得自便利，
> 即先下敞前坐楊惲不宜處位奏，免爲庶人。敞免奏既下，詣闕上印
> 綬，便從闕下亡命。數月，京兆吏民解馳，枹鼓數起，而冀州部中
> 有大賊。天子思敞功效，使使者即家在所招敞。敞身被重劾，即使
> 者至，妻子室家皆泣惶懼，而敞獨笑曰：「吾身亡命爲民，郡吏當就
> 捕，今使者來，此天子欲用我也。……天子引見敞，拜爲冀州刺史。
> 敞起亡命，复奉使州典。〔註285〕

張敞犯罪後攜帶家人亡命回鄉，繼續過著正常人的生活，也許他投靠了親友，
或者別的什麼人。張敞在逃亡期間也沒有遇到大赦，所以家人在聽到有使者
到來時才會驚慌失措。從這段記載也可以發現，州郡官吏有追捕逃亡者的責
任，亡命他鄉的人員隨時都有受到追捕的危險。

秦漢時期的逃亡者還有逃入城市求生的。「益州、昆明反，赦京師亡命令
從軍，遣拔胡將軍郭昌將以擊之。」〔註286〕武帝時期有過數次徵發亡命者從
軍的記載，這些亡命者應該都是逃亡後隱匿城市求生者。成帝時期這些亡命
京師的逃亡者嚴重危害到京師地區的社會治安，可見逃亡者絕非少數。

《漢書・王莽傳下》記載，王莽時，中黃門王業賤取於民，民患之，莽
聞城中飢饉，問業，回答說「皆流民也。」城市之中求生相對容易，這是災
民逃亡城市的基本原因。《潛夫論・浮侈》：「資末業者甚於農夫，虛僞游手，
甚於末業。」這些虛僞游手之中恐怕也不乏逃亡進入城市的人員。這些逃亡
城市的亡命者，對城市社會治安造成嚴重威脅，歷來京師難治就與此有一定
關係。

普通的罪犯在逃亡之後也會隱匿民間，或者投靠親友、或者依託豪強權
貴、或者流動在城市閭里。這些逃亡者在亡命途中也不免作姦犯科，但其行
爲與那些對國家政權抱有深仇大恨的逃亡者不同，他們在生活一段時間，得
到朝廷大赦或等到社會安定之後，一般都會重新回到故里，繼續他們原來的
生活。

〔註285〕《漢書》卷七十六《張敞傳》，頁 3223～3224。
〔註286〕《漢書》卷六《武帝紀》，頁 198。

（二）逃入諸侯王轄區求生

在西漢初期，由於諸侯王勢力相對強大，加上他們與西漢王朝政治、經濟利益上的衝突，諸侯王國地區成為逃亡人員集中的地方。

景帝時期，吳王劉濞聯合諸侯國反叛時，手下有一位從下邳逃亡而來的周丘，從他為吳王劉濞謀劃的進攻策略來看，周丘是一個很有政治眼光和軍事才能的人，此類人才的逃亡，影響到西漢政府與諸侯王勢力間的關係。

諸侯王國利用轄區內的自然資源，以優惠條件大肆招徠逃亡者，如吳王劉濞「歲時存問茂材，賞賜閭里。它郡國吏欲來捕亡人者，頌共禁不與。如此者三十餘年，以故能使其眾。」〔註287〕逃亡者得到諸侯王國的政治庇護，免受追捕，還能得到一些賞賜，亡命者願意到諸侯王國去就很容易理解了。「會孝惠、高后時天下初定，郡國諸侯各務自拊循其民。吳有豫章郡銅山，即招致天下亡命者盜鑄錢，東煮海水為鹽，以故無賦，國用饒足。……而吳王濞背德反義，誘受天下亡命罪人，亂天下幣，稱疾不朝二十餘年。」〔註288〕顯然，當時這麼做的恐怕不止吳王一人：

> （淮南厲王劉長）廢先帝法，……及所置吏，以其郎中春為丞相，收聚漢諸侯人及有罪亡者，匿與居，為治家室，賜與財物爵祿田宅，爵或至關內侯，奉以二千石所當得。〔註289〕如淳曰：「賜亡畔來者，如賜其國二千石也。」臣瓚曰：「奉畔者以二千石之秩祿也。」

淮南厲王的做法就更有吸引力了，他為逃亡而來的人員提供居住地、生活資料，甚至讓他們做官、賜爵，有的逃亡者得到的爵位高到關內侯。在西漢初期，對於逃亡民間隱匿求生的亡命者來說，諸侯王轄區是最好的去處。

隨著西漢中央政權的穩固，開始打擊收留亡命者的諸侯王、列侯。有的列侯因為雇傭逃亡者受到處罰，「元鼎五年，（胡孰頃侯）聖嗣，坐知人脫亡名數，以為保，殺人，免。」〔註290〕師古曰：「脫亡名數，謂不占戶籍也。以此人為庸保，而又別殺人也。」劉聖明知對方是逃犯，還私自雇傭，受到免侯的懲處，這與武帝時期大力打擊諸侯王、列侯勢力的政策是一貫的。

有的因為藏匿亡命者受到打擊。「陸元侯（劉）延壽嗣，五鳳三年，坐知

〔註287〕《漢書》卷三十五《吳王劉濞傳》，頁1905。
〔註288〕《漢書》卷三十五《吳王劉濞傳》，頁1904、1915。
〔註289〕《漢書》卷四十四《淮南厲王傳》，頁2141。
〔註290〕《漢書》卷十五上《王子侯表》，頁437。

女妹夫亡命笞二百，首匿罪，免。」〔註291〕師古曰：「妹夫亡命，又有笞罪，而藏匿之，坐免也。」懲罰還是比較嚴厲的。

諸侯王國對於從漢朝轄區逃亡而來的亡命者，一般都會給以庇護，利用這些逃亡者開採金礦，鑄造錢幣，有能力者還委以重任，施以厚賞。劉濞能夠拒絕漢王朝官吏到吳國封地來追捕亡命者，大概其他諸侯國也會這樣做，其結果，大大鼓勵了人們向諸侯王地區的逃亡。諸侯王國地區成爲逃亡者安身立命的家園，在那裡逃亡者不但不用擔心朝廷的追捕，還可以得到很多生存的機會，有的還可以做官。許多人爲諸侯王國對抗漢王朝出謀劃策，對西漢初期的政局產生了不同的影響。這種現象隨著諸侯王勢力的衰落，以後就很少見到了。

（三）逃入邊遠地區求生

對於逃亡者而言，國家統治最薄弱的地方往往是最安全的地方，於是「北走胡，難走越」，逃亡到邊遠地區，成爲很多亡命者的選擇。

> 吳漢字子顏，南陽宛人也。家貧，給事縣爲亭長。王莽末，以賓客犯法，乃亡命至漁陽。資用乏，以販馬自業，往來燕、薊間，所至皆交結豪傑。〔註292〕

> （馬援）後爲郡督郵，送囚至司命府，因有重罪，援哀而縱之，遂亡命北地。遇赦，因留牧畜，賓客多歸附者，遂役屬數百家。〔註293〕

漁陽、北地與匈奴接境，社會控制不如中原地區嚴密，亡命於此，求生要容易得多。吳漢、馬援在亡命途中因地制宜，獲得了巨大的社會資源，成爲以後登上政治舞臺的資本。

南走越主要是逃亡到江南，這些地區地廣人稀，政府統治力相對薄弱，逃亡者也容易求生，前引不滿王莽統治的胡廣六世祖胡剛就「亡命交阯，隱於屠肆之間。後莽敗，乃歸鄉里。父貢，交阯都尉。」〔註294〕不但躲過了朝廷的迫害，而且定居於逃亡地，子孫繁衍，成爲地方大族，進入州郡政府，作了太守屬吏。

〔註291〕《漢書》卷十五上《王子侯表》，頁474。
〔註292〕《後漢書》卷十八《吳漢傳》，頁675。
〔註293〕《後漢書》卷二十四《馬援傳》，頁828。
〔註294〕《後漢書》卷四十四《胡廣傳》，頁1504。

　　　　邕拂衣而去。智銜之，密告邕怨於囚放，謗訕朝廷。内寵惡之。

　　　　邕慮卒不免，乃亡命江海，遠迹吳會。往來依太山羊氏，積十二年，

　　　　在吳。〔註295〕

馬援、吳漢是北走胡，胡剛、蔡邕是南走越，他們逃亡到邊遠地區，隱匿民間求生。這些逃亡胡越之地的逃亡者，因其有較高的文化修養和政治素質，往往會對亡命之處的社會政治、文化、經濟帶來不同的影響。

　　漢代大部分時間容許民間開採礦產，民間工商業者往往招徠亡命者，從事這一產業，所以礦產開采地也是逃亡犯罪者彙聚的地方。「又耒陽縣出鐵石，它郡民庶常依因聚會，私爲冶鑄，遂招來亡命，多至姦盜。」〔註296〕耒陽縣在桂陽郡，地既偏僻，又在深山之中，躲避官府追捕容易，求生也不難，成爲逃亡者的理想去處。

　　有的人在逃亡他鄉後，還可以繼續讀書。「魏朗字少英，……少爲縣吏。兄爲鄉人所殺，朗白日操刃報仇於縣中，遂亡命到陳國。從博士仲信學《春秋圖緯》，又詣太學受《五經》，京師長者李膺之徒爭從之。」〔註297〕魏朗亡命陳國後應該也是隱匿求生，遇到大赦的機會就可以不必再逃亡，還可以求經問道，成爲學問家，這樣的事例大概沒有什麼普遍性。

（四）充滿艱辛的逃亡生涯

　　逃亡者雖然容易求生，但逃亡的過程依然是十分痛苦的，尤其是受到朝廷詔書追捕的逃亡者，就更加痛苦了。

　　　　（寇）榮少知名，桓帝時爲侍中。性矜潔自貴，於人少所與，

　　　　以此見害於權寵。而從兄子尚帝妹益陽長公主，帝又聘其從孫女於

　　　　後宮，左右益惡之。延熹中，遂陷以罪辟，與宗族免歸故郡。吏承

　　　　望風旨，持之浸急，榮恐不免，奔闕自訟。未至，刺史張敬追劾榮

　　　　以擅去邊，有詔捕之。榮逃竄數年，會赦令，不得除，積窮困，乃

　　　　自亡命中上書曰：……司隸校尉馮羨佞邪承旨，廢於王命，驅逐臣

　　　　等，不得旋踵，臣奔走還郡，沒齒無怨。臣誠恐卒爲豺狼橫見噬食，

　　　　故冒死欲詣闕，披肝膽，布腹心。……刺史張敬好爲諂諛，張設機

　　　　網，……欲使嚴朝必加濫罰。是以不敢觸突天威，而自竄山林，……

〔註295〕《後漢書》卷六十《蔡邕傳》，頁 2003。
〔註296〕《後漢書》卷七十六《衛颯傳》，頁 2459。
〔註297〕《後漢書》卷六十七《黨錮・魏朗傳》，頁 2200。

（朝廷）遂馳使郵驛，布告遠近，嚴文剋剝，痛於霜雪，張羅海內，設置萬里，逐臣者窮人迹，追臣者急車軌，雖楚購武員，漢求季布，無以過也。……止則見掃滅，行則爲亡虜，苟生則爲窮人，極死則爲冤鬼。〔註298〕

逃亡者遇到朝廷的全力追捕時，只能逃竄於山林之間，荒無人迹之處，時時有受到野獸攻擊的危險，逃竄市井，又有被抓獲的可能。受到朝廷通緝追捕的逃犯，求生是很困難的，寇榮就是在窮極無聊的時候才上書皇帝，希望能有免罪的可能，結果還是被處死。這一事件顯示出逃亡者的痛苦，以及他們求生的不易。

趙岐逃亡過程也十分艱辛，據《後漢書・趙岐列傳》記載：

延熹元年，（唐）玹爲京兆尹，岐懼禍及，乃與從子戩逃避之。玹果收岐家屬宗親，陷以重法，盡殺之。岐遂逃難四方，江、淮、海、岱，靡所不歷。自匿姓名，賣餅北海市中。時安丘孫嵩年二十餘，遊市見岐，察非常人，停車呼與共載。岐懼失色，嵩乃下帷，令騎屏行人。……岐素聞嵩名，即以實告之，遂以俱歸。……藏岐複壁中數年，岐作《厄屯歌》二十三章。〔註299〕

趙岐逃亡後隱匿民間求生的過程最具典型性，先是隱匿市中，賣傭爲生，時刻擔心被官府抓獲。後來得到地方勢力的庇護，但也過的是不見天日的生活。想來類似情形應該是逃亡者的普遍現象。

黨錮之禍中眾多的黨人爲了逃避當權者的鎮壓，紛紛逃亡各地，隱匿民間求生。這些讀書人在逃亡過程中也是歷盡艱險，飽嘗辛酸。《後漢書》記載：

及儉等亡命，經歷之處，皆被收考，辭所連引，布遍天下。馥乃頓足而歎曰：「孽自己作，空污良善，一人逃死，禍及萬家，何以生爲。」乃自翦鬚變形，入林慮山中。隱匿姓名，爲冶家傭。親突煙炭，形貌毀瘁，積二三年，人無知者。〔註300〕

岑晊與（陳）牧……亡匿齊魯之間。會赦出。……及李、杜之誅，因復逃竄，終於江夏山中云。〔註301〕

〔註298〕 《後漢書》卷十六《寇恂傳》，頁 627～629。
〔註299〕 《後漢書》卷六十四《趙岐列傳》，頁 2122。
〔註300〕 《後漢書》卷六十七《夏馥傳》，頁 2202。
〔註301〕 《後漢書》卷六十七《黨錮・岑晊傳》，頁 2212。

夏馥、岑晊等人都是隱姓埋名，逃入深山之中躲避追捕。這些手無縛雞之力
的知識分子，爲了生存，只能爲人幫傭，靠出賣體力取得生存資料，在艱難
困苦之中等待朝廷赦免，有的人等不到這一天，只能死於深山之中，化作一
縷冤魂。也有人利用各種機會，大力營救這些逃亡黨人，《後漢書・何顒列傳》
記載：

> （何顒）及陳蕃、李膺之敗，顒以與蕃、膺善，遂爲宦官所陷，
> 乃變姓名，亡匿汝南間。所至皆親其豪傑，有聲荊豫之域。袁紹慕
> 之，私與往來，結爲奔走之友。是時黨事起，天下多離其難，顒常
> 私入洛陽，從紹計議。其窮困閉戹者，爲求援救，以濟其患。有被
> 掩捕者，則廣設權計，使得逃隱，全免者甚眾。〔註302〕

何顒逃亡的情形與張儉相似，他們投靠地方上的有勢力者以尋求庇護，躲避
追捕。當然，地方豪族勢力願意接納這些名滿天下的逃亡者，與激揚名聲，
爲自己積累政治資本，贏得鄉人尊重有關。地方豪族之中也不乏與朝廷立場
相同，拒不接納逃亡者的人物，「先是岑晊以黨事逃亡，親友多匿焉，彪獨閉
門不納，時人望之。彪曰：……『公孝以要君致釁，自遺其咎，吾以不能奮
戈相待，反可容隱之乎？』於是咸服其裁正。」〔註303〕賈彪所爲，實際是在
明哲保身，不願意冒險援助而已，還要爲自己的行爲找到很多根據，眞是虛
僞到極點。

　　秦漢時期的亡命者，如果犯的不是危及國家政權的大罪，都容易脫逃，
尤其是逃到邊遠地區或者「三不管地區」，就能擺脫追捕。秦朝時期因爲沒有
大赦可以免罪，逃亡者大多定居他鄉。漢代經常實行大赦，很多逃亡他鄉的
人員遇到赦免，可以返回原籍重新過正常人的生活。如果是政治犯罪，受到
政府的全力追捕時，情況就不容樂觀，有的被抓獲治罪，有的只能一直逃亡，
難以定居下來。不過在西漢初期，諸侯王勢力比較強大的時候，任何逃亡者
只要亡入諸侯王轄區，就會得到庇護，爲諸侯王國效勞。不過，這種情況隨
著諸侯王勢力的削弱，中央集權統治擴張到全國而漸漸消失了。

二、進入山林川澤爲盜

　　中國地形複雜，各地山林川澤廣布，爲逃亡者隱匿提供了條件；數郡結

〔註302〕《後漢書》卷六十七《黨錮・何顒傳》，頁2217。
〔註303〕《後漢書》卷六十七《黨錮・賈彪傳》，頁2216。

合處的三不管地區，也容易成為逃亡者的藏身之處。「頻陽縣北當上郡、西河，為數郡湊，多盜賊。」〔註304〕這些地方政府官員不會過多關注，要鎮壓，就要花費很大精力。「是時徐兗二州盜賊群輩，高密在二州之郊，（第五）種乃大儲糧蓄，勤勵吏士，賊聞皆憚之，枹鼓不鳴，流民歸者，歲中至數千家。」〔註305〕這些山澤、隙地不僅經濟落後，國家政權對這些地方的控制也十分薄弱，逃亡者容易選擇這些地方生存。

逃亡人員在在逃入山林川澤之後，如果長期不能得到赦免，回鄉定居時，眾多的逃亡者為了生計，常常會形成集團，成為「盜」或者「群盜」。尋找機會，搶劫財物，或者乾脆舉旗造反，成為政府頭疼的集團力量。

（一）秦朝逃亡者為盜

《睡虎地秦墓竹簡》中記載了很多盜和群盜的事件，大多都是逃亡在外的人員結夥盜竊，遇到抵抗時便形成搶奪性質的強盜。《法律答問》中有夫妻子五人、十人共盜的記載，我們雖然看不出是在逃亡後偷盜還是偷盜後逃亡，但從實際情況推測，應該是全家在逃亡過程中的偷盜行為，假使他們是正常居住狀態下偷盜的話，實在不可能一家人全部出動去偷盜，然後一起逃亡。這應該是逃亡中的幾個家庭成員聯合起來進行的一次偷盜活動。

《睡虎地秦墓竹簡‧封診式》中還有「群盜」的記載，這是一群由逃亡者形成的流動搶劫的強盜團夥。這些逃亡者流動在山林川澤，尋找機會武裝搶劫，獲取錢財，在集團強大到一定程度時，便會直接威脅到國家政權對地方的統治。一旦遇到社會動亂，這些流動性的強盜團夥便會乘機而起，成為對抗政府的武裝集團。漢武帝時期的大臣嚴助談到秦朝末年的情況時說：「當此之時，外內騷動，百姓靡敝，行者不還，往者莫反，皆不聊生，亡逃相從，群為盜賊，於是山東之難始興。」〔註306〕嚴助指出的正是秦朝末年的情況。

《漢書‧項籍傳》記載，項梁在策劃起兵時說到：「吳有奇士桓楚，亡在澤中，人莫知其處，獨籍知之。」〔註307〕項梁所言的桓楚集團，也是逃亡者聚集川澤之中形成的反抗政府的武裝集團。與桓楚集團的情況相似，劉邦集團最初就是由這些逃亡刑徒組成。秦朝末年，眾多的逃亡者得不到赦免，同時又受到政府的追捕，為了自保，為了生存，這些逃亡者開始為盜，侵擾地

〔註304〕《漢書》卷八十三《薛宣傳》，頁 3389。
〔註305〕《後漢書》卷四十一《第五種傳》，頁 1403。
〔註306〕《漢書》卷六十四《嚴助傳》，頁 2784。
〔註307〕《漢書》卷三十一《項籍傳》，頁 1796。

方，得到合適的機會時，則會投入到反政府的浪潮之中。

　　大量逃亡者居於山林川澤，初以求食爲目的，乃不期而會，人數衆多後則聚衆爲盜賊，爲了獲取食物不得不四處搶劫，遇到官府鎮壓時則起而反抗。規模大一些的甚至結營以自固，公開對抗政府，這是秦漢時期逃亡者常見的活動。典型者如：

　　　　彭越字仲，昌邑人也。常漁鉅野澤中。爲盜。陳勝起，或謂越曰：「豪桀相立畔秦，仲可傚之。」越曰：「兩龍方鬥，且待之。」〔註308〕

　　　　黥布以論輸驪山，驪山之徒數十萬人，布皆與其徒長豪桀交通，乃率其曹耦，亡之江中爲群盜。〔註309〕

沼澤、山林地區遠離縣城、郡治等政治、軍事中心，統治力量薄弱，不易受到官府的追擊。另外，山林、川澤地區可供食用的東西較多，犯罪逃亡者求生相對比較容易。這是秦漢時期犯罪逃亡者亡逃山林川澤的根本原因。董仲舒認爲，秦朝末年，「重以貪暴之吏，刑戮妄加，民愁亡聊，亡逃山林，轉爲盜賊，赭衣半道，斷獄歲以千萬數。」〔註310〕由於賦斂沉重，加上刑法嚴酷，使各種社會矛盾空前激化，各種逃亡者形成強盜集團的機會也大大增加。逃亡者形成強盜集團的機會與社會矛盾的激化與否成比例，秦朝末年是秦漢時期逃亡者爲盜並形成大規模武裝集團的第一個時期。這些武裝集團對推翻秦王朝的統治起了重要作用。

（二）西漢逃亡者為盜

　　另一個逃亡者大量增加，並且最後形成了武裝集團的是在漢武帝後期，當時由於對外戰爭，大量徵發民衆服兵役，再加上沉重的徭役、賦稅，使社會矛盾空前激化，加上關東地區黃河決堤等自然災害的影響，出現了大規模的災民逃亡浪潮。在嚴酷的刑法鎮壓之下，民衆搖手觸禁，犯罪人數激增，亡命者也就孕育其中。難以生存的逃亡者逐漸形成了大規模的武裝集團。這些大規模的逃亡者形成的武裝集團的活動一直持續到昭帝和宣帝時期。嚴助說：

　　　　男子不得耕稼樹種，婦人不得紡績織紉，丁壯從軍，老弱轉餉，

〔註308〕《漢書》卷三十四《彭越傳》，頁1878。
〔註309〕《漢書》卷三十四《黥布傳》，頁1881。
〔註310〕《漢書》卷二十四《食貨志》，頁1137。

> 居者無食，行者無糧。民苦兵事，亡逃者必眾，隨而誅之，不可勝
> 盡，盜賊必起。臣聞長老言：秦之時嘗使尉屠睢擊越，又使監祿鑿
> 渠通道。越人逃入山林，不可得攻。……當此之時，外內騷動，百
> 姓靡敝，行者不還，往者莫反，皆不聊生，亡逃相隨，群為盜賊，
> 於是山東之難始興。〔註311〕

嚴助的上書中清楚地解釋了兵役和徭役與逃亡者以及逃亡者與賊盜集團之間
的關係，秦朝末年和漢武帝時期大規模的盜賊集團出現的原因也在於此。

> 是時郡守尉諸侯相二千石欲為治者，大抵盡效王溫舒等，而吏
> 民益輕犯法，盜賊滋起。南陽有梅免、百政，楚有段中、杜少，齊
> 有徐勃，燕趙之間有堅盧、范主之屬。大群至數千人，擅自號，攻
> 城邑，取庫兵，釋死罪，縛辱郡守都尉，殺二千石，為檄告縣趣具
> 食。小群以百數，掠鹵鄉里者不可稱數。於是上始使御史中丞、丞
> 相長史使督之，猶弗能禁，乃使光祿大夫范昆、諸部都尉及故九卿
> 張德等衣繡衣持節，虎符發兵以興擊，斬首大部或至萬餘級。及以
> 法誅通行飲食，坐相連郡，甚者數千人。數歲，乃頗得其渠率。散
> 卒失亡，復聚黨阻山川。往往而群，無可奈何。於是作沈命法，曰：
> 「群盜起不發覺，發覺而弗捕滿品者，二千石以下至小吏主者皆死。」
> 其後小吏畏誅，雖有盜弗敢發，恐不能得，坐課累府，府亦使不言。
> 故盜賊浸多。〔註312〕

這些所謂的盜賊，十有八九都是逃亡者。武帝時期，外事四夷，開疆擴土，
長期的對外戰爭消耗了大量的物資金錢，為了支持戰爭，不得不加重對百姓
的賦斂徵收，政府對民間財富的吸取能力達到空前的程度，為了實現財政的
增收，又派遣大量酷吏，鎮壓地方社會勢力，使社會矛盾空前激化。飽受酷
吏、豪強雙重欺凌的小民在無法生存下去的時候，只好亡命他鄉，形成所謂
的盜賊集團，開始公開活動，對抗官府。《後漢書・天文志》記載：「（永始三
年）十二月，庚子，山陽鐵官亡徒蘇令等殺傷吏民，篡出囚徒，取庫兵，聚
黨數百人為大賊，逾年經歷郡國四十餘。」〔註313〕

這是清楚記載的由逃亡者形成的武裝集團公開反對政府的事例，武帝後

〔註311〕《漢書》卷六十四《嚴助傳》，頁 2783～2784。
〔註312〕《漢書》卷九十《酷吏咸宣傳》，頁 3662～3663。
〔註313〕《漢書》卷二十六《天文志》，頁 1311。

期形成的盜賊集團經過長期的安撫，直到宣帝時期才逐漸消退下去。

　　秦漢時期犯罪逃亡者亡入京城求生的也比較多，漢武帝時期就有徵發長安城中的亡命者服兵役的命令，「惡少年」有時也逃入京城形成盜賊集團，繼續殺人犯案，成帝時期最爲典型。不過，京城之中防守嚴密，要躲避官府的追捕畢竟不容易，所以亡入京師的犯罪逃亡者不會太多，京師不會是犯罪逃亡盜賊集團求生的首選之地。

（三）兩漢之際逃亡者為盜

　　王莽時期是逃亡者大規模爲盜的又一時期。這次犯罪逃亡浪潮從西漢末年就初露端倪，在各種因素影響下，犯罪逃亡的涓涓細流終於匯成了滔滔江河，最終沖毀了新莽政權。鮑宣說：

　　　　請寄爲姦，群小日進。國家空虛，用度不足。民流亡，去城郭，

　　盜賊並起，吏爲殘賊，歲增於前。〔註314〕

在鮑宣看來，西漢末年民眾流亡與盜賊集團的形成幾乎是同步的。

　　「王莽初，發句驪兵以伐匈奴，其人不欲行，強迫遣之，皆亡出塞爲寇盜。」〔註315〕戰爭也是導致民眾逃亡爲盜的原因之一。

　　西漢末年反對王莽政權的武裝集團中，有一支由呂母率領的海上武裝，呂母在兒子被殺後，散盡家財，招納亡命，「其中勇士自號猛虎，遂相聚得數十百人，因與呂母入海中，招合亡命，眾至數千。呂母自稱將軍，引兵還攻破海曲，執縣宰。……遂斬之，以其首祭子冢，復還海中。」〔註316〕形成了由犯罪亡命者組成的武裝集團。近海之人會嘯聚海上，躲避官軍鎮壓，更多的由逃亡者組成的盜武裝集團是聚集在統治力薄弱的山林江湖之中，「王莽初，五威司命陳崇舉霸德行，遷隨宰（王莽置五威司命將軍，又改縣令長曰宰）。縣界曠遠，濱帶江湖，而亡命者多爲寇盜。」〔註317〕縣界曠遠，則活動餘地大，可供逃亡的地方多；濱帶江湖，容易取得生存資料。新莽時期許多由逃亡者爲主的武裝集團都出現在類似的地方。

　　　　王常字顏卿，潁川舞陽人也。王莽末，爲弟報仇，亡命江夏。

　　久之，與王鳳、王匡等起兵雲杜綠林中，聚眾數萬人，以常爲偏裨，

〔註314〕《漢書》卷七十二《鮑宣傳》，頁3087。
〔註315〕《後漢書》卷八十五《東夷列傳》，頁2814。
〔註316〕《後漢書》卷十一《劉盆子傳》，頁477。
〔註317〕《後漢書》卷二十六《侯霸傳》，頁901。

攻傍縣。後與成丹、張卬別入南郡藍口，號下江兵。〔註318〕

　　王莽末，南方飢饉，人庶群入野澤，掘鳧茈而食之，更相侵奪。
新市人王匡、王鳳爲平理諍訟，遂推爲渠帥，眾數百人。於是諸亡
命馬武、王常、成丹等往從之。共攻離鄉聚，臧於綠林中，數月間
至七八千人。〔註319〕

這是兩漢之際流民逃亡後爲盜的零星記載，從中可見一斑。這些逃亡武裝集
團推翻了王莽政權，經過十多年的混戰，最後被劉秀一一消滅。零星的逃亡
武裝在東漢光武帝、明帝、章帝連年招撫之下，逐漸平息。

（四）東漢時期逃亡者為盜

　　隨著東漢政治的逐漸敗壞，到了後期，又開始出現大規模的逃亡案件，
逃亡者形成的盜賊集團又開始活動在社會各地。《後漢書》記載：

　　後潁川盜賊群起，（建武九年）徵拜潁川太守，……招懷山賊
陽夏趙宏、襄城召吳等數百人，皆束手詣伋降，悉遣歸附農。〔註320〕

當時天下初定，逃亡者結爲盜賊這所在皆有，經過漢光武帝、明帝兩朝不斷
的努力，大規模的逃亡盜賊集團才逐漸平息下去。順帝以後，盜賊活動再起：

　　陽嘉元年二月，海賊曾旌等寇會稽，殺章句、鄞、鄮三縣長，
攻會稽東部都尉。」〔註321〕

　　《後漢書·袁紹傳》注：《九州春秋》曰：（張）燕本刑褚，黃
巾賊起，燕聚少年爲群盜，博陵張牛角亦起與燕合。……其後人眾
浸廣，常山、趙郡、中山、上黨、河內諸山谷皆相通，號曰黑山也。
〔註322〕

東漢後期逃亡民眾爲盜的原因複雜，規模很大，影響也很深遠，在這些武裝
集團持續不斷的衝擊下，終於導致了整個王朝統治的崩潰。

　　不管因爲什麼原因，一旦逃亡，要麼隱匿民間，投靠親友求生，或者爲
人作傭、做工求生，這些逃亡者對社會的危害程度相對要輕一些；另外一些
逃亡者爲了生存，會流動搶劫，或者結夥爲盜，這些人對社會的危害程度就

〔註318〕《後漢書》卷十五《王常傳》，頁 578。
〔註319〕《後漢書》卷十一《劉玄傳》，頁 467。
〔註320〕《後漢書》卷三十一《郭伋傳》，頁 1092。
〔註321〕《後漢書》卷六《順帝紀》，頁 259。
〔註322〕《後漢書》卷七十四《袁紹傳》，頁 2379。

要嚴重很多。

　　逃亡者的活動方式不同，政府相應的控制措施也不同，對於普通的隱匿民間求生的那些逃亡者，政府不會太注意，一般逃亡起來也比較容易；對於那些流動搶劫或者結夥為盜的逃亡者，政府不得不投入更多的人力物力進行鎮壓，這些逃亡者對社會政治、經濟、文化的影響相對也比較大一些。

本章小結

　　戰國秦漢時期，是中國社會發生劇烈變革的時期，如果說春秋時期是舊的社會體制消亡時期，戰國是新制度的萌芽和壯大期，秦漢則是新制度的定形時期。從經濟體制的定形來看，由於官僚地主階級的形成，在土地佔有和使用上形成了國家公有土地，其主人是國家，代表是皇帝；地主佔有的土地，佔有者是官僚地主階級，包括軍功地主、宗室地主、外戚地主、豪族地主和高資地主。土地私有製取代了村社土地所有制，開始占主導地位。在手工業領域，春秋時期工商食官的體制被打破，秦漢時期，在官營手工業之外，興起了大量的私營手工業，在採礦、煮鹽、冶鑄、紡織、製陶、造船、造紙等行業都出現了大規模的私有經營者。在政治體制上，郡縣製取代了分封制，世官世祿被官吏選拔制度所取代，形成了以察舉、徵辟、考試、任子、納貲賣官、上書拜官、材力為官、方伎為官的多渠道選官制度。在任用制度、考覈制度、監察制度等方面都形成了完備的體系。在統治思想的選擇上，由秦的獨尊法家到西漢初期的黃老之學，再到武帝以後的獨尊儒術，終於形成儒表法裏的統治思想。這一系列的變革伴隨著秦朝、西漢王朝、王莽新朝、東漢王朝的更替，伴隨著六國舊貴族集團、軍功集團、外戚集團、豪族集團、宦官集團對國家權力的爭奪。這一新社會體制的定型是在激烈的政治鬥爭中完成的，在激烈政治鬥爭中的大量失敗者也成為官吏逃亡者。從社會變遷的激烈程度來看，秦漢時期出現大量的官吏逃亡就很容易理解了。秦漢時期的官吏逃亡犯罪就時間特點來看，秦漢之際、兩漢之際、東漢桓帝時期是政治鬥爭激烈的時期，也是官吏逃亡比較集中的時期，其他時段出現的官吏逃亡主要是各種政治犯罪導致的，數量相對較少，影響也不太大。

　　犯罪者為了躲避懲罰而逃亡。秦漢時期，伴隨著社會政治、經濟制度和文化意識形態的激烈變革，出現了社會各階層之間嚴重的利益分配衝突，那

些既得利益者會極力維護現狀，而那些利益受害者則會極力反對現狀。爲了自己的利益，很多人選擇了犯罪，以非法手段表達自己的願望，這是社會犯罪出現的一般狀況。大量少年、豪俠犯罪逃亡基本根源於此。另外，政府政治腐敗、官吏貪殘、酷法虐民、兵役徭役、苛捐雜稅、橫征暴斂也會激起犯罪，秦漢時期大量的刑徒逃亡、盜賊逃亡大概可以歸因於此。再者，由於宗法血親復仇觀念的影響以及儒家教化思想的作用，在漢代出現了大量的復仇殺人事件，殺人罪犯逃亡成爲秦漢犯罪逃亡的一大特色。就逃亡犯罪分佈的時間段來看，少年、豪俠犯罪逃亡在秦末和西漢初期較多，以後則逐漸減少；刑徒逃亡、盜逃亡大量出現在秦朝、西漢武帝後期、成帝、哀帝時期，東漢後期，與朝廷的橫正暴斂、賦役苛重有關；兵役引起的逃亡主要在秦朝末年、武帝後期、東漢中後期出現；酷法擾民導致的逃亡主要在西漢武帝後期、東漢後期出現；而殺人犯罪逃亡東漢要比西漢時期多得多。

軍人逃亡犯罪主要出現在秦漢之際、武帝時期、兩漢之際。軍人逃亡影響到軍事集團實力的消長。流民逃亡則一直與秦漢政權相始終，其可怕之處在於他們經常與其他犯罪逃亡者結合起來，形成大規模的反政府武裝集團，衝擊國家統治秩序。秦漢時期的所有政權更迭，都是在規模巨大的流民逃亡衝擊下出現的。

秦漢時期逃亡犯罪的出現與基本勞動方式、基層經濟組織的變化有關。秦及西漢初期，五口之家的小民家庭成爲民眾生活的基本勞動方式和基層經濟組織。與此相適應，逃亡者也大多以單個家庭爲主要形態進行逃亡。宣帝以後，地方宗族勢力逐漸發展起來，在這一階段，尤其是兩漢之際的逃亡中，人們大多以宗族爲中心，修築壁壘，在當地進行短距離的逃亡；東漢時期，受選官制度、儒學家族化的影響，地方豪族開始大規模形成，並逐漸完成了對地方社會的實際控制，與此相適應，宗族集團成爲大規模逃亡過程中人們首選的逃亡狀態。

秦漢時期逃亡犯罪者主要是亡命到城市、鄉村、山林川澤謀求生存機會，或者乾脆結成集團，形成強盜武裝，公開反抗社會。一般說來，官吏逃亡者、殺人逃亡者、少年、豪俠逃亡者大多會到城市、鄉村、山林川澤，隱匿民間求生，或者投親靠友、或者改名換姓爲人傭作、或者親自勞動謀求生計。逃亡刑徒、盜賊，則會選擇結成武裝集團，公開反對政府。流民在逃亡過程中，要是政治清明，則會以求生爲目的，一旦社會矛盾激化時，則會與各種反政

府勢力結合，成爲反政府武裝的主力軍。

　　就秦漢時期的逃亡犯罪類型看，基本都是春秋時期所沒有的，都是在秦漢以後的逃亡犯罪中經常看到的，可以看作封建社會逃亡犯罪的典型形態。

第三章　逃亡犯罪的條件與原因

　　逃亡犯罪作爲一種社會性犯罪現象的出現，有其相應的社會條件，這就是隨著鐵製農具的推廣、耕作技術的積累，導致的社會生產力的質的飛躍，小農家庭成爲基本的生產單位的普遍出現——小農的五口之家具備了獨立求生的能力；從春秋時期開始的社會結構變化，到秦漢時期，宗法家庭爲小農家庭所取代，宗法家庭對社會成員的約束力減弱或者說社會成員對宗法家庭依附的削弱——小農家庭直接面對政府，只有政府公權力才能限制社會成員的流動——公權力監督的有限性——爲社會成員的逃亡提供了充分的機會；分封制被郡縣制所取代，鄉里社會的控制力量削弱、排斥外來人口的力量減少，社會成員逃亡所到之處，隱匿、求生較爲容易。秦漢時期社會結構的變化爲逃亡犯罪創造了客觀條件。

　　具備了犯罪發生的條件，並非一定會發生逃亡犯罪。犯罪是反抗和破壞現行社會統治秩序的行爲，其出現有著社會政治、經濟等方面的原因。觀察秦漢逃亡犯罪，也許每一個個案都有其發生的具體的主客觀原因，本章只討論帶有普遍性的引發逃亡犯罪發生的各類客觀原因。

第一節　逃亡犯罪發生的條件

　　秦漢時期出現的大規模逃亡犯罪，有其出現的經濟、政治和社會條件。勞動方式的變化、社會基層經濟組織的變化以及國家政治管理體制的變化是逃亡犯罪發生的社會條件。由於社會生產工具由木石工具轉爲鐵製農具這一質的變化，社會勞動方式也隨之發生變化，小農五口之家代替了原來的村社

集體勞動，出現了五口之家這一影響中國整個封建社會的勞動方式。由於社會生產力的這一變化，引起了劇烈的社會變革，宗法宗族逐漸解體，宗族這一基層經濟組織的互助救濟功能隨之喪失，社會成員失去宗族共同體的救助，大大增加了逃亡他鄉的機會。隨著秦漢中央集權制國家的建立，郡縣製取代分封制、封建官僚取代了世卿世祿，吏治腐敗問題隨之出現，並成為封建政權的不治之症，也成為激化社會矛盾，促使逃亡犯罪出現的催化劑。秦漢時期在社會經濟、政治領域出現的這些制度性變化，成為逃亡犯罪發生的客觀條件。小農經濟、官僚制度又在不同的程度上成為土地兼併、苛捐雜稅、吏治腐敗發生的誘因，也使自然災害、戰亂給社會帶來的危害程度人為加重。

就秦漢逃亡犯罪出現的原因來看，社會條件與社會原因糾結在一起，互相影響。沒有逃亡犯罪發生的社會條件，犯罪發生的社會原因也無從出現。沒有土地私有制，土地兼併將無從發生；沒有凌駕於整個社會之上的封建政權，苛捐雜稅出現的概率也不會很高；同樣，沒有以政府、以皇帝為衣食之源的封建官僚，吏治腐敗的時間也不多。秦漢逃亡犯罪出現的社會原因以逃亡犯罪產生的社會條件為背景。社會條件因為其他社會原因的觸發，轉化成犯罪原因，最終對社會性逃亡犯罪出現產生深遠影響。這些社會條件是封建制度的必然產物，由此也決定了封建社會大規模逃亡犯罪經常出現的歷史必然性。

一、社會勞動方式的變化 —— 從集體耕作到小農獨立耕作

從人類社會誕生起，人們就是通過集體的力量來獲取必要的生活資料，抵禦各種自然災害，克服各種困難，一步步發展壯大。逃亡從一個方面來看，是人類個體或者小集體脫離原來賴以存活的勞動集體的一種行為，這種行為是以個體脫離原來的勞動集體後可以繼續生活為前提的。所以大規模的逃亡必須以制約人們生產和生活的集體勞動方式的解體為前提。具備這樣的前提是人類大規模逃亡出現的基本條件。

（一）西周、春秋時期的勞動方式

在對西周、春秋時期的社會勞動方式進行考察時，《詩經·周頌》中的《噫嘻》、《載芟》等篇章是人們經常引用的史料，它真實反映了西周、春秋時期的農業勞動方式，為我們考察西周、春秋時期的勞動方式提供了線索。

1. 集體耕作的基本形態

對於西周、春秋時期農業生產領域的集體耕作形態，以傳世史料為基礎，學術界作了很多探討，得出了很多有價值的見解。現錄《詩・周頌・載芟》的有關內容如下，以供探討。

> 載芟載柞，其耕澤澤，千耦其耘，徂隰徂畛。侯主侯伯，侯亞侯旅，侯彊侯以。有嗿其饁，思媚其婦。有依其士，有略其耜。俶載南畝，播厥百穀，實函斯活。」毛詩正義：「除草曰芟，除木曰柞。畛，場也。主，家長也，伯，長子也，亞，仲叔也。旅，子弟也。彊，強力也。……周公成王之時，耕藉以勸下民，祈社而求穀實，故其時之民樂治田業，……其所往之人，維為主之家長，維處伯之長子，維次長之仲叔，維強力之兼士，維所以傭賃之人。此等俱往畛隰，芸除草木，盡家之眾，皆服勞作。〔註1〕

上述材料顯示，西周時期，在農業生產領域，參加農業生產的是家長及眾多的子弟，大家一起勞作，農忙時節婦女還要把飯食送到田間地頭，農業勞動中明顯地存在著原始的簡單勞動協作關係。這種簡單的「千耦其耘」的「耦耕」式家族共耕制度，不但在貴族土地上實行，一般農田耕作也離不開。

庶民是西周社會的主要勞動者，也稱為「庶人」、「庶民」、「眾人」、「農夫」等等。他們集體在西周國王和貴族的「公田」服勞役，在家族的「私田」上生產自己消費的生活資料。他們即使在「私田」上勞動，也是以包含若干核心家族的「大型伸展家族」為生產單位，集體耕作、集體分配勞動果實，而不以個體家庭為生產單位。如《詩經・周頌・噫嘻》：「噫嘻成王，既昭假爾，率時農夫，播厥百穀，駿發爾私，終三十里。亦服爾耕，十千維耦。」朱鳳瀚認為該詩是「以王之農官傳佈王戒農之命的口吻寫成，由『率時（是）農夫』看，受命者是率農耕作者，這些人應是農民諸家族之長」〔註2〕；其中的「十千維耦」表明農民耕種私田的方式也是集體耦耕。耦耕本意是二人合作翻土，要求合作者在身高、體力上相似。但是典籍中耦耕有時也指一種集體耕作的勞動形式，如《周禮・地官・里宰》「以歲時合耦，以治稼穡」。是講按農業時令使里中居民於公田上實行耦耕，這裡的耦耕即是泛指一種集體的合作耕種。所以《噫嘻》的「十千維耦」，證明當時農民是以集體協力共耕的

〔註1〕《毛詩正義》卷十九《載芟》，北京大學出版社，1999年，頁1353。
〔註2〕朱鳳瀚《商周家族形態研究》，天津古籍出版社，1990年，頁434、435。

形式，由大家族的家長率領，在私田上勞作。

《良耜》一詩在描寫耕地、播種、除草之後，還描述了共同收穫和分配勞動果實的情景：「獲之挃挃，積之栗栗，其崇如墉，其比如櫛，以開百室。百室盈止，婦子寧止。」〔註3〕對此，鄭玄箋為：「百室，一族也，草穢既除而禾稼茂，禾稼茂而穀成熟，穀成熟而積聚多，其已治之，則百家開戶納之。千耦其耘，輩作尚眾也。一族同時納穀，親親也。百室者出必共洫間而耕，入必共族中而居。」箋注清楚顯示出詩中所描繪的當時集體耕作的基本情況。直到《七月》詩所反映的西周末期，農民仍是以一種規模較大的家族為經濟單位，如其中所言「嗟我農夫，我稼既同，上入執宮功。畫爾於茅，宵爾索綯，亟其乘屋，其始播百穀」〔註4〕等語，是家長布置家族成員要抓緊完成的工作，說明即使在農活結束的冬季，集體成員仍由大家長支配，修理房屋、製作繩索，為來年的田野耕作做準備。詩中還說到「八月載績、「為公子裳」、「九月授衣」等情節，證明西周春秋時期農民的家族經濟大致屬於一種農業與手工業並存的自然經濟的性質。

一些學者利用傳世文獻對西周家族生產單位的規模作了考證，認為當時「百室、數百成員的公社應屬尋常，除去老弱饋餉，一個共耕組至少也有百人以上。」〔註5〕

西周農民的集體協作勞動不僅是在家族長組織指揮之下進行，同時也是在「農官」指揮或督導之下進行的。農事詩中無論描寫公田或是私田上的勞作，大都有「田官」在場，對「田官」，經學諸家或注稱「農官」，或注稱「田大夫」，總之，是代表官方督導農作的。《春秋·穀梁傳·宣公十五年》稱：「私田稼不善則非吏，公田稼不善則非官。」范甯注稱：「非，責也；吏，田官也。」可見「田官」作為官方人員對私田耕種的好壞負有特別的責任。由此可見，所謂「私田」，既非個體農戶的私有田，也不是農戶大家族的私有田，只是周王從他擁有的全國土地中劃出一部分作為農民生活資料來源的「民用田」，「公田」則是供官府和代表官府的貴族享用的「公用田」，這兩部分土地的所有權都屬於周王。這符合「普天之下，莫非王土」的原則，也是存在集體耕作的前提和基礎。《漢書》記載說：

〔註3〕《毛詩正義》卷十九《良耜》，頁1362。
〔註4〕《毛詩正義》卷八《七月》，頁505。
〔註5〕趙世超《周代國野制度研究》，陝西人民出版社，1991年，頁87。

　　　殷周之盛，《詩》《書》所述，要在安民……民，年二十受田，
　　六十歸田。七十以上，上所養也。十歲以下，上所長也。十一以上，
　　上所強也。……春，令民畢出在野，冬則畢入於邑。…… 春將出民，
　　里胥平旦坐於右塾，鄰長坐於左塾。畢出然後歸。夕亦如之。冬，
　　民既入，婦人同巷相從夜績，女工一月得四十五日。〔註6〕

郭沫若說：「班固號稱『良史』，自應有所依據，不能作無根之談。」「這表
明，無論田間農業勞動，還是手工業勞動，都是以集體協作為基本方式進行
的」〔註7〕

　　西周可能確曾存在過「春令民畢出在野，冬則畢入於邑」的現象──一
如同雲南勵海縣弄養寨的哈尼人，他們的社會基本單位是包括有幾代人的大
家族，每個家族圍繞一處大房子聚居在一起，農忙季節家族成員住到地裏，
只在農閒和節日才回到家中。」〔註8〕

2. 集體耕作存在的原因

　　西周春秋時期從事農耕的庶民階級，所以要選擇這樣一種較大規模的家
族勞動為主要勞動方式，是由當時農業生產力水平決定的。眾多的考古發掘
資料證明，西周春秋時期的農業生產工具與殷代沒有多大變化，農具主要是
由骨、蚌、石製成，應該還有大量的木器，其間雖然出現了青銅農具，但由
於青銅獲取不易，數量有限，無法在農業生產領域大量推廣；同時，由於青
銅工具過於硬脆，缺乏韌性，也無法取代木石農具成為占主要地位的農具。
鐵器在春秋時期也已經出現，但數量太少，同樣不能取代木石農具。小規模
的家族使用這種落後的工具，工作效率極低，而且不足以克服自然災害帶來
的困難，因此在農耕上就需要集體的協作，而能夠把人們聚合起來進行這種
集體協作的組織只能是血緣親屬組織。

　　當時不可能實行個體勞動，而只能以集體協作為基本的勞動方式，其原
因除了社會生產力水平低下，只有靠集體協作才能抗禦自然災害和興辦水
利、墾荒等公共工程外，還在於協作本身能夠發揮「集體生產力」的作用。
馬克思指出：「結合勞動的效果要麼是個人勞動根本不可能達到的，要麼只能
在長得多的時間內，或者只能在很小的規模上達到。這裡的問題不僅是通過

〔註6〕《漢書》卷二十四《食貨志》，頁1121。
〔註7〕郭沫若《奴隸制時代》，人民出版社，1973年第2版，頁22、30。
〔註8〕趙世超《周代國野制度研究》，陝西人民出版社，1991年，頁25。

協作提高了個人生產力，而且是創造了一種生產力，這種生產力本身必然是集體力」；這種「集體力」產生的根源在於，「在大多數生產勞動中，單是社會接觸就會引起竟爭心和特有的精力振奮，從而提高每個人的工作效率。因此。12 個人在一個 144 小時的共同工作日中提供的總產品，比 12 個單幹的勞動者每人勞動 12 小時或者一個勞動者連續勞動 12 天所提供的產品要多得多。這是因為人即使不像亞里士多德所說的那樣，天生是政治動物，無論如何也天生是社會動物」〔註9〕。從歷史和現實中都可以看到，農民即使已經具備了個體耕作能力，在收割或插秧等農活緊張時刻，也總是通過換工互助這種集體協作方式，來保證參加協作的每個農戶的農作任務都能不誤農時地完成，否則，就有可能耽誤農時。這就是客觀的激勵機制激發「集體生產力」的效果的明證。

西周時代的農民，只能使用極簡陋的木石農具從事耕作，根本不可能具有個體耕作的能力，人們自然會更容易體驗到集體協作的必要性；這種協作共耕與原始社會或文明初期一般農村公社普遍盛行的原始協作已有本質的區別，已經不是在狹小的氏族或公社範圍內的那種協作，而是在一個巨大的國家共同體範圍內，在國家政治組織和血緣親屬組織相結合的體制下，按照大體一致的規範或「禮制」組織的協作。

（二）戰國秦漢時期的勞動方式

殷周時代那種集體協作的勞動方式，是在個體生產力極其微弱的條件下實行的集體協作，當農民的個體生產能力逐步發展到足以脫離集體獨立耕作時，這種初級的集體協作的勞動方式就必然要讓位於個體耕作為主的勞動方式。這個轉化過程開始於春秋，完成於戰國。

研究商周家族變化的學者們認為，包容幾代人的「伸展家族」作為庶民生產單位的狀況，到春秋初年開始發生變化：規模較小的「核心家族」或「直系家族」逐漸代替原來的「伸展家族」成為基本的生產和經濟單位。因為，農業生產力的提高使農業生產組織的規模有可能縮小，而小型的家族作為生產組織與經濟單位更有利於農業生產者積極性的發揮。這應該是庶民家族在一個較短的歷史階段內規模由大變小的最根本原因。

個體耕作為主的勞動生產方式逐漸取代集體協作，一個直接的後果，就

〔註 9〕馬克思《資本論》第一卷，人民出版社，1975 年，頁 362、363、371。

是「公田」上「維莠驕驕、維莠桀桀。」〔註10〕長滿了荒草。這是因為「庶人」、「農夫」具備了個體耕作的能力，也就具備了逃亡他鄉，自主求生的能力。要求逃亡的歌聲也就出現了：

> 碩鼠碩鼠，無食我黍，三歲貫女，莫我肯顧。誓將去汝，適彼
> 樂土。樂土樂土，爰得我所。……誓將去汝，適彼樂都。樂都樂都，
> 爰得我直。……誓將去汝，適彼樂郊。樂郊樂郊，誰之永號。〔註11〕

雖然是因為統治者的剝削使勞動者不堪忍受，但最終使他們能夠發出「誓將去汝，適彼樂土」吶喊的還是生產能力的大大提高，使他們具備了脫離宗族村社，獨立進行生產的能力，在春秋時期也可以看到個體單獨勞動求生的記載。

在春秋戰國之間，農業生產力有了長足的發展。鐵製工具逐漸普遍應用於農業和手工業的生產。「鐵使更大面積的農田耕作，開墾廣闊的森林地區成為可能。」〔註12〕社會生產力空前提高了。進入戰國時期，鐵製農具取代了木石農具，牛耕技術得到推廣和應運，各國在重要的農業區都修築了堤防來防止水災，還開鑿了運河以及其他的重要水利工程。農業勞動生產率有了很大的提高，一夫耕種百畝，所得到的收穫物已經足以養活五口之家了。

戰國時期是個體勞動大量增加的時期，具體反映在當時思想家的言論之中。

> 夫以百畝之不易為己憂者，農夫也。(《孟子‧滕文公上》)

> 耕者之所獲，一夫百畝。百畝之糞，上農夫食九人，上次食八
> 人，中食七人，中次食六人，下食五人。(《孟子‧萬章下》)

> 百畝一守，事業窮，無所移之也。(《荀子‧王霸》)

顯然，百畝一家的小家庭已取代了大家族，成了常見的生產單位。正是在此基礎上，孟子鼓吹「百畝之田，匹夫耕之，八口之家，足以無饑矣。」〔註13〕荀子主張「農分田而耕，賈分貨而販，百工分事而勸，士大夫分職而聽。」〔註14〕《呂氏春秋》的作者悟出了「公作則遲，有所匿其力也；分地則速，無所

〔註10〕《毛詩正義》卷五《甫田》，頁 346。
〔註11〕《毛詩正義》卷六《碩鼠》，頁 373。
〔註12〕恩格斯《家庭、私有制和國家的起源》見《馬克思恩格斯選集》第四卷，人民出版社，1972 年。
〔註13〕《孟子‧盡心上》。
〔註14〕《荀子‧王霸》。

匿遲也」〔註 15〕的道理。商鞅規定「民有二男以上不分異者，倍其賦。」強制推行小家庭制度。這些思想家的提倡和政治家的改革措施，從反面證明了原來社會上流行的恰巧是大規模的集體耕作方式，否則，這些說法和改革就成了無的放矢。

《漢書‧食貨志》引李悝之言：「今一夫挾五口，治百畝田。歲收畝一石半，爲粟百五十石。」以當時一畝合今 0.2882 市畝，一石合今 0.2 市石，1 市石粟爲 67.5 公斤計算，有一個主勞力的五口之家，約可產糧 2025 公斤。如不計其他開銷，這些糧食也可供七八人口糧。可見李悝與孟子所言大體一致。顯然，與西周和春秋時期的農戶相比，戰國時代的農民，以五口之家的方式進行生產就足以取得必要的生活資料了。

（三）秦漢「五口之家」與小農逃亡

1.「五口之家」生產能力概說

與西周春秋時期數十人、百餘人一起的集體勞動方式相比，五口之家的勞動效率提高了，但作爲共同勞動的單位而言，五口之家的生產總量卻無法與百口之人的勞動集體相較，承受各種自然災害和社會力量衝擊的能力以及內部自我救助的能力也空前削弱了，而生產勞動單位的縮小，卻方便了人們逃亡。從這個角度說，個體小農的盛行是逃亡出現的背景，而個體小農經濟的過度脆弱，又是小農大規模逃亡的原因。《漢書‧食貨志》記載了李悝的一段話：

> 今一夫挾五口，治田百畝，歲收畝一石半，爲粟百五十石，除十一之稅十五石，餘百三十五石。食，人月一石半，五人終歲爲粟九十石，餘有四十五石。石三十，爲錢千三百五十，除社閭嘗新春秋之祠，用錢三百，餘千五十。衣，人率用錢三百，五人終歲用千五百，不足四百五十。不幸疾病死喪之費，及上賦斂，又未與此。
>
> 此農夫所以常困，有不勸耕之心，而令糴至於甚貴者也。〔註16〕

這是戰國時期李悝在魏國實行變法時對小農經濟的一種估計，從李悝的計算來看，正常情況下小農從農業生產上的收穫是不足以維持一家生存的，不足部分必然要依靠手工業和其他收入來彌補。《墨子‧非命下》：

〔註15〕《呂氏春秋‧審分》。
〔註16〕《漢書》卷二十四《食貨志》，頁 1125。

今也農夫之所以早出暮入，強乎耕稼樹藝，多聚菽粟，而不敢
倦怠者何也？曰：彼以為強必富，不強必窮，強必飽，不強必饑。
故不敢倦怠。

剛剛出現的小農經濟是十分脆弱的，這是當時人們的普遍看法。文獻記載說：

今家人之治產也，相忍以飢饉，相強以勞苦，雖犯軍旅之難，
飢饉之患，溫衣美食者必是家也。相憐以衣食，相惠以佚樂，天饑
歲寒，嫁妻賣子者必是家也。〔註17〕

今農夫五口之家，其服役者不下二人，其能耕者不過百畝，百
畝之收不過百石。春耕夏耘，秋獲冬藏，伐薪樵，治官府，給徭役。
春不得避風塵，夏不得避暑熱，秋不得避陰雨，冬不得避寒凍，四
時之間亡日休息。又私自送往迎來，弔死問疾，養孤長幼在其中。
勤苦如此，尚復被水旱之災，急政暴賦，賦斂不時，朝令而暮改。
當具有者半賈而賣，亡者取倍稱之息，於是有賣田宅鬻子孫以償責
者矣。〔註18〕

難以生存時，大規模的小農的逃亡也就開始了。貢禹指出：

農夫父子暴露中野，不避寒暑，捽草杷土，手足胼胝，已奉穀
租，又出稾稅，鄉部私求，不可勝供。故民棄本逐末，耕者不能半。
貧民雖賜之田，猶賤賣以賈。窮則起為盜賊。〔註19〕

對於五口之家的秦漢小農經濟而言，正常情況下已經出現入不敷出，經濟上
的不足部分要靠家庭副業來彌補，而食物的不足也只有依靠蔬菜瓜果來彌
補，其經濟的脆弱性極其嚴重。不斷出現的土地兼併、朝廷的橫征暴斂、以
及各種各樣的自然災害又時常威脅著小農經濟的存在和發展。上述三個方面
任何一個方面都可以導致民眾的「潰叛」即逃亡，形成大規模的小民逃亡。

2. 秦漢「五口之家」家庭人口數估算

家庭是由婚姻關係、血緣關係（包括收養關係）和經濟關係三者組合而
成的社會生活基本單位，家庭成員在其間共同生產、共同消費。戰國秦漢，
家庭規模逐漸縮小。商鞅變法規定「民有二男以上不分異者，倍其賦。」禁

〔註17〕《韓非子・六反》。
〔註18〕《漢書》卷二十四《食貨志》，頁 1132。
〔註19〕《漢書》卷七十二《貢禹傳》，頁 3075。

止「父子兄弟同室內息」，〔註20〕強制推行分戶，使秦人「家富子壯則出分，家貧子壯則出贅」，〔註21〕建立五口之家的小家庭成為習慣。西漢時此風依舊，班固稱河內「薄恩禮，好生分。」師古曰：「生分，謂父母在而昆弟不同財產。」穎川「民以貪遴爭訟生分為失。」〔註22〕生分之俗雖然被目為「敗俗」，但作為一種普遍現象，直接影響到家庭規模的大小。「西漢延續秦代風習俗，一般都是小家庭，標準的家庭是五口，但實際上並未達到五口。」〔註23〕

《漢書·地理志》記載西漢平帝元始二年全國 12233062 戶，59594978 口，戶均 4.87 人，《後漢書》志 23《郡國（五）》有一些東漢戶口數據，其中明帝永平十八年全國 5860573 戶，34125021 口，戶均 5.82 人，是最高值。兩漢時期戶均人口就在 4.87～5.82 之間。江陵鳳凰山 10 號漢墓鄭里廩簿〔註24〕記載了文帝時期 25 戶農戶情況，有確切人數記載的有 24 戶，110 人，戶均人口 4.58 人，有勞動力 69 人，戶均勞動力 2.76 人。1 個勞動力的家庭 2 戶，占家庭總數的 8%；2 個勞動力的家庭有 8 戶，占家庭總數的 32%；3 個勞動力的家庭 9 戶，占家庭總數的 36%；4 個勞動力的家庭 6 戶，占家庭總數的 24%。□奴一家沒有耕地面積數，其餘 24 戶農戶，戶均耕地 24.83 畝。

筆者從《居延漢簡》中檢得戍卒戶口資料 66 例，〔註25〕其中 4 口戶 23、2 口戶 20、3 口戶 19，合計約占總數的 94%，5 口戶 2 戶，6 口戶與 10 口戶

〔註20〕《史記》卷六十八《商君列傳》，頁 2230。
〔註21〕《漢書》卷四十八《賈誼傳》，頁 2244。
〔註22〕《漢書》卷二十八下《地理志》，頁 1654。
〔註23〕葛劍雄《西漢人口地理》，人民出版社，1986 年版，頁 45。
〔註24〕《湖北江陵鳳凰山西漢墓發掘報告》，《文物》1974 年第 6 期。
〔註25〕簡號為：24.1B、27.3、27.4、29.1、29.2、54.19、55.20、55.25、95.20、103.24、133.20、161.1、176.27、194.20、203.3、203.4、203.7、203.12、203.13、203.16、203.19、203.23、203.27、203.32、230.9、231.25、254.11、274.28、286.5、317.2、443.39，以上據《居延漢簡釋文合校》，文物出版社，1989 年版；E.P.T11:11、E.P.T25:17、E.P.T:40:17、E.P.T40:23、E.P.T40:27、E.P.T40:136、E.P.T40:215、E.P.T43:196、E.P.T43:220、E.P.T43:271、E.P.T43:335、E.P.T44:39、E.P.T44:1、E.P.T48:30、E.P.T59:97、E.P.T59:622、E.P.T59:675、E.P.T59:780、E.P.T65:119、E.P.T65:121、E.P.T65:145、E.P.T65:288、E.P.T65:290、E.P.T65:383、E.P.T65:384、E.P.T65:401、E.P.T65:411、E.P.T65:413、E.P.T65:454、E.P.T65:455、E.P.T65:478、E.P.T65:495、E.P.T65:498、E.P.T65:874、E.P.T65:222，以上據《居延新簡》，文物出版社，1990 年版。

各 1，約占總數的 6%，平均每戶 3.25 人。1 個勞動力的家庭 3 戶，占總數的
4.6%；2 個勞動力的家庭 50 戶，占家庭總數的 77%；4 個勞動力的家庭 7 戶，
占總數的 6.1%；3 個勞動力的家庭 5 戶，10.7%；可能是 8 個勞動力的家庭 1
戶，占總數的 1.5%。戶均勞動力 2.3 人。略低於鳳凰山鄭里廩簿所記載的農
戶勞動力平均數。50 戶 2 個勞動力的家庭中，32 戶爲夫婦 2 人與未成年子女
組成的家庭，14 個爲夫婦二人組成的家庭，這類家庭或者是新婚未曾生育的
家庭，或者是子女成家分戶出嫁後的家庭。

　　劉邦作亭長時，家庭 4 口人，有 2 個勞動力。《史記・陳丞相世家》載陳平
年輕時「獨與兄伯居。伯常耕田，縱平使游學。其嫂嫉平之不視家生產。」陳
平兄若有子女，則家庭規模爲 4～5 人，勞動力爲 3 人。《漢書・朱買臣傳》載
朱買臣四十餘歲時，因家貧，「妻羞之，求去。」是一個典型的 2 口之家，勞動
力爲 2 人。《後漢書・列女・姜詩妻》載「其子後因遠汲溺死，妻恐姑哀傷，不
敢言，而託以行學不在。」姜詩夫妻、其母、其子共 4 人，勞動力 2 人。《後漢
書・楊震傳》載楊震「少孤貧，獨與母居」。則是一家 2 人。相對於後世而言，
漢代的個體家庭屬於規模小的一類，「五口之家」的勞動力也基本保持在 2 個左
右。

　　其實，漢代個體家庭規模小還與漢代人的平均壽命不長有關。宣帝時人
說皇帝「春秋未滿四十，髮齒墮落，」〔註 26〕可見衰老之快。葛劍雄先生估
計，西漢人口平均壽命爲 30 歲，人口淨出生率爲 2.5，「即每個有生育能力的
婦女一生平均可生並生存至成年的兒女約爲 2.5 人」，〔註 27〕則西漢個體家庭
規模在 4.5 人左右，與統計數字吻合。自然和人爲的原因限制了人口繁衍的速
度，子女數的不多在很長時間會導致家庭人口數的小規模。此外，低壽命影
響到家庭結構，即使大多數人都在 15～16 歲成婚，則下一代的長子成婚後不
久，父親已經離世，「幼而失父」、僅「寡母」存世的記載不少，對於一般人
來說，很難見到第四代人，就是見到三代人長成的也不多，這樣的家庭規模，
只能有 2 個左右的勞動力存在。《周禮・小司徒》：「上地家七人，可任也者家
三人；中地家六人，可任也者二家五人；下地家五人，可任也者家二人。」《漢
書・食貨志》載晁錯語：「今農夫五口之家，其服役者不下二人。」均說明漢
代五口之家一般是兩個勞動力。在牛耕不太普遍，主要靠人的體力耕作的生

〔註 26〕《漢書》卷八十《宣元六王傳》，頁 3314。
〔註 27〕葛劍雄：《西漢人口地理》，人民出版社 1986 年版，頁 43。

產條件下，小農家庭生產能力的高低、土地耕作量的大小，都受到家庭勞動力數量的限制。

漢代有官私奴婢從事農業生產，奴婢是登記在戶籍之中，計算在總人口之內的，《居延漢簡》戶籍殘簡中多有「大奴」、「大婢」「小奴」、「小婢」等的記載。我們根據西漢戶口數可以推測擁有大批奴婢的家庭所佔的比重，《漢書·哀帝紀》載「限田令」規定「諸侯王奴婢二百人，列侯，公主百人，關內侯、吏民三十人，年六十以上，十歲以下，不在數中。……犯者以律論，諸名田畜奴婢過品，皆沒入縣官」。西漢戶均人口在 4.5 人，若 10% 的家庭擁有奴婢三十人，則百戶 450 人之中，擁有奴婢的家庭人數爲（30×10）+（10+4.5）＝345 人，其餘九十戶人口只有 105 人，戶均 1.2 人，至少有 75 戶是單人爲戶，這樣的比例是難以想像的；若 5% 的家庭擁有奴婢三十人，則百戶 450 人口之中，擁有奴婢的家庭（30×5）+（5×4.5）＝172 人，餘95 戶 278 人，戶均不足 3 人，這樣的家庭規模只能勉強維持，是難以長久存在的；若以 2% 的家庭擁有三十個奴婢計算，百戶 450 人之中，有奴婢的家庭人口爲 69，其餘 98 戶人口 381，戶均 3.9 人，與《居延漢簡》中的戍卒家庭規模接近。可以推定，漢代擁有三十個奴婢的家庭比例在 2% 左右，實在是微乎其微的，至於擁有一百以上奴婢的家庭，其比例就更小了。

五口之家的小農經濟是秦漢時期占主導地位的勞動形式，勞動人口寡少，所能生產的各類產品數量有限，承擔風險的能力太弱，一旦遇到天災人禍，只能逃亡求生，大規模的社會逃亡也隨之出現，數千年的中國封建社會中，小農逃亡犯罪浪潮經常出現，其根源即在於此。

二、社會基層經濟組織的變化 —— 宗法宗族到編戶齊民

宗族作爲一種以血緣爲紐帶的社會組織，有著多方面的作用。這種社會組織在先秦時期有組織社會生產的功能，與一定的生產工具相聯繫，宗族共同體可以看作一種集體耕作的勞動方式。同時，宗族共同體內部共耕形式的存在，使宗族成爲一種有一定經濟實力的經濟組織，承擔著爲貧困宗族成員提供救助，使之生存下去的職能，從這一層面來看，宗法宗族組織又有社會基層經濟組織的功能。宗法宗族解體，五口之家成爲基本的經濟組織，使社會成員失去了獲得宗族共同體救助的機會，社會成員成爲逃亡犯罪者的機會增加了。

（一）西周春秋時期宗法宗族組織

西周春秋時期是古代宗法宗族盛行的時期，一般認為：西周時期的宗族組織具有共同的始祖和宗廟；各宗族有作為統治者的族長，稱為宗子、宗主；具有宗族成員共同擁有的姓氏；擁有宗族共同的經濟基礎，保持著同宗共財的原始遺風；還有宗族共同的墓地，宗族聚族而居、聚族而葬，形成一個個以父系血緣關係為基礎的父權組織。這種父權組織不但構成為商周時期社會結構的基礎，也是這一時期國家政治結構的基礎。

宗法宗族決定了社會成員的身份和地位，作為宗法制國家的家族、宗族成員，他們被宗法制國家的總家長——一國王視為自己的「子民」，其中屬於「國人」下層和「平民」上層那一部分「眾人」或「庶人，還可以就國家大事表示態度，參與家族、宗族的祭祀、軍事、喜慶宴飲等等活動，這樣的宗法宗族形成一個個很有實力的「小共同體」。對於宗法宗族而言，土地是其存在的衣食之源。在西周的分封制下，周王把土地分封給諸侯，諸侯再封給大夫，大夫再進行分配，形成多層次的宗族土地所有制。宗族土地所有制的標誌是「宗族土地各有封疆，封地內建置宗廟和社稷；因為宗族以宗主為代表，宗族土地所有制也以宗主來體現，……中國古代缺乏土地所有制的法權觀念，無法從成文法的角度予以說明，用社稷和宗廟——這兩個國家政權的象徵來表示土地所有權是非常確當的。立宗廟和立社稷就標誌著某一方土地歸某一宗族所擁有。」〔註28〕這些「小共同體」對自己的土地有支配權，周代金文中有許多宗族間進行土地交換的記載，就是宗族支配土地的證據。著名的如《散氏盤》、《衛盉》、《五祀衛鼎》、《九年衛鼎》都記載了宗族間交換、爭奪土地的事件。《禮記・禮運》：

> 天子有田以處其子孫，諸侯有國以處其子孫，大夫有采以處其
>
> 子孫，是謂制度。

這種土地的逐級分配形成多層次的宗族土地所有制，佔有土地的宗族共同體成為社會成員進行社會生產活動、宗教活動、對貧困成員進行救助的基本經濟單位。在這一「小共同體」盛行和實力強大的西周、春秋時期，個體社會成員因為難以生存而被迫逃亡的現象很少。

〔註28〕田昌五、藏知非《周秦社會結構研究》西北大學出版社 1996 年版，頁 72～73。

（二）戰國時期宗族制度的衰落

春秋戰國之際，中國社會發生了劇烈的變化，諸侯間的兼併戰爭以及諸侯國內部的矛盾、斗爭，郡縣制逐漸取代分封制，選官制度取代世族世官，軍功爵位賜田、國家授田的推廣，逐漸使各國的宗法宗族受到打擊。尤其是隨著宗族土地的喪失，各國的宗法宗族組織逐漸開始解體，其中速度最快，最徹底的是秦國。從商鞅變法開始，對宗法宗族組織進行了持續而徹底的打擊，秦的宗族組織隨之解體，但在整個社會，尤其是關東地區，宗族組織依然有較強的勢力，關東六國地區宗族的解體持續了較長的時間，呈現一種交替狀態。

首先，傳統的宗法影響依然存在。直到戰國中期人們還有「周，天下之宗室也」〔註 29〕的說法，說明儘管周王朝已經成了只擁有彈丸之地的小國，但依然是人們印象中的「天下之宗室」，西周以來形成的宗法宗族觀念仍然有極大的影響。

其次，戰國時期各國君主對於宗廟依然恭敬有加。「聚散民，立社稷主，置宗廟」〔註 30〕，被視為國家存在的標誌。「出戶而巫覡有事，出門而宗祝有事。」〔註 31〕所謂宗祝，即宗祀之官，其職守正如《國語・楚語》下篇所謂「使名姓之後，能知四時之生，犧牲之物，玉帛之類，采服之儀，彝器之量，次主之度，屏攝之位，壇場之所，上下之神，氏姓之出，而心率舊典者為之宗。」主持對祖先的祭祀。

再次，除了公室宗族以外，實力強大的宗族直接影響到國家政治。孟子謂「為政不難，不得罪於巨室，」〔註 32〕所謂「巨室」類似於春秋時期的「宗卿」貴族，他們在社會上的重大影響就是宗法勢力頑強表現自己的典型說明。戰國時期趙國名將趙奢體恤士卒，「大王及宗室所賞賜者盡以予軍吏士大夫。」〔註 33〕可見賞賜財物予趙奢者，除了趙王以外，還有趙氏宗室。這類「巨室」、「宗室」多為各國有傳統影響的貴族宗族。

戰國時人認為無論是哪個社會階層的人，都必須重視本宗族宗廟的存亡

〔註 29〕　《戰國策新校注》卷三《秦一》，頁 91、《荀子・正論》。
〔註 30〕　《韓非子・初見秦》。
〔註 31〕　《荀子・正論》。
〔註 32〕　《孟子・離婁上》。
〔註 33〕　《史記》卷八十一《廉頗藺相如列傳》，頁 2447。

之事，「爲人子孫者，體此道以守宗廟，宗廟不滅之謂祭禮不絕。」〔註34〕認爲夏桀的最大罪過就在於「喪九牧之地，而虛宗廟之國也。」〔註35〕重視宗廟，是對宗族關係肯定的標誌。

《大戴禮記·禮三本》篇所說「大夫士有常宗」，可能是戰國時期社會情況的反映。當時同族的人往往禍福同當，相互提攜保護。《戰國策·趙策二》記載，趙國人有「犯姦者身死，賤國者族宗」的說法，對於那些危害國家的人可以滅絕其宗族。商鞅變法的時候曾經「令民爲什伍而相牧司連坐。」讓同「什伍」的人相互牽連。從「賤國者族宗」的情況看，這種宗族「連坐」的方式應當和什伍連同時并存。秦將樊於期犯罪逃亡燕國後，「父母宗族，皆爲戮沒。」〔註36〕就是一個典型例證。田單在樂毅破齊時「令其宗人盡斷其車軸末而傅鐵籠。」〔註37〕田單宗人以鐵籠故得脫，可見在逃難的時候，田單率其宗族之人同渡難關。戰國時期的許多貴族依然將宗族作爲安身立命的根本。

戰國時期社會上的一般民眾，除了國家控制下的什伍組織中的編戶齊民以外，還有不少以宗族爲組織者，或者什伍組織與宗族組織並存，民眾既是什伍組織中的居民，同時亦是宗族組織的成員。《大戴禮記·哀公問》篇曾經講到在社會民眾中推行「禮」的問題，主張「言其喪算，備其鼎俎，設其豕臘，修其宗廟，歲時以敬祭祀，以序宗族」，認爲「宗族」實爲行「禮」的基層社會組織。《荀子·大略》記載戰國時期社會上舉行婚禮的時候，「父南鄉而立，子北面而跪，醮而命之：往迎爾相，成我宗事，隆率以敬先妣之嗣，若則有常」，實將婚姻與宗族的興盛聯繫一起。《大戴禮記·保傅》篇有「黨無不善，三族輔之」的說法，所謂「三族，盧注謂「父族、母族、妻族」，可見各宗族間用婚姻關係進行聯繫。《墨於·明鬼下》講到祭祀作用時謂「內者宗族，外者鄉里，皆得如具飲食之，雖使鬼神請（誠）亡，此猶可以合歡聚眾」。同宗族的人較同鄉里之人，關係更爲密切，所以有「內者宗族，外者鄉里」之說。這個說法也表明，戰國時期社會上儘管什伍組織已經普及，但是宗族組織作爲一種基層經濟單位的影響卻依然存在，並沒有因此而消失。

〔註34〕《韓非子·解老》。
〔註35〕《荀子·解蔽》
〔註36〕《戰國策新校注》卷《燕三》，頁 975。
〔註37〕《史記》九十四《田單列傳》，頁 2453。

（三）宗法宗族的族內救助

宗族小共同體作爲一種基層經濟組織，有共同的土地，宗族成員共同進行生產，在西周、春秋時期，宗族內部有著互助的習慣。見於記載的有：

> 死徙無出鄉。鄉田同井，出入相友，守望相助，疾病相扶持，則百姓親睦。（《孟子·滕文公上》）

> 令五家爲比，使之相保；五比爲閭；使之相愛；四閭爲族，使之相葬；五族爲黨，使之相救；五黨爲州，使之相賙；五州爲鄉，使之相賓。（《周禮·地官·大司徒》）

> 發令以國爲邑，以邑爲鄉，以鄉爲閭，禍災相恤，資桑比服。五戶爲伍，以首爲長；什夫爲什，以年爲長；閭閻立教，以威爲長；合族爲親，以敬爲長。飲食相約，興彈相庸，耦耕俱耘。（《逸周書·大聚篇》）

> 古者八家而井田，⋯⋯八家相保，出入更守，疾病相憂，患難相救，有無相貸，飲食相招，嫁娶相謀，漁獵分得，仁恩施行，是以民和親而相好。（《韓詩外傳·卷四》）

宗族內部的相助主要有「有無相貸」、「通財貨」，宗族內部有誰貧困破產，生活難以爲繼的時候，宗族成員有義務在經濟上扶持他們，援助他們，使之生存下去。遇到重大活動時，宗族成員之間還要「飲食相招」，準備飯食，招待宗族成員，這種聚飲會食也有救濟貧困的作用。宗族成員之間要「嫁娶相謀」，就是在娶婦嫁女時同宗的人都要來相幫，有錢幫錢、有力幫力。遇到宗族成員患上疾病時還要「相扶持」，幫助治病和照顧恢復。遇到有人死亡時，大家協助出資、出力安葬死者。同宗同村的人要「出入更守」、「守望相助」，維護村落和宗族的安全。通過宗族互助，達到團結族人，「死徙無出鄉」，杜絕流亡的目的。

戰國時期，隨著宗法宗族的逐漸解體，族內救助的影響有逐步削弱的趨勢。孟子曾謂「天子不仁，不保四海；諸侯不仁，不保社稷；卿大夫不仁，不保宗廟；士庶人不仁，不保四體。」〔註38〕各級宗族都不能保證自己的存在，那麼，族內救助就更要打折扣了。《管子·輕重下》篇載齊國「（城陽大夫自己生活奢侈，卻）同姓不入，伯叔父母遠近兄弟皆寒而不得衣，饑而不

〔註38〕《孟子·離婁上》。

得食」，不僅城陽大夫如此，齊國大夫多「並其財而不出，腐朽五穀而不散」，城陽大夫只不過是其典型而已。這與《晏子春秋》所載春秋後期晏嬰庇護其宗族的情況已經大不相同。

> 問鄉之貧人，何族之別也？問宗子之收昆弟者，以貧從昆弟者
> 幾何家？餘子仕而有田邑，今入者幾何人？子弟以孝聞於鄉里者幾
> 何人？餘子父母存，不養而出離者幾何人？

這是《管子・問》中的一段文字，從這些問題裏面可以看到當時社會上貧富分化已經相當明顯，宗族內部的貧困者尚需「宗子」的幫助。在宗族內部，既有貴族顯貴，又有貧窮者，《禮記・文王世子》：「五廟之孫，祖廟未毀，雖為庶人，冠、取妻，必告」，從這裡可以看出，宗族內部的有些成員，雖然與宗子的血緣關係並不太遠，但已經淪為庶人。顧炎武謂「春秋時猶論宗姓氏族，而七國則無一言及之矣。」〔註39〕此說雖然有些過分，但用來說明戰國時期宗法、宗族情況與春秋時期的差別，還是有一定道理的。宗族作為基層經濟組織開始衰落了，族內救助也就消失了。

（四）宗法宗族衰落與民眾逃亡

戰國時期宗法式宗族作為基層經濟組織衰落的原因主要有：土地私有制的確立和家族公田的廢棄。平民的宗族村社是以村社掌握公有土地為基礎的，而宗族村社公有土地的存在又是與土地的王有聯繫在一起的。周室東遷以後，土地王有的觀念已經開始動搖，周王與諸侯交換土地，貴族之間爭奪土地的事件時有發生（見左傳成公十七年、襄公十年、昭公九年、十四年），另外，貴族大夫還私自開闢荒地，這些新開闢的土地也成為私田。這些都顯示出土地王有觀念的喪失，土地私有觀念的確立。隨著土地私有出現的是井田制的破壞和村社公田的喪失，秦國商鞅變法規定「廢井田，開阡陌」、「除井田，民得賣買。」土地私有制度徹底確立，宗族賴以存在的物質基礎徹底喪失了。

國家戶籍制度的變化。春秋時期，人們隸屬於自己的家族，以家族為單位向自己的封君、采邑管理者納稅服役，戶籍以村社為單位，所以登記戶籍被稱為「書社」，家族是人們生活的單位，也是國家管理民眾的單位。戰國時期，各國在變法之中對戶籍制度進行了改革。開始將一夫一婦組成的小家庭

〔註39〕顧炎武《日知錄》卷十三《東周風俗》。

作爲國家管理地方社會的基本單位。家庭開始直接隸屬於國家，戶籍「生者著，死者削」，宗族被徹底拋棄，使原先的宗族成員直接成了納稅服役的國家編戶齊民，成爲封建統治的直接對象。

　　國家對小家庭的提倡也加速了宗族的解體。戰國時期各國在變法時大都鼓勵分居，禁止大家庭存在。商鞅變法時規定一家如果有兩個成年兒子時，必須分異否則加倍征稅，以鼓勵建立小家庭來擴大稅收來源。結果，宗族解體，小家庭成爲主流，宗族救助也就再難以看到了，隨之而出現的是賈誼大加譴責的秦國民風。

> 遺禮義，棄仁恩，並心於進取，行之二歲，秦俗日敗。故秦人家富子壯則出分，家貧子壯則出贅。借父耰鉏，慮有德色。母取箕箒，立而誶語。抱哺其子，與公並倨。婦姑不相說，則反脣而相稽。
> 其慈子耆利，不同禽獸者亡幾耳。〔註40〕

家庭內部父子婆媳之間尚且如此，還能奢望血緣關係更遠的宗族成員之間有救助行爲嗎？

　　由於戰國時期的關東地區，宗族還有一定的影響，如《管子·問》篇所載，作爲宗族對宗族成員還負有收恤救濟的責任，經濟上有一定的幫助，所以戰國時期的關東地區，我們還看不到大量的逃亡人口。秦國在商鞅變法中以國家之力大力推行小家庭，使大家族制下的宗族瓦解較快、較徹底，人們很快失去了宗族的庇護，再加上耕戰政策，急徵暴斂之下出現了大量的逃亡人口。從關東地區和秦國宗族解體的快慢與流亡人口的多寡的對比上，我們大體可以看到宗族解體與逃亡人口出現之間的關係。董仲舒說：

> 及秦孝公用商君，壞井田，開阡陌，急耕戰之賞，雖非古道，猶以務本之故，傾鄰國而雄諸侯。然王制遂滅，僭差亡度。庶人之富者累鉅萬，而貧者食糟糠。有國強者兼州域，而弱者喪社稷。至於始皇，遂併天下，內興功作，外攘夷狄，收泰半之賦，發閭左之戍。男子力耕不足糧饟，女子紡績不足衣服。竭天下之資財以奉其政，猶未足以澹其欲也。海內愁怨，遂用潰畔（師古曰：下逃其上曰潰）。〔註41〕

商鞅變法之後，秦國的宗族受到致命打擊，五口之家成爲占統治地位的家庭

〔註40〕《漢書》四十八《賈誼傳》，頁2244。
〔註41〕《漢書》卷二十四《食貨志》，頁1126。

形態，人們失去了宗族，也就是失去了「小共同體」在各方面的保護，直接成爲國家大共同體的一員，受到國家政權的直接管轄。隨著六國破滅，秦國制度推廣到全國，小民直接成爲國家政權管理下的編戶齊民，關東地區的宗族殘餘更趨削弱，逐漸失去了對小民的救助功能，小民逃亡的幾率增加了。加上秦王朝建立的大一統的國家機器，表現出對地方社會強大的財政吸取能力，小農受到國家政權的直接盤剝，無法承受時，很容易走上逃亡之路。

三、政治管理體制的變化——分封制到郡縣制

　　春秋戰國時期中國社會發生的政治變化之中，郡縣製取代分封制，封建官僚制取代世卿世祿是其中最引人注目的變化之一。「官僚制是在王權向皇權轉化過程中形成的，是順應中央集權和君主專制的需要而產生和發展起來的。官僚制是一種行政管理制度，它在官職名稱及部分管理方法上可追溯到貴族時代，但是二者又截然不同。在貴族制下，官吏出自貴族，統治權力表現爲一種非垂直的多元結構。如周天子、諸侯、卿大夫均擁有對屬下官吏的指揮權，官職往往是在血緣範圍內世襲的，行政管理的對象往往就是自己的臣民。而官僚制下的統治權則表現爲服務於皇權的一元垂直結構。官吏是職業性、非世襲性的。官僚來源於各種選官途徑，其中功、能、才等因素在選官制度中佔據主導地位。官僚管理的對象是國家的編戶齊民而非官僚的私臣，官僚權力受之於君主，俸祿由國家支付，而非私人領地。」〔註42〕郡縣制和分封制在地方社會的管理上，不論是官員的選擇、地方管理者與上司之間的關係、還是地方管理者的利益與地方社會的發展、穩定之間的關係，都有著本質的不同，這種不同直接影響到對地方社會的管理，影響到鄉里民眾的生產與生活，影響到逃亡現象的出現和變化。

　　王國維《觀堂集林》卷十《殷周制度論》：「周人既立嫡長，則天位素足，其餘嫡子，庶子皆視其貴賤賢否，疇以國邑。開國之初，建兄弟之國十五，姬姓之國四十，大抵在邦畿之外。後王之子弟，亦皆使食畿內之邑。」春秋時期，周天子、各諸侯國國君把自己的土地賞賜給各級貴族和子孫，得到封邑的大夫們，其領地得以世襲，子孫世世分享。於是，凡是王族、公族、家族，所有的大小貴族，都佔有一份土地，形成各種封邑。所有的土地基本被

〔註42〕卜憲群《秦漢官僚制度》社會科學文獻出版社，2002年，頁144。

瓜分完畢。封邑的主人成爲封邑土地和民眾的實際支配者。通過考察春秋時期封邑管理的各個方面，可以瞭解春秋時期地方管理的實際情況，並與秦漢時期的地方管理狀態進行比較，幫助我們認識秦漢時期大規模逃亡現象出現的原因。本節就春秋時期和秦漢時期的地方管理的不同結構方式進行分析，尋找官僚制度建立與逃亡大量出現之間的關係。

（一）春秋時期地方管理者的不同類型

1. 貴族因身份或官職獲得封邑成為地方管理者

春秋時期，因王族、貴族的身份而獲得封邑屬於常規，《左傳‧隱公元年》：「及（鄭）莊公即位，（姜氏）爲之（共叔段）請製，公曰，制，岩邑也，虢叔死焉。佗邑唯命。請京，使居之，謂之京城太叔。」共叔段因爲是鄭武公弟弟的原因而獲得封邑。成爲京這一地方的實際管理者。《左傳‧僖公二十四年》記王子帶（叔帶）「食邑於甘」，稱甘昭公，《宣公十年》說到劉康公時，杜預注：「及王子季也，其後食采於劉。」王子帶、王子季也是以王子而食邑。

《左傳‧僖公二十四年》說到周大夫原伯、毛伯時，杜預注：「原、毛皆采邑。」則屬於大夫食邑。

2. 功臣獲得封邑成為地方管理者

春秋時期各國對於功勳卓著者，大多給與采邑作爲獎賞，如齊桓公對輔佐自己登上霸主地位的功臣管仲，見於《晏子春秋》記載的賞賜前後就有三次：

> 桓公以書社五百封管仲，不辭而受。（《內篇雜下》）

> 桓公與管仲狐與穀，其縣十七，著之於帛，申之以策，通之諸
> 侯，以爲其子孫賞邑。（《外篇第七》）

> 桓公有管仲恤勞齊國，身老賞之以三歸。（《內篇雜下》）

齊國在春秋時期不斷擴張領土，如管仲一樣因公受封者應該不在少數。

不獨齊國，晉在擴張過程中也不斷給功臣以采邑。晉惠公時期的著名大臣呂甥，「甥」是其名，按照以邑爲氏的原則，則呂是其封邑。《左傳‧僖公十五年》：「晉陰飴甥會秦伯。」則呂甥又獲得「陰」作封邑。《左傳‧僖公三十四年》：「乙丑，晦，公宮火，瑕甥……不獲公，乃如河上，秦伯誘而殺之。」瑕甥就是呂甥，瑕爲邑名，則瑕也是呂甥封地。則呂甥封地至少有呂、陰、瑕三處地方。

　　此外，韓、趙、魏、范、中行等家族在晉國都有極大的勢力，他們的食邑也是極多的。

　　關於楚國大臣的采邑情況，吳起有「大臣太重，封君太重」〔註43〕的說法，許多宗室大臣佔有大量的封地。

　　春秋時期，作爲鼓勵大臣爲國家出力的手段，對有功者給與封邑是各國的普遍現象，貴族得到封邑之後即成爲封邑的實際統治者。

3. 外來投靠者獲得封邑成為地方管理者

　　春秋時期諸侯間的兼併戰爭非常多，各國內部的鬥爭也異常殘酷，鬥爭失敗者常常被迫逃亡他國，大夫逃到他國時一般都會受到接待並得到一定的封邑。

　　大夫出逃得到封邑最典型的是宋國五大夫出奔楚國的事件。《左傳·成公十八年》：「（楚取宋彭城）納宋魚石、向爲人、鱗朱、向帶、魚府焉，以三百乘戍之而還」楚國把從宋國奪得的土地封給宋國來的逃亡者。次年，在晉魯等國的支持下，宋國討伐這些逃亡者，魚石等人在軍事壓力之下，「彭城降晉。晉以宋五大夫在彭城者歸，置諸瓠丘。」〔註44〕杜預注：「瓠丘，晉地。」置諸瓠丘就是以瓠丘爲魚石等人的封邑。魚石等人也成爲瓠丘的實際管理者。

　　「鄭庶其以漆、閭丘來奔，季子以公姑姊妻之，……而與之邑（使食漆、閭丘），其從者皆有賜焉。」〔註45〕鄭人是把他們帶來的土地都交給他們管理。

　　春秋時期，逃亡他國者數量不少，政治地位較高的逃亡者在他國都能得到一塊封邑，成爲地方的實際管理者。

4. 諸侯親信獲得封邑成為地方管理者

　　春秋時期，分封大權操於君主之手，那些既非貴族又非功臣而又博得君主欣賞成爲君主親信者也會取得封邑，成爲地方管理者。《晏子春秋·內篇》：

　　　景公遊於麥丘，問其封人（邑人）曰：年幾何矣？對曰鄙人之
　　年八十五矣。公曰：壽哉！子其祝我。封人曰：使君之年長於胡，
　　宜國家。公曰：善哉！子其復之。封人曰：使君無得罪於民。於是

〔註43〕《韓非子·姦劫弒臣》。
〔註44〕《左傳·襄公元年》。
〔註45〕《左傳·襄公二十一年》。

賜封人麥丘以爲邑。

麥丘邑人就是因爲祝齊景公和他的子孫長壽，國家永遠安全而得到景公的歡心，得到麥丘，成爲麥丘的實際管理者。當然，麥丘邑人能說出這樣的話來，也許不是普通人，但他不是因爲功勞、因爲官職、貴族身份獲得封邑則是十分清楚的。因爲博得君主歡心就能得到一塊封邑，顯示出君主在選取地方管理者時的隨意性，從一個側面說明君主對地方管理不甚重視。據《莊子‧逍遙遊》：

> 宋人有善爲不龜手之藥者，世世以洴澼絖爲事，客聞之，請買其方百金。聚族而謀曰：我世世爲洴澼絖，不過數金，今一朝而鬻技百金，請與之。客得之以說吳王。越有難，吳王使之將，冬與越人水戰，大敗越人。裂地而封之。〔註46〕

實際是因爲特殊事件得到君主的賞識而獲得封邑，成爲地方的管理者。

春秋時期，諸侯把大部分土地分給貴族、官僚、有功者、自己的親信爲封邑，這些封邑的擁有者也是地方的實際管理者。

（二）春秋時期封邑管理官員及其職責

諸侯卿大夫爲管理采邑，設立了各種官職，主要有家宰、家司徒、家司馬、家司空、邑宰等。與天子之官稱王臣、諸侯之官稱公臣相對應，大夫設在采邑的官職稱家臣，家臣是采邑所有管理者的總稱。

1. 家　宰

家宰是家臣中最重要的職位，主要職責是管理采邑的經濟、軍事。《孟子‧離婁上》記載孔子弟子冉求「爲季氏宰，無能改於其德，而賦粟倍他日。孔子曰：求非我徒也，小子鳴鼓而攻之可也。」冉求作爲季氏家宰，具體管理封邑的賦役徵收。「季氏富於周公，而求也爲之賦斂而附益之。」〔註47〕季氏的富有是因爲「三分公室有其一」和「四分公室有其二」，對於卿大夫專權的局面，孔子是堅決反對的，所以才有上面的言論。這一事例從側面說明家宰掌握著封邑的經濟大權。家宰也掌握著封邑的軍事大權，據《史記‧孔子世家》記載：

> （魯）定公十三年夏，孔子言於定公曰：臣無藏甲，大夫無百

〔註46〕《莊子‧逍遙遊》。
〔註47〕《論語‧先進》。

雉之城。使仲由爲季氏宰，將墮三都。於是叔孫氏先墮郈，季孫氏
墮費。〔註48〕

春秋時期大夫組織軍隊，進行戰爭和發動叛亂的事件比比皆是，孔子讓自己
的弟子仲由爲季氏宰，成爲他成功解除季氏武裝的前提之一，說明家宰對封
邑軍事權有極大的影響。

孔子弟子「仲弓爲季氏宰，問政，子曰：先有司，赦小過，舉賢才。」
何晏集解：「言爲政當先任有司，而後責其事。」〔註49〕孔子以任人、舉賢爲
家宰行政之本，顯示出家宰有家臣的用人權，《論語・先進》記載季氏家宰子
路任用「子羔爲費宰」。就說明了這一點。

《國語・晉語九》記載董安于的話：「及臣之長也，端委韠帶以隨宰人，
民無二心。」說明宰人的責任在於治民。家宰掌管封邑的經濟、政治、軍事
大權，是治民安家的主要負責者，也是春秋時期地方社會的主要管理者。

2. 三有司及其他封邑官員

家宰之下設有三有司，即司徒、司馬、司空。司徒管理民人，金文稱爲
「司土」；司馬掌管軍賦；司空掌管工匠勞役，金文稱作司工。從職責看，是
僅次於家宰而分管家政的重要官員。據《裘衛盉》銘文記載，裘衛與矩伯發
生田地糾紛，裘衛告於伯邑父等人，要求處理，伯邑父等「乃令三有司：司
徒、司馬、司空邑人服眾受（授）田燹遘。」使矩伯踐約，劃給裘衛「十有
三田。」《五祀裘衛鼎》銘文記載了裘衛與邦君厲之間發生田地糾紛，也有三
有司出面解決的記載。三有司的出現說明卿大夫之家在治理封邑的時候已經
形成了一套完整的官僚體系，《左傳》、《禮記》等文獻多有記載。

邑宰。邑宰是采邑的最高長官，是代表大夫對采邑實行直接管理的人
員，所以邑宰一職就顯得十分重要。

子皮欲使尹何爲邑，子產曰：少，未知可否。子皮曰：願，吾
愛之，不吾叛矣也。使夫往而學焉，夫亦愈知治矣。子產曰：子有
美錦，不使人學制焉。大官大邑，身之所庇也，而使人學制焉。其
爲美錦，不亦多乎？⋯⋯子皮曰：大官大邑，所以庇身也，我遠而
慢之，微子之言，吾不知也。〔註50〕

〔註48〕《史記》卷四十七《孔子世家》，頁 1916。
〔註49〕《論語・子路》。
〔註50〕《左傳，襄公三十一年》。

邑爲大夫「身之所庇」，就是政治、經濟權力的基礎。爲邑即作邑宰，治理封邑，邑宰被稱爲大官，顯出當時人對邑宰一職的重視程度。

邑宰一般是服從主人之命自主治理封邑，《國語·晉語九》記載，趙襄子有長子、邯鄲、晉陽三邑。長子「民罷力以完城郭」；邯鄲「潛民之膏澤以實」倉庫；晉陽「尹鐸之所寬也」，故其民和。同是趙氏領地，在忠於主人的情況下，不同的邑宰有不同的治理思路和原則。

《禮記·檀弓下》：「成人有其兄死而不爲衰者，聞子皋將爲成宰，遂爲衰。」衰，喪服。邑宰不同，治理封邑的宗教政策也不同，直接影響到百姓的行爲。《韓非子·十過》篇對春秋時期封邑的管理情況有過論述：

> 夫董安于，簡主之才臣也，其治晉陽，尹鐸循之。其餘教尤存。
>
> 君其定居，晉陽而已矣。……君至，而行其城郭，及五官之藏，城
>
> 郭不治。倉無積粟，府無儲錢，庫無甲兵，邑無守具，襄子懼。

董安于做到了輕賦斂，勤教化，藏富於民，藏兵於民，而且「公宮之垣，皆以荻蒿楛楚牆之。公宮之堂舍，皆以煉銅爲柱。」做好了戰略物資的儲備。董安于沒有按照常規治理晉陽，而是根據實際情況，從趙氏爭霸的長遠利益出發來治理晉陽，結果對趙氏戰勝對手起了至關重要的作用，說明邑宰的主動權。

封邑官員還有家士，職責是處理封邑之內不涉及犯罪的各種糾紛，一旦涉及犯罪，則要交由上級處理。據《周禮》記載：

> 家士，掌都家，聽其獄訟之辭，辨其死刑之罪而要之，三月而
>
> 上獄訟於國。凡都家之大事，聚眾庶，則各掌其方之禁令。凡都家
>
> 之士所上治，則主旨。〔註51〕鄭玄注：都，王及子弟公卿之采地。
>
> 家，大夫之采地。都家之士，都士，家士也。所上治者，謂獄訟之
>
> 小事不附罪者也。主之，告於司寇聽平之。

大夫之家還設有專門掌管祭祀的家宗人。見於《周禮》記載：

> 家宗人，掌家祭祀之禮。凡祭祀致福，國有大故，則令禱祠：
>
> 反命，祭亦如之。掌家禮，與其衣服、宮室、車旗之禁。〔註52〕

在大夫的封邑之中，設立了各級官員，分管各種封邑事務，是維護封邑統治

〔註51〕《周禮·方士職》。
〔註52〕《周禮·家宗人職》。

秩序的物質基礎，也是春秋時期地方管理的基本制度。

（三）封邑管理者與封君和國君的關係

春秋時期，諸侯對臣下「胙之土而命之氏」。臣下得到封邑，建立自己的宗族，即《左傳・桓公二年》所謂「諸侯立家，卿置側室，大夫有二宗。」受封者對國君而言是小宗，必須服從國君，但回到自己的封邑之中，則是至高無上的主人。卿大夫之家又可以分出自己的宗族建立封邑，形成小宗。這些受封者有「二宗」，即國君和自己的大宗。大宗在一定程度上對小宗有控制權。《左傳・成公三年》記載楚國釋放被俘的晉智罃時，智罃對楚王說：「以君之靈，累臣得歸骨於晉，寡君之以爲戮，死且不朽。若從君之惠而免之，以賜君之外臣首，首其請於寡君，而以戮於宗，亦死且不朽。」則智罃的大宗宗子也有處死他的權利。

趙孟與趙氏小宗邯鄲趙午發生矛盾，「趙孟怒，招午，而囚諸晉陽，……乃使告邯鄲人曰：吾私有討於午也，二三子唯所欲立。遂殺午。」〔註53〕據《春秋大事表・卷十二上》考訂，趙孟爲趙衰之後，爲趙氏大宗，趙午爲趙夙之後，爲趙側室小宗，建立宗族已經五代，即使如此，趙午也要受大宗的控制，生殺予奪唯其所願。

封邑官員與封君之間形成君臣關係，當時的家臣在提到自己的封君時大多稱爲君。晉國大夫欒盈爲國君所逐而奔楚，晉國執政宣佈欒氏之臣不得隨他出奔，否則「大戮施」。欒氏家臣辛俞逃亡被抓獲，《國語・晉語八》記載了審問辛俞爲什麼違反國君命令時他說的話：

> 臣順之也，豈敢犯之。執政曰：無從欒氏而從君，是明令必從君也。臣聞之曰：三世事家，君之；再世以下，主之。事君以死，事主以勤，君之明令也。自臣之主，以無大援於晉國，世隸於欒氏，於今三世矣。今執政曰：不從君者爲大戮。臣敢忘其死而叛其君，以煩司寇？

欒盈的家臣直接把自己的封君看作自己的君主，對之服從效忠。在當時人們的觀念中，家臣陰謀損害主人利益，也被看作不忠，受到人們非議，《左傳》記載：

> 季平子立而不禮於南蒯（季氏費邑宰），南蒯謂子仲：吾出季

氏，而歸其室於公，子更其位，我以費爲公臣。子仲許之。……故
叔仲小、南蒯、公子憖（子仲）謀季氏，憖告公，而隨從公如晉。
南蒯懼不克，以費叛如齊。南蒯之將叛也，其鄉人或知之，過而歎
曰：深思而淺謀，邇身而遠志，家臣而圖君，有人矣哉〔註54〕杜預
注：爲家臣而謀君事，言其非己所當爲也。

春秋時期，不論君主、還是大夫、家臣、普通人，都把家臣出賣封君利益的
事看作違法行爲，是不符合當時道德的事件。從側面說明封君在封邑之內有
絕對的支配權，相反，國君權力是難以達到封邑之內的。

　　春秋時期的封君與封邑之間、封邑的各位管理者與封邑之間在利益上有
著完整的同一性，即封邑的存在和發展是封君政治、經濟地位的基礎和保障，
封君一旦失去封邑，則所有的政治、經濟利益也將隨之失去，這一點深深地
影響和制約著封君和封邑管理者對封邑的管理態度。《國語・晉語》記載了這
樣的故事：

> 趙簡之使尹鐸爲晉陽，請曰：以爲繭絲乎？以爲保障乎？簡之
> 曰：以爲保障哉！尹鐸損其戶數，……簡之戒襄之曰：晉國有難，
> 而無以尹鐸爲少，無以晉陽爲遠，必以爲歸。」（後來，智伯聯合韓、
> 魏攻打趙襄子，）「襄子出，曰：吾何走乎？從者曰：長子近，且城
> 完厚。襄子曰：民罷力以完之，又斃死以守之，其誰與我？從者曰：
> 邯鄲之倉庫實。襄子曰：浚民之膏澤以實之，又因而殺之，其誰與
> 我？其晉陽乎！先主之所屬也，尹鐸之所寬也，民必知也。乃走晉
> 陽，晉師圍而灌之，沈竈產蛙，民無叛意。〔註55〕

春秋時期發生過很多封邑民眾與封君共進退，甚至隨著封君一起逃亡他國的
事例，其根源就在於封君把封邑看作自己的保障，努力發展生產，積累戰備
力量，而不是繭絲，極盡盤剝之能事。其間雖然有邯鄲、長子之類向民眾繳
納賦稅、徵發百姓築城的事件，但絕對不可能出現由於官吏的橫征暴斂導致
民眾流亡的事件。

（四）郡縣制與民眾逃亡

　　戰國時期，郡縣制逐漸開始取代分封制，由國君任命的郡縣長官逐漸取
代了原來的封君，郡縣之下設置鄉里，由郡、縣、鄉里構成的郡縣制與分封

〔註54〕《左傳・昭公十二年》。
〔註55〕《國語》晉語九。

制相比，有如下特點：封邑的封君即分封制下的地方管理者是世襲的，而郡守縣令則是由朝廷隨時任免的。郡縣完全受到朝廷的監督和控制而封君則不一定，他們在履行對國君的義務後，對封邑有完整的控制權。分封制之下，封邑是封君政治權利、經濟利益的來源和基礎，其政治地位的高低在一定程度上就表現在封邑面積的大小上，而封邑面積的大小又決定著封君經濟實力的大小，形成封君和封邑在利益上的直接同一。郡縣制下郡縣長官的政治利益和經濟收入取決於政府對他的評價，朝廷通過上計來確定對官員的考評，不論是地方戶口的增加、耕地面積的擴大、賦稅徵收量的提高、社會治安狀況的改善，這些考課內容顯示出郡縣長官處於國家或者政府利益與地方社會利益聯結點的位置。對於郡縣長官而言，他們的政治經濟利益與朝廷對他們的評價或者說朝廷的利益相統一，而與地方社會的利益處於間接同一的關係。在理想狀態下，國家利益、郡縣長官的利益、地方社會利益三者應該是統一的。但在封建社會，國家與地方社會之間卻經常存在社會資源和利益分配上的不統一，有時甚至是嚴重的不統一，而處於連接點上的地方官僚，為了博得朝廷的好評，他們經常不顧地方社會的發展和穩定，從維護中央政府利益的立場出發來管理地方社會。

　　由於地方官吏在管理地方社會時，站在維護中央政府利益的一邊，個人政治、經濟利益也與地方社會利益無關，由此導致政府官員在地方管理中的橫征暴斂和嚴刑峻法，而這恰是導致小農經濟破產，鋌而走險，觸犯法律甚至反抗朝廷的重要原因，也是民眾逃亡大量出現的根本原因之一，後面討論到的很多導致小民逃亡的原因都與這一根本原因有關。

第二節　逃亡犯罪的發生原因

　　秦漢時期出現的大規模逃亡犯罪，有其複雜的原因。從與逃亡犯罪出現的直接相關性來看，土地兼併、政府的苛捐雜稅、封建吏治的腐敗、自然災害、戰亂侵擾是最直接的原因。

一、土地兼併

　　擁有小塊土地是小農經濟存在的前提，農戶失去土地，也就失去了生活的基礎。不難想像，生活失去依據時有人會鋌而走險，作姦犯科，走上犯罪

之路；也有很多人被迫四處逃亡，尋找生存機會，成爲流民。失去土地，成爲逃亡犯罪出現的社會原因之一。

　　土地兼併即土地所有權的集中。從制度經濟學的角度來看，秦漢土地兼併有如下特點：實現途徑看，是借助於超經濟強制實現的，被兼併者與兼併者之間不存在市場談判和等價交換，兼併過程充滿人爲強制性和非自願性以及兼併過程的急變性。對土地兼併者而言，土地兼併是財富的直接侵佔，是將土地作爲現實的財富掠奪、攫取、佔有，而非將土地作爲生產資料購買，通過規模經濟獲得更高的收益。從生產效率來看，土地兼併後，集中的土地通常並不集中經營，仍然由農戶分散經營，無法形成規模經濟，對勞動生產率也沒有促進作用。甚至兼併後的良田被用作苑囿、園林，成爲強勢集團的純粹個人消費用地，直接減少了農地耕作總量，從而減少了農業產出的總量。對被兼併的農戶而言，在喪失所有權後，要租種土地，就要重新支付一份使用土地的租金，加重了農戶本身的經濟負擔。土地兼併是強勢集團對弱勢群體的劫掠，引起整個社會財富佔有的兩極分化，引發嚴重的社會危機。

（一）秦漢小農的一般狀態

　　秦漢時期的小農以五口之家的個體家庭爲主要生產單位。戰國時期受春秋時期家庭結構的影響，「五口之家」的人口稍多一些，秦國嚴令禁止父母與所有的成年兒子共居，強調成年男子分家立戶，說明兄弟不分家的情況比較嚴重。在關東地區兄弟不分家的更多，甚至有七八口到十口以上的大家庭，典型者如蘇秦，《史記·蘇秦列傳》索引注引譙周：「秦兄弟五人，秦最少。兄代，代弟屬及辟、鵠並爲游說之士。」〔註56〕若此說眞實，則蘇秦之家人口在十人以上，而且是同息共耕。但考慮到《史記·蘇秦列傳》和《戰國策》中只有蘇秦、蘇代、蘇屬的活動記載，即使蘇辟、蘇鵠爲烏有先生，蘇秦家人口也在七八人。秦漢時期，小農家庭人口數進一步下降，漢代五口之家的人口數在 4.5 左右〔註57〕，依據漢簡和文獻資料統計，西漢農民家庭的戶均人口肯定低於 5，可能在 4.5 上下，甚至低於 4.5〔註58〕。若再考慮到秦漢時期

〔註56〕《史記》卷六十九《蘇秦列傳》，頁 2241。
〔註57〕葛劍雄《西漢人口地理》，人民出版社，1986 年，頁 46，表3。
〔註58〕李根蟠《戰國秦漢小農家庭規模及其變化機制》，張國剛主編《家庭史研究的新視野》，三聯書店，2004 年，頁 15。

五口之家以主幹家庭爲主，經常處於變動不定的特點，考慮秦漢時期家庭人口的動態變化，則一家所具有的男性勞動力只有一個、兩個，最多三人，但更多的應該是成年父子倆人爲主要勞動力。東漢後期，各地的世家大族逐漸增多，兄弟數人同財共居的記載增加，國家也取消了成年男子必須單立戶籍的禁令，農民的家庭人口數應該比以前稍有增加，但五口左右恐怕也是常態。雖然秦漢時期的勞動效率有所提高，但兩個勞動力的家庭所能生產的物質產品畢竟有限，承受天災人禍打擊的能力更有限。

　　寧可在《有關漢代農業的幾個數字》一文中認爲「一家一百小畝可能更接近於秦漢時期每戶墾田的實際平均數字。」〔註 59〕即五口之家兩個勞動力墾田 100 小畝＝41.66 大畝＝28.8 市畝。這是秦漢時期農民耕地的平均數字。但在人口比較稠密的地區，百畝之地是很難達到的。

　　秦漢時期關東地區人口稠密，「夫三河在天下之中，若鼎足，王者所更居也，建國各數百千歲，土地小狹，民人眾，都國諸侯所聚會，故其俗纖儉習事。……而鄒、魯濱洙泗，尤有周公遺風，……頗有桑麻之業，無林澤之饒。地小人眾，儉嗇，畏罪遠邪。……沂、泗水以北，宜五穀桑麻六畜，地小人眾，數被水旱之害，民好畜藏，故秦、夏、梁、魯好農而重民。三河、宛、陳亦然，加以商賈。」〔註 60〕地小人眾的結果必然是人均耕地少。《鹽鐵論・未通》：「御史曰：內郡人眾，水泉薦草，不能相贍，地勢溫濕，不宜牛馬，民蹠耒而耕，負擔而行，勞疲而寡功。是以百姓貧苦，而衣食不足，老弱負輅於路。」關東地區人多地少的情況在文獻中也可以得到證明。

　　《淮南子・主術訓》：「一人蹠耒而耕，不過十畝。十畝之收，不過四十石。」以大畝計算，十大畝計二十四畝，相當於人均五十小畝的一半，與平均百畝相差甚遠。

　　《漢書・陳平傳》記載陳平少時有田三十畝（小畝），與百畝之田相比差的更遠。仲昌統《昌言・損益篇》：「諸夏有十畝（大畝）共桑之迫，遠州有曠野不發之田。」則諸夏（黃河中下游）地區人多地少的情況十分嚴重。

　　實際上，由於土地兼併，人口稠密，不滿百畝，只有三數十畝的小農倒是常見的。農地狹小的問題從考古資料中也可以看到，湖北江陵鳳凰山十號漢墓出土的二十四個完整的農戶資料，二十五戶共有人口 105 人，其中能田

〔註59〕寧可《寧可史學論集》，中國社會科學出版社，1999 年。
〔註60〕《史記》卷一百二十九《貨殖列傳》，頁 3262、3266、3270。

者 69 人，有田 617 畝，戶均 24.7 畝，能田者人均 9 畝弱。寧可先生認爲應該是大畝，24.7 大畝＝59.28 畝，與百畝之地相差很大。

李悝、晁錯、董仲舒都曾對秦漢時期的小農經濟做過估計，百畝之田的小農生活尚且艱難至極，不足百畝、只有三十畝、六十畝的五口之家的小農，雖然還能維持生存但只能是最低限度的生存，稍有風吹草動，就只有流亡一途可以選擇了。

秦漢時期小農經濟的脆弱之處還表現在有時由於缺乏農具、種子而無法進行正常的農業生產，東漢和帝永元十三年（101 年）的詔書說：

> 秋八月，詔象林民失農桑業者，賑貸種糧，稟賜下貧穀食。……
> 十六年春正月己卯，詔貧民有田業而以匱乏不能自農者，貸種糧。
> 二月己未，詔兗、豫、徐、冀四州比年雨多傷稼，禁沽酒。夏四月，
> 遣三府掾分行四州，貧民無以耕者，爲雇犁牛值。……（十六年七
> 月）貧民受貸種糧及田租、芻稾，皆勿收責。〔註61〕

兩漢時期的假田或者賜田經常與貸民種食連帶進行，目的就在於以此來防止農民因爲缺乏種食無力耕種而逃亡。

漢代農業生產中存在的矛盾是在中原地區既有人稠地狹的問題，在邊郡地區又有土曠人稀的問題。但田地荒蕪現象不僅出現在邊郡地區，有時在內郡地區也會出現。章帝元和三年，告常山、魏郡、清河、鉅鹿、平原、東平諸郡守曰：「今肥田尚多，未有墾闢，其悉以賦民，給予糧種，務盡地力，勿令游手。」〔註62〕上述各郡都屬於關東人口稠密地區，地狹人稠的問題應該很突出，流民潮雖然經過了數十年的治理，卻還是田土未闢，問題恐怕就不全是流民不願回歸，應該與民眾缺乏必要的生產資料，無力耕種土地有密切關係。可以肯定，百姓無力耕種土地也是他們拋棄土地，四處流亡的原因之一。

（二）秦漢時期的土地兼併

漢代的許多學者在探討秦亡漢興的原因時，都注意到了秦朝土地兼併給社會帶來的嚴重影響，也把秦政府不能抑制土地兼併當作秦亡的原因之一。董仲舒說：

> 至秦則不然，用商鞅之法，改帝王之制，除井田，民得賣買，

〔註61〕《後漢書》卷四《和帝紀》，頁 188、192、193。
〔註62〕《後漢書》卷三《章帝紀》，頁 154。

富者田連仟伯，貧者亡立錐之地。又顓川澤之利，管山林之饒，荒淫越制，逾侈以相高。邑有人君之尊，里有公侯之富，小民安得不困？又加月爲更卒，已，復爲正一歲，屯戍一歲，力役三十倍於古。田租口賦，鹽鐵之利，二十倍於古。或耕豪民之田，見稅什五。故貧民常衣牛馬之衣，而食犬彘之食。重以貪暴之吏，刑戮妄加，民愁亡聊，亡逃山林，轉爲盜賊，赭衣半道，斷獄歲以千萬數。〔註63〕

　　始暴秦毀壞法度，制人之財，既無綱紀，而乃尊獎併兼之入。烏氏以牧量致財，寵比諸侯；寡婦清以攻丹殖業，禮以國賓。於是巧猾之盟，遂肆其意。上家累巨億之資，斥地牟封君之土，行苞苴以亂執政……故下戶崎嶇，無所峙足，乃父子低首，奴事富人，躬率妻孥，爲之服役。〔註64〕

董仲舒和崔寔的說法代表了漢代學者對秦朝土地兼併的基本看法。現代學者認爲：「早在戰國時期，就已開始出現土地兼併的現象。秦皇朝建立後，由於『制人之財，既無綱紀，而乃尊獎兼併之人』，因而土地兼併繼續有所發展。」〔註65〕

　　秦朝的滅亡是有著很多的原因，但土地兼併是主要原因之一，那些失去土地的編戶齊民只好作姦犯科以求生，最終走上逃亡犯罪之路。他們在逃亡途中常常會出現偷盜、武裝搶劫等危害社會治安的行爲，或者形成各種各樣的武裝集團，走上推翻秦暴政的戰場。

　　漢代土地兼併的情況更加嚴重。皇帝、外戚、官僚、豪族都成爲兼併土地者。漢成帝置私田於民間，靈帝置田宅於河間，田蚡占田關中，張禹佔領涇渭膏腴之地，竇憲奪沁水公主田地，梁冀搶佔皇室土地，〔註66〕都是兩漢兼併土地的著名事件。

　　兩漢時期前後出現過三次大規模的土地兼併高潮。第一次出現在文帝以

〔註63〕《漢書》卷二十四《食貨志上》，頁1137。
〔註64〕《全後漢文》卷四十六《政論》。
〔註65〕白壽彝總主編的《中國通史》第四卷《上古時期（下）》，上海人民出版社，1995年，頁224。
〔註66〕《漢書》卷二十七《五行志》，頁1368、《後漢書》卷七十八《宦者列傳》，頁2536、《漢書》卷五十二《田蚡傳》，頁2380、《漢書》卷八十一《張禹傳》，頁3349、《後漢書》卷二十三《竇憲列傳》，頁812、《後漢書》卷三十四《梁冀傳》，頁1182。

後，《漢書‧食貨志》記載的晁錯上書，揭露了商人利用掌握的資產大肆兼併小民土地，導致小民逃亡他鄉的現實。其實，兼併小民土地的不止商人，地方豪強也是兼併的重要勢力，「當此之時，網疏而民富，役財驕溢，或至兼併豪黨之徒，以武斷於鄉曲。」〔註67〕豪族在地方社會的土地兼併中也佔有一席之地。

官僚貴族也是土地兼併的一股力量，官僚貴族們依仗他們的各種特權，大肆兼併土地，引起政治家和最高統治者的重視。董仲舒說：

> 身寵而載高位，家溫而食厚祿，因乘富貴之資力，以與民爭利於下，民安能如之哉！是故眾其奴婢，多其牛羊，廣其田宅，博其產業，蓄其積委，務此而亡已，以迫蹴民，……窮極愁苦而上不救，則民不樂生；民不樂生，尚不避死，安能避罪！〔註68〕

> 徵和二年（前91年）春，制詔御史：故丞相賀倚舊故乘高勢而為邪，興美田以利子弟賓客，不顧元元，……貨略上流。〔註69〕

商人、官僚貴族之外，諸侯王和列侯也加入到土地兼併的行列中，加劇了小民失去土地的速度，武帝時期出現大規模的流民逃亡現象，與大規模的土地兼併是有關係的。

西漢元、成、哀、平時期，出現了第二次土地兼併高潮，《漢書‧貨殖傳》在記載了西漢末期各地的大商人之後，接著說：

> 其餘郡國富民兼併專利，以貨略自行，取重於鄉里者，不可勝數。故秦楊以田農甲一州。」孟康曰：「以田地過限，彼此而富，為州中第一也。〔註70〕

> 貴人之家，……攘公法，申私利，跨山澤，擅宮市，……並兼列宅，隔絕閭巷，閣道錯連，足以遊觀，鑿池曲道，足以騁騖，……是以耕者釋耒而不勤，百姓冰釋而懈怠。何者？己為之而彼取之，僭侈相效，上升而不息，此百姓所以滋偽而罕歸本也。〔註71〕

由於大規模的土地兼併，導致財富高度集中，對生產造成嚴重破壞，百姓開

〔註67〕《史記》卷三十《平準書》，頁1420。
〔註68〕《漢書》卷五十六《董仲舒傳》，頁2520。
〔註69〕《漢書》卷六十六《劉屈氂傳》，頁2879。
〔註70〕《漢書》卷九十一《貨殖傳》，頁3694。
〔註71〕《鹽鐵論‧刺權》。

始四散逃亡，西漢政權在百姓的大規模逃亡浪潮中滅亡了。

漢代的第三次土地兼併出現在東漢時期，由於東漢政府取消了對土地兼併的限制，商人、豪強、官僚貴族開始放手兼併土地，由《後漢書‧仲長統傳》的記載可見一斑。

> 豪人之室，連棟數百，膏田滿野，奴婢千群，徒附萬計。

> 井田之變，豪人貨殖，館舍布於州郡，田畝連於方國。身無半通青綸之命，而竊三辰龍章之服，不爲編戶一伍之長，而有千室名邑之役。榮樂過於封君，勢力牟於守令，財略自營，犯法不坐。刺客死士，爲之投命。至使弱力少智之子，被穿幃敗，寄死不斂，冤枉窮困，不敢自理。雖亦由網禁疏闊，蓋分田無限使之然也。〔註72〕

使東漢的土地兼併更加嚴重的是宦官集團對土地的掠奪，在《後漢書‧侯覽傳》、《後漢書‧劉祐傳》、《三國志‧董卓傳》中都有記載。大規模土地兼併的結果，使大批小農破產，沒有破產的小農，其生產規模也更趨縮小，對天災人禍的承受能力進一步下降。限制土地兼併也就提上了議事日程。

（三）漢代抑制兼併的措施

秦朝不抑兼併，兩漢時期爲解決土地兼併的問題，制定出了各種不同的對策。從西漢初期就開始限制商人勢力，高祖八年，下令：

> 賈人毋得衣錦繡綺縠絺紵罽，操兵，乘騎馬。〔註73〕

當然這只是權宜之計，目的在於限制邊地商人的叛亂，而且《商賈律》也斷無落實的可能。但這一詔令則開啓了漢政權對商人地位限制的先河。〔註74〕賈誼建議文帝「毆民而歸之農，皆著於本，使天下各食其力，末技遊食之民轉而緣南畝。」〔註75〕晁錯建議文帝，「方今之務，莫若使民務農而已矣。欲民務農，在於貴粟。貴粟之道，在於使民以粟爲賞罰。今募天下入粟縣官，得以拜爵，得以除罪。如此，富人有爵，農民有錢，粟有所渫。」〔註76〕「驅民歸農」、「輸粟拜爵」都不能從根本上解決問題。在文景時期，商人的勢力並未受到根本打擊，他們依然是土地兼併中最活躍的力量。

〔註72〕　《後漢書》卷四十九《仲長統傳》，頁 1648、1651。

〔註73〕　《漢書》卷一《高祖本紀》，頁 65。

〔註74〕　參見拙文《西漢商賈律探析》陝西師範大學學報 2013 年，第 6 期。

〔註75〕　《漢書》卷二十四《食貨志》（上）頁 1129。

〔註76〕　《漢書》卷二十四《食貨志》（上）頁 1133。

（元狩六年）六月，詔曰：日者有司以幣輕多姦，農傷而末重，又禁兼併之塗。」〔註77〕李奇曰：「謂大家兼役小民，富者兼役貧民，欲平之也。」

文、景時期的限制措施似乎沒有效果，土地兼併，是武帝時期大規模流民逃亡的原因之一。武帝時期爲了抑制兼併，開始大力打擊商人豪強勢力，三次徙民實茂陵；頒佈六條詔書，打擊「強宗豪族田宅逾制，以強淩弱，以眾暴寡。」〔註78〕任用酷吏，對各地豪強大肆鎮壓；又實行鹽鐵官營，均輸平準、算緡告緡，結果「中家以上大抵皆遇告，杜周治之，獄少反者，乃分遣御史，廷尉正監分曹往，往即治郡國緡錢，得民財物以億計，奴婢以千萬數，田大縣數百傾，小縣百餘傾，宅亦如之。於是商賈中家以上大抵破產。」〔註79〕在朝廷的嚴屬打擊下，土地兼併在武帝後期得到有效遏制。

到西漢末期，土地兼併問題再次嚴重起來。面對瘋狂的土地兼併，爲了緩和社會矛盾，有人向朝廷提出了「限田」政策：

有司條奏：諸王、列侯得名田國中，列侯在長安及公主名田縣道，關內侯、吏民名田，皆無得過三十頃。賈人皆不得名田、爲吏。諸名田畜奴婢過品，皆沒入縣官。〔註80〕如淳曰：「名田國中者，自其所食國中也，既收其租稅，又自得有私田三十頃。名曰縣道者，令甲，諸侯在國，名田他縣，罰金二兩。今列侯有不之國者，雖遙食其國租稅，復自得田於他縣道，公主亦如之，不得過三十頃。」

限制官僚占田數量，並禁止商人不得佔有田地。只是西漢王朝已然衰落，政府推行政策的能力大爲減弱，這樣的措施最終只能是一紙空文，產生不了多少實際效果。

「天下民不徙諸陵三十餘歲矣，關東富人益眾，多規良田，役使貧民。」〔註81〕當時已經是成帝時期，關東地區豪民兼併土地的勢頭一點也沒有收斂。紅陽侯王立強佔的民間墾地很多都是少府假與貧民者，〔註82〕此外，不少的人還提出恢復井田制的辦法，但都流於空談，西漢的土地兼併問題根本

〔註77〕《漢書》卷六《武帝紀》，頁180。
〔註78〕《漢書》卷十九《百官公卿表》，頁742。
〔註79〕《漢書》卷二十四《食貨志》，頁1170。
〔註80〕《漢書》卷十一《哀帝紀》，頁336。
〔註81〕《漢書》卷七十《陳湯傳》，頁3024。
〔註82〕《漢書》卷七十七《孫保傳》，頁3258。

沒有得到任何緩解。

　　東漢時期也重申「禁民二業」，限制商人兼併土地，光武帝劉秀還實行度田，以清查豪強侵佔的土地，「詔下州郡撿覆墾田畝及戶口年紀，……秋九月，河南尹張伋及諸郡守十餘人，坐度田不實，皆下獄死。」〔註83〕注引《東觀記》曰：「刺史太守多為詐巧，不務實核，苟以度田為名，聚人田中，並度廬屋裏落，聚人遮道啼呼。」

　　朝廷度田的目的也有限制土地兼併的含義，只是由於地方豪強勢力的抵制，使這次度田最終沒有後果，東漢時期的土地兼併卻變得更加瘋狂，宦官、官僚成為搶佔民田的先鋒。

　　　　督郵張儉因舉奏覽貪侈奢縱，前後請奪人宅三百八十一所，田百一十八頃。〔註84〕中常侍蘇康、管霸用事於內，遂固天下良田美業，山林湖澤，民庶窮困。〔註85〕（梁冀）多拓林苑，禁同王家，西至弘農，東界滎陽，南極魯陽，北達河、淇，包含山藪，遠帶丘荒，周旋封域，殆將千里。又起兔苑於河南城西，經互數十里。〔註86〕

兩漢政府雖然實行了一系列限制土地兼併的政策，但由於種種原因，還是無法從根本上杜絕土地兼併，隨著土地兼併而來的小農破產也就難以避免。

（四）土地兼併與民眾逃亡

　　民眾土地被侵佔的結果，使他們失去生活基礎，無土地可供耕種、無陂澤可供漁採，兩漢朝廷推行的「假民公田」經營，以解決小民無地可耕的問題，也收效甚微。「今縣官之多張苑囿、公田、池澤、公家有鄣假之名，而利歸權家。」〔註87〕假與民眾的土地最終還是被權貴之家所強佔。失去土地的小農成為佃戶、依附農、甚至為奴為婢，有的就此走上逃亡之路，成為流民。

　　官僚、豪強佔地的結果，不光是增加了小農受剝削的程度，還在於他們佔有的眾多土地無法得到充分的利用，人為造成農地的浪費，從而減少了社會農業生產的總量。王莽曾經發布命令說：「凡田不耕為不殖，出三夫之稅；

〔註83〕《後漢書》卷一《光武帝紀》，頁66。
〔註84〕《後漢書》卷七十八《侯覽列傳》，頁2523。
〔註85〕《後漢書》卷六十七《黨錮・劉祐列傳》，頁2199。
〔註86〕《後漢書》卷三十四《梁冀列傳》，頁1182。
〔註87〕《鹽鐵論・園池》。

城郭中宅不樹藝者爲不毛，出三夫之稅。」〔註88〕發布這樣的命令，顯然是針對豪強官僚佔地而不加充分使用或者乾脆不加出租，導致田地荒蕪而發布的。當然，一項禁止某種現象政策的頒佈，通常是這種現象已經十分普遍，甚至已經影響到了國家統治的穩定。王莽專門下令控制地力不盡的問題，應該是隨著土地兼併的盛行，佔有大片土地的豪強、官僚土地利用率太低的現象已經成爲嚴重的社會問題，影響到了王朝穩定的基礎，這與王莽時期極力壓制豪強的做法是一致的。

王莽特別強調「如令豪吏猾民辜而擾之，小民弗蒙，非予意也。」〔註89〕目的就在於防止豪強兼併，盡量提高土地利用效率。東漢時期的土地兼併有增無減，不耕作、不樹藝的情況自然也存在。豪族、官僚佔有大片土地，但他們重視享樂，很多土地被移作他用，梁冀佔領京師附近的千里良田，建成苑囿，飼養珍禽異獸，人民不得耕作；侯覽占田四百餘頃，建立豪華宅第。此類現象應該不在少數，所以土地兼併不但直接導致農民無地可耕，無地可租，而且連帶引起土地利用率下降，農田轉作他用，使社會糧食總產量減少。

秦漢時期的君主仍然保持著對土地的最後所有權，在皇帝認爲需要的時候，可以任意對私人土地加以收取，變成皇帝的私田，爲國家所有。漢代公田，除了從犯罪官吏、豪族那裡沒收來的土地以外，王室的園池、大臣的獻地、未開墾的荒地、無主荒田、邊郡新開拓的土地都屬於公田。武帝建元三年開上林苑，周圍三百餘里，都是上等田地，而所養不過禽獸而已，以至於司馬相如「從此觀之，齊楚之事，豈不哀哉。地方不過千里，而囿居九百，是草木不得墾闢，而民無所食也。」〔註90〕武帝時期沒有開放苑囿的記載。則民眾只能在狹窄的土地上求食，生活水平的提高就十分困難了。數十百萬的流民雖然不全是出自土地狹窄地區，但若說民眾失去土地，耕地不足與流亡全關係似乎也說不過去。

東漢時期此類問題依然嚴重，三輔地區土地肥沃，馬援請求率領部曲屯田其中，張禹請求將廣成、上林空地假民耕種，〔註91〕漢靈帝造畢圭靈昆苑，

〔註88〕《漢書》卷二十四《食貨志》，頁1180。
〔註89〕《漢書》卷九十九《王莽傳》，頁4176。
〔註90〕《漢書》卷《五十七司馬相如傳》，頁2575。
〔註91〕《後漢書》卷二十四《馬援傳》，頁831、《後漢書》卷四十四《張禹傳》，頁1499。

廣壞民田、以畜養禽獸（東觀漢紀卷二十），國家在人口稠密，經濟發達地區廣建園林，與百姓爭田的結果，是田地荒蕪，與豪強兼併土地對小農造成的威脅是一樣的，也是小農流亡的重要原因之一。

土地兼併和大量優質土地被荒蕪畜養禽獸、辟爲園林以外，人地比例失衡也是導致小民流亡的原因之一。文帝的一道詔書說：「何其民食之寡乏也，夫度田非益寡，而計民未加增。以口量地，其於古猶有餘，而食之甚不足者，其咎安在？」〔註92〕這裡提到了人口與土地比例的問題，當然，籠統的以人比地沒有什麼實際價值，也說明不了實際問題，但看到人口與土地的比例問題也是一大進步。可惜這一進步似乎沒有引起漢代統治者的重視，關注人地比例問題也沒有在預防和控制流民問題上起過什麼作用。政府爲了盡快安置流民，一直把招徠流民著籍作爲考覈地方官政績的重要指標，結果地方官吏爲了邀功請賞，不惜謊報招徠人口的數量，如膠東相王成「流民自占八萬餘口。」被封爲關內侯，後來發現他冒增招來流民的戶數；《後漢書・劉般傳》載劉般請求明帝，將度田不實的官員處以重罰，以防止謊報田地。

儘管朝廷三令五申，但效果不明顯，封建官僚的本性使他們爲了一己之私而不顧地方社會的發展情況，任意虛報耕地面積，以期獲得好的考課成績，獲得陞遷機會。「夫天降災戾，應政而至。間者郡國或有水災，妨害秋稼。朝廷惟咎，憂惶悼懼。而郡國欲獲豐穰虛飾之譽，遂覆蔽災害，多張墾田，不揣流亡。」〔註93〕這恐怕才是漢代官場的常態。

皇帝以詔書的形式禁止謊報耕田數量，但只是禁止謊報，鼓勵地方郡守招徠更多的流民，則是兩漢一致的政策。從兩漢書《循吏傳》的記載來看，這種招徠還是有一定作用的，至少武帝時期出現的二百餘萬流民在宣帝時期逐漸安定下來，除去國家停止了對匈奴和周邊少數民族的戰爭，逐漸減少了內外徵發以外，地方郡守的大力招徠流民所起的作用也是不可低估的。地方官吏大力招徠流民，隨著地方人口的增加，其必然結果是導致人均耕地數的減少，也就是說，在土地和人口都得大幅度增長的同時，百姓的生產收入卻沒有什麼增長，有時甚至是減少。漢人只知道要多增加土地和人口，卻沒有想到土地和人口增加後的人地比例問題，人地比例失調的結果，反而不利於小農經濟的發展。

〔註92〕《漢書》卷四《文帝紀》，頁 128。
〔註93〕《後漢書》卷四《殤帝紀》，頁 198。

二、苛捐雜稅

秦漢時期的小民逃亡與政府賦稅徵收上的繁苛有極大的關係。正常限度的賦稅是政權存在的基礎，但超常規的賦稅徵收卻會給小農生產帶來致命的打擊，使其喪失再生產的能力，甚至走上流亡之路。

（一）秦漢賦稅種類

秦漢時期的賦稅中，田租、芻稿屬於常稅。史料記載說秦代「收太半之賦」，應該是指田租而言，《睡虎地秦墓竹簡・倉律》有「入禾稼，芻、稿」〔註94〕的記載，說明秦代徵收田租的實物形態。秦代田租徵收率一直不太清楚，秦二世時期出現徵收太半之賦的情況，即徵收土地收入的一半以上。漢代田租稅率有所變化，「漢興，接秦之弊，……上於是約法省禁，輕田租，什五而稅一。」〔註95〕此後雖有所變化，但到惠帝高后時期，又恢復到什五稅一。文帝時期，接連多次出現三十稅一的情況，「孝景二年，令民半出田租，三十而稅一。」〔註96〕三十稅一至此基本形成定例，直到東漢，沒有大的變化。東漢初期有過一段時期的十稅一，但很快恢復到三十稅一。

秦漢時期還徵收附加性質的芻稿稅。

《睡虎地秦墓竹簡・田律》：「入頃芻稿，以其受田之數，無墾不墾，頃入芻三石，稿二石。……入芻稿相輸度，可也。」「禾、芻、稿（撤）木，薦，輒上石數縣廷。」〔註97〕

《淮南子・氾論訓》：「秦之時，……發謫戍，入芻稿。」

則秦代每畝徵收三石芻和二石稿，凡是可以作為飼料的樹葉和乾草都可以充稅，由納稅者送到官府即可。漢代繼續實行芻稿稅的徵收。

「後何為民請曰：長安地陿，上林中多空地，棄，願令民得入田，毋收稿為獸食。」〔註98〕漢初就已經開始徵收芻稿稅，東漢和帝、殤帝、安帝時期都有因為自然災害「毋收田租芻稿」或者「毋收租更芻稿」的詔令，則芻稿稅收存在於整個秦漢時期。

與秦朝相比，漢代的芻稿稅有了一系列變化：芻、稿稅分離，而且芻稅

〔註94〕《睡虎地秦墓竹簡》，頁38。
〔註95〕《漢書》卷二十四《食貨志》，頁1127。
〔註96〕《漢書》卷二十四《食貨志》，頁1135。
〔註97〕《睡虎地秦墓竹簡》，頁28。
〔註98〕《漢書》卷三十九《蕭何傳》，頁2011。

多於稿稅，戶芻又多於田芻，田芻按土地面積徵收，戶芻按戶徵收；而且可以折錢繳納，或者以芻當稿，芻一石當稿二石。《張家山漢簡・二年律令》：

> 入頃芻稿，頃入芻三石，上郡地惡，頃入二石，稿皆二石。令各入其歲所有，毋入陳，不從令者罰黃金四兩。收入芻稿，縣各度一歲用芻稿，足其縣用，其餘令頃入五十五錢以當芻稿。芻一石當十五錢，稿一石當五錢。（簡240、241）

芻爲草類飼料，稿爲禾稈，兩者用途不一，獲取難易程度不一，故而價錢不一。這樣的變遷開始於漢初，一直延續到東漢。《後漢書・光武紀》注引：

> 《東觀記》曰：爲季父故舂陵侯詣大司馬府，訟地皇元年十二月壬寅前租二萬六千斛，芻稿錢若干萬。時宛人朱福亦爲舅訟租於尤，尤止車獨與上語，不視福。〔註99〕

劉秀逋租之中有芻稿錢「若千萬」，則農民交納地租時也交納芻稿稅，而且是折納交錢。芻稿按地畝面積繳納，對小農有利，但按戶徵收則對小農不利，折錢繳納時又要受到市場商人的盤剝，芻稿稅對小農帶來的負擔無形中加重了。

秦漢時期農民要交納人頭稅，秦末，「外內騷動，百姓罷敝，頭會箕斂。」〔註100〕董仲舒分析說：「至秦則不然，用商鞅之法，改帝王之制，田租、口賦、鹽鐵之利，二十倍於古。」〔註101〕秦有人頭稅沒有問題。秦有算賦，秦昭王曾與夷人約：「復夷人頃田不租，十妻不算。」〔註102〕這裡的算就是算賦，即人頭稅。「今秦之發卒也，有萬死之害，而亡銖兩之報，死事之後不得一算之復。」〔註103〕秦人既有算賦，則口賦之征大概也不能免。〔註104〕漢代人頭稅分爲兩類，十五歲以上的成年人繳納算賦，七至十四歲的未成年人繳納口賦。

口賦、算賦之外還有戶賦，《法律答問》：「可（何）謂『匿戶』，及『敖童弗匿』？匿戶弗繇（徭）、使，弗令出戶賦之謂殴（也）。」〔註105〕意思是

〔註99〕《後漢書》卷一《光武紀》，頁5。
〔註100〕《史記》卷八十九《張耳陳餘列傳》，頁2573。
〔註101〕《漢書》卷二十四《食貨志》，頁1137。
〔註102〕《後漢書》卷八十六《南蠻傳》，頁2842。
〔註103〕《漢書》卷四十九《晁錯傳》，頁2284。
〔註104〕高敏《從江陵鳳凰山十號漢墓出土的簡牘看漢代的口錢、算賦制度》，文史，二十輯。
〔註105〕《睡虎地秦墓竹簡》，頁222。

被隱匿的戶口可以不服徭役，不繳納戶賦。則秦有戶賦的徵收。

漢代口賦爲人均二十錢，武帝時增加三錢，人均二十三錢，《漢書》注引如淳曰：「《漢儀注》民年七歲至十四出口賦錢，人二十三。二十錢以食天子，其三錢者，武帝加口錢以補車騎馬。」〔註106〕算賦初期定額多有變化，後來確定爲《漢儀注》的一算百二十錢。漢代還有更賦，《漢書·昭帝紀》注引如淳曰：

> 更有三品，有卒更，有踐更，有過更。古者正卒無常人，皆當迭爲之，一月一更，是謂卒更也。貧者欲得顧更錢者，次直者出錢顧之，月二千，是謂踐更也。天下人皆直戍邊三日，亦名爲更，律所謂徭戍也。雖丞相子亦在戍邊之調。不可人人自行三日戍，又行者當自戍三日，不可往便還，因便住一歲一更。諸不行者，出錢三百入官，官以給戍者，是謂過更也。……《食貨志》曰：「月爲更卒，已復爲正，一歲屯戍，一歲力役，三十倍於古。」此漢初因秦法而行之也。後遂改易，有謫乃戍邊一歲耳。謫，未出更錢者也。〔註107〕

所謂「顧更錢」實際就是代役錢，不願服役者每月出錢二千，只是一種私人之間的交易關係，並不能算作國家徵收的賦稅，戍邊三日，不可能人人都去，由國家出面規定人均納錢三百，具有法律意義，是民眾基本的賦稅負擔。

向社會成員徵收相應的賦稅是國家政權存在的基礎，正常的賦稅是社會成員必須承擔的，問題在於若是政府對民眾的賦稅徵收超過了民眾所能夠負擔的程度，正常的賦稅徵收就會變成促使民眾逃亡的因素。

（二）朝廷加徵與民眾逃亡

秦漢時期，正常的賦稅之外，政府經常增加一些無名目的賦稅和徵調，成爲民眾的沉重負擔。漢文帝時期以輕繇薄賦著稱於世，但晁錯卻指出：

> （民）勤苦如此，尚復被水旱之災，急政暴賦，賦斂不時，朝令而暮改。當具有者半價而賣，亡者取倍稱之息，於是有賣田宅鬻子孫以償債者也。……農人所以流亡也。〔註108〕

按晁錯所言，暴賦、不時之賦之類正常賦稅之外的徵收絕對不會少，朝廷一

〔註106〕《漢書》卷七《昭帝紀》，頁230。
〔註107〕《漢書》卷七《昭帝紀》，頁230。
〔註108〕《漢書》卷二十四《食貨志》，頁1132。

且下令徵收，要求百姓立刻交納，有家財者，不得不半價出售，沒有家財者，要受到市場的盤剝，加倍付出。小民財產受到掠奪，加徵和不時之征成爲導致民眾流亡的重要原因。漢武帝時期時是西漢各種賦稅增收最多的時期，「外事四夷，內興功利，役費並興，而民去本。」〔註109〕其結果是激起了關東地區二百餘萬流民四散逃亡。

　　西漢的不時之征以外，在東漢時期還有各種各樣的調度，具體由大司農掌管。

　　《後漢書・百官志》大司農條本注曰：

> 掌諸錢穀金帛諸貨幣。郡國四時上月旦見錢穀簿，其逋未畢，
> 各具別之。邊郡諸官請調度者，皆爲報給，損多益寡，取相給足。
> 〔註110〕

這種調度本來是適應邊郡急需而設，是把其他郡國的錢穀貨物轉輸到急需的地方，後來逐漸及於內郡，東漢中期後趨於泛濫。「今復募發百姓，調取穀帛，炫賣什物，以應吏求。外傷羌虜，內困徵賦。」〔註111〕是在羌患起來後的調度；「冬夏衣服，朝夕稟糧，耗費縑帛，空竭府藏，徵調增倍，十而稅一，空賦不辜之民，以供無用之女，百姓窮困於外，陰陽隔塞於內。」〔註112〕這是爲供應采女織造而興起的調度；「其四方調發，歲時貢獻，皆先輸上第於冀，乘輿乃其次焉。」〔註113〕這是爲滿足皇帝和貴族權臣奢侈生活而興起的調度。各種調度帶給民眾無窮痛苦，呂強給靈帝的上書：「調廣民困，費多獻少，姦吏因其利，百姓受其敝。」〔註114〕「受其敝」一語道出了百姓流亡與沉重調度之間的關係。

　　皇帝的增賦則會加大全國民眾的負擔。東漢桓帝延熹八年（165年）八月，「初令郡國有田者畝斂稅錢。」〔註115〕注曰：「畝十錢也。」靈帝中平二年（185年）「稅天下田，畝十金。」〔註116〕類似全國範圍內的加稅對小農的影響更加嚴重。谷永上書說：

〔註109〕　《漢書》卷二十四《食貨志》，頁1137。
〔註110〕　《後漢書》志第二十六《百官三》，頁3590。
〔註111〕　《後漢書》卷五十一《龐參傳》，頁1688。
〔註112〕　《後漢書》卷六十二《荀爽傳》，頁2055。
〔註113〕　《後漢書》卷三十四《梁冀傳》，頁1181。
〔註114〕　《後漢書》卷七十八《宦者呂強傳》，頁2532。
〔註115〕　《後漢書》卷七《桓帝紀》，頁315。
〔註116〕　《後漢書》卷把《靈帝紀》，頁351。

> 諸夏舉兵，萌在民飢饉而吏不恤，興於百姓困而賦斂重，發於
> 下怨離而上不知。……往年郡國二十一傷於水災，禾黍不入。今年
> 蠶麥咸惡，百川沸騰，江河溢決，大水泛濫郡國十五有餘。比年喪
> 稼，時過無宿麥。百姓失業流散，羣輩守關，大異較炳如彼，水災
> 浩浩，黎庶窮困如此，宜損常稅小自潤之時，而有司奏請加賦，甚
> 謬經義，逆於民心，布冤趨禍之道也。〔註117〕

谷永所言即指元帝、成帝時期國家重稅導致的民眾逃亡加劇的情況。鮑宣談到哀帝時期的形勢時說：「國家空虛，用度不足。民流亡，去城郭，盜賊並起，吏為殘賊，歲增於前。」〔註118〕所謂「吏為殘賊，歲增於前。」似乎就有不斷加徵的意思在內。朝廷加徵一直持續到西漢結束。隗囂在討伐王莽的檄文中說：

> 設為六管，增重賦斂，刻剝百姓，厚自奉養。……其死者則露
> 屍不掩，生者則奔亡流散，幼孤婦女，流離繫虜。〔註119〕

朝廷加徵不但促成了民眾的流亡，也導致了西漢王朝和新莽政權的滅亡。

（三）官府橫征與民眾逃亡

漢代的三十稅一一直被思想家稱作「輕稅」，但秦漢時期的田租一般徵收實物，以固定稅率按田地多少再參考產量高低來征收，這是賦稅徵收的常態。但在很多時候，實際徵收數量都是高於這一常態的。《鹽鐵論‧未通》：「田雖三十而頃畝出稅。」是指在徵收賦稅的時候，百姓只有三十畝土地，卻要按照占田百畝的標準來征收，徵收數量增加三倍。按戶估計產量的徵收方式，對百姓也有不同的影響。《昌言‧損益》：「今通肥饒之率，計稼穡之入。」秦彭為地方官時，「每於農月，親度頃畝，分別肥瘠，差為三品，專立文簿，藏之縣鄉。」〔註120〕作為徵收租稅的依據。

漢代田租稅率雖然不高，但要參考產量，稅率低，有利於田多的豪強地主，參考產量，卻不利於精耕細作的小農。況且，估計農戶戶等，估計田地產量都是人為進行的，為貪官污吏中飽私囊提供了機會。

秦漢時期的官府征稅，不論年之豐歉，一遇歉收，小農必然難以承擔租

〔註117〕《漢書》卷八十五《谷永傳》，頁3470。
〔註118〕《漢書》卷七十二《鮑宣傳》，頁3087。
〔註119〕《漢書》卷十三《隗囂傳》，頁517。
〔註120〕《後漢書》卷七十六《循吏‧秦彭傳》，頁2467。

稅，《鹽鐵論・未通》：「田雖三十，而以頃畝出稅，樂歲粒米狼戾而寡取之，凶年飢饉而必求足。」官府在徵收賦稅之時，不但不考慮農戶佔有土地不足的問題，還要在歉收之年與豐收之年徵收一樣的賦稅，結果，會在無形中增加民眾的負擔。

　　東漢建武時期，「天下墾田多不以實，又戶口年紀互有增減。十五年，詔下州郡核擿其事，而刺史太守多不平均，或優饒豪右，侵刻羸弱，百姓嗟怨，遮道號呼。」〔註121〕優饒豪右的結果，是加重小農負擔，本來脆弱的小農經濟更加窮困了。

　　　　般上言：又郡國以牛疫、水旱，墾田多減，故詔敕區種，增進
　　　　頃畝，以爲民也。而吏舉度田，欲令多前，至於不種之處，亦通爲
　　　　租。〔註122〕

劉般所言乃東漢前期的情況，當時政治尚稱清明，官吏妄增民田加重負擔已經如此嚴重，政治黑暗時的情況就可想而知了。《後漢書・殤帝紀》記載延平元年（106年）七月的一道詔書：

　　　　夫天降災戾，應政而至。間者郡國或有水災，妨害秋稼。朝廷
　　　　惟咎，憂惶悼懼。而郡國欲獲豐穰虛飾之譽，遂覆蔽災害，多張墾
　　　　田，不揣流亡。〔註123〕

百姓流亡與官吏妄增田畝加重租稅有著直接的關係。漢代多次在流民出現時下令減免芻稿稅，顯示出芻稿稅的徵收與流民之間的連帶關係。

　　口賦、算賦也是人民的重大負擔，禹貢上書說：「禹以爲古民亡賦算口錢，起武帝征伐四夷，重賦於民，民產子三歲則出口錢，故民重困，至於生子輒殺，甚可悲痛。」〔註124〕生子輒殺之事還見於《後漢書・賈彪傳》、《後漢書・王吉傳》。民眾因爲二十餘錢的口錢竟然要殺死自己的親生骨肉，可見當時口賦、算賦的徵收絕非規定的數目，若說爲了二十三錢而殺死自己的親生骨肉，則秦漢時期小農貧困已經達到極端的程度。

　　秦漢賦稅對小農生產的影響遠比田租大，面對漢文帝減輕田租，三十稅一的舉措，荀悅《漢紀・文帝紀》說：「今不正其本，而務除租稅，適足以資

〔註121〕《後漢書》卷二十二《劉隆傳》，頁780。
〔註122〕《後漢書》卷三十九《劉般傳》，頁1305。
〔註123〕《後漢書》卷四《殤帝紀》，頁198。
〔註124〕《漢書》卷七十二《貢禹傳》，頁3075。

富強。」是說人民失去田地，僅靠減免租稅是無濟於事的。正本也有應該減輕各種賦稅的意思存在。《鹽鐵論·未通》：「民不齊出於南畝，以口率被墾田而不足，……是以愈惰而仰利縣官也。……民尤背恩棄義，而遠流亡，……田地日蕪，租賦不入……君雖欲足，誰與之足乎？」在官府的橫征之下，人民只有流亡他鄉了。

（四）惡吏暴斂與民眾逃亡

漢代地方官吏爲了在上計考課中取得好的成績，在徵收賦稅之時根本不會考慮到地方社會利益和百姓的死活。兒寬爲左內史時：

> 勸農業，緩刑法，理獄訟，卑體下士，務在於得人心；……收租稅，時裁與民相假貸，以故租多不入。後有軍發，左內史以負租課殿，當免。〔註125〕

顯然，這樣的郡守是僅見的，絕大多數的官員是不會考慮小農的生產而寬免租稅徵收日期的。「而大臣特以簿書不報，期會之間，以爲大故。」〔註126〕師古曰：「言公卿大夫特以簿書期會爲急，不知正風俗，屬行義也。」不顧地方社會和百姓的死活，只知道應付上級，這是由封建官僚的本質決定的。于定國說：「民田有災害，吏不肯除，收趣其租，以故重困。」〔註127〕當時元帝初即位，關東流民入關，其原因固然複雜，但遇到災害後，地方郡守不知恤民，一味暴斂民租，自然會加重民眾負擔，成爲民眾流亡的原因之一。

官吏在催繳租稅以外還會因緣田租，巧立名目，元帝譴責丞相翟方進說：

> 百姓不足者尚眾，前去城郭，未能盡還。……君不量多少，一聽群下言，用度不足，奏請一切增賦，稅城郭堧及園田，過更，算馬牛羊。〔註128〕

惡吏爲了滿足自己暴斂的目的，不顧百姓和地方社會的實際，繼續增加對百姓的賦稅徵收，這對逃亡民眾而言不啻雪上加霜。

新莽時期「翼平連率田況奏郡縣賞民不實（舉百姓財，不以實數），莽復三十稅一。青、徐民多棄鄉里流亡，老弱死道路，壯者入賊中。」〔註129〕地

〔註125〕《漢書》卷五十八《兒寬傳》，頁2630。
〔註126〕《漢書》卷四十八《賈誼傳》，頁2244。
〔註127〕《漢書》卷七十一《于定國傳》，頁3043。
〔註128〕《漢書》卷八十四《翟方進傳》，頁3423。
〔註129〕《漢書》卷九十九《王莽傳》，頁4157。

方郡守的苛捐雜稅和橫征暴斂成爲民眾逃亡的起因。

　　東漢由於官府賦斂引起的流民絕對不少於西漢。建武十二年地震，「其口賦逋稅而廬宅尤破壞者，勿收責。」〔註130〕注曰：「逋稅謂欠田租也。」建武時期吏治清明，朝廷致力於招徠流民返鄉安置，此時尚且有交不上地租者，其他時期可想而知。章帝時期更因爲牛多疾疫，導致民眾流亡，「（建初元年正月）丙寅，詔曰：比年牛多疾疫，墾田減少，穀價頗貴，人以流亡。……進柔良，退貪猾，順時令，理冤獄。」〔註131〕牛疫影響到農民農業生產，糧食收入減少，人民生活受到威脅，只好流亡他鄉，朝廷賦稅收入隨之減少，而地方官吏爲了維持賦稅徵收，很多情況下會加重留在原地農民的負擔，結果引起更多人的逃亡。章帝「進柔良，退姦猾」就是要地方官吏減少對民眾的賦稅徵收，減少民眾的逃亡。安帝、順帝以後，外戚宦官交替專權，朝廷吏治腐敗，邊患不息，內地、邊郡均不堪重負，民眾逃亡者不絕如縷。《後漢書・順帝紀》：

　　　　永建六年（131年）冬十一月辛亥，詔曰：連年災潦，冀部尤甚。
　　比蠲除實傷，贍恤窮匱，而百姓猶有棄業，流亡不絕。疑郡縣用心怠
　　惰，恩澤不宣。〔註132〕

所謂「郡縣怠惰」就是地方官員不顧朝廷救濟災民的規定，繼續橫征暴斂，激起更多的民眾逃亡。

　　東漢時期，朝廷蠲除或者減少租稅的詔書很多，但流民並未因此而減少，除去官吏不能忠於職守，嚴格執行以外，與地方官吏爲了自己的上計成績而不顧民眾死活，強取田租賦稅有直接關係。惡吏貪得無厭，隨時需索，民眾不堪忍受，只好另謀生路，流亡他鄉。武帝時期的流民潮，與「百姓不安其生，騷動，縣官所興未獲其利，姦吏並侵漁」〔註133〕有極大關係。惡吏貪殘影響及於兩漢，「長吏侵漁，上府下求之縣，縣求之鄉，鄉安取之哉？」〔註134〕最後的負擔還是要落在小民身上。王符《潛夫論・實邊》說：「放散錢穀，殫盡府庫，乃復從民假貸，強奪財貨，千萬之家，削身無餘，萬民匱竭，因隨以死亡，皆吏所餓殺也。」王符所論乃邊地民眾在惡吏盤剝

〔註130〕《後漢書》卷一《光武紀》，頁74。
〔註131〕《後漢書》卷三《章帝紀》，頁132。
〔註132〕《後漢書》卷六《順帝紀》，頁258。
〔註133〕《漢書》卷五十九《張湯傳》，頁2641。
〔註134〕《鹽鐵論・疾貪》。

下的慘景，內地民眾受到的惡吏盤剝大概也與此相似。《全後漢文》卷 28 記載了朱穆諫梁冀的文字：

> 京師諸官費用增多，詔書發調或至十倍。……民多流亡，皆虛張戶口。戶口既少，而無貲者多，當復榜掠割剝，強令充足。

官府加徵、姦吏強索的結果，使本來不重的賦稅負擔無形中加重了很多，百姓只好流亡他鄉，作爲對苛政的反抗。

三、吏治腐敗

鮑宣在討論民眾逃亡的七種原因時，將官吏貪殘害民列爲迫使民眾逃亡的原因之一。鮑宣生活的西漢後期，「民流亡，去城郭，盜賊並起，吏爲殘賊，歲增於前。」官吏貪污導致民眾逃亡的現象已經引起了政治家的注意。秦漢王朝的各級官吏承擔著「民之師帥」的責任，「今之郡守、縣令，民之師帥，所使承流而宣化也；故師帥不賢，則主德不宣，恩澤不流。」〔註 135〕各級官吏責任重大。但由於各級官吏的貪殘酷暴，使國家的各項政策無法得到落實，尤其是各種關係國計民生的政策，由於官吏致力於謀取私利，使其效果化爲烏有，或者乾脆使惠民措施變爲殘民酷法，百姓飽受摧殘，流亡反抗者比比皆是。

（一）官吏貪污

官吏貪贓枉法是秦漢政府最難以治理的問題。西漢懲治貪贓者「與盜同法」，官員「主守而盜直十金，棄市。」〔註 136〕對貪污的懲治不可謂不嚴，但只要官吏「志但在營私家，稱賓客，爲姦利而已」〔註 137〕的觀念一日存在，其貪污之風就一日難以根除。武帝時期大臣田仁上書說：

> 天下郡太守多爲姦利，三河尤甚，臣請先刺舉三河。三河太守皆內倚中貴人，與三公有親屬，無所畏憚，宜先正三河以警天下姦吏。〔註 138〕

田仁所言非虛，漢武帝寵臣，萬石君石顯就是貪污大戶，「先是（石）顯爲太僕十餘年，與官屬大爲姦利，臟千餘萬，司隸校尉昌案劾，罪至不道，奏請

〔註 135〕《漢書》卷五十六《董仲舒傳》，頁 2512。
〔註 136〕《漢書》卷六十六《陳咸傳》，頁 2902。
〔註 137〕《漢書》卷七十二《鮑宣傳》，頁 3088。
〔註 138〕《史記》卷一百四《田叔列傳》，頁 2781。

逮捕。」〔註139〕所謂姦利就是謀取私財。武帝元封四年關東二百四十萬流民的出現就與「惟吏多私，徵求無已」〔註140〕有關，以至武帝為了安撫流民，要專門頒佈「流民法」來禁止解決流民問題過程中的官吏貪污問題，顯見官吏貪污足以引起大規模流民逃亡。宣帝曾經因為百姓流亡，派遣使者慰問安撫，結果「吏或營私煩擾，不顧厥咎，朕甚閔之。」〔註141〕不但沒有完成安撫流民的任務，反而加劇了民眾的負擔。鮑宣所謂「吏為殘賊」正是西漢後期吏治腐敗時的寫照，是導致小農逃亡的原因之一。

東漢初期，吏治比較清明，官吏貪污較少，中期以後，外戚宦官交替專權，吏治開始敗壞，官吏貪污超過西漢。西漢大臣藏千萬者不多，如公孫賀之子、丙吉之子、田延年、翟方進等人。東漢則遠比西漢為多，如：

陳留太守梁讓、濟陰太守氾宮、濟北相崔瑗等贓罪千萬以上。

〔註142〕

時長安令楊黨，父為中常侍，恃勢貪放，勳案得其贓千餘萬。

〔註143〕

更有掠奪多達鉅萬或者數億資財者，《後漢書·徐璆傳》記載：「時董太后姊子張忠為南陽太守，因勢放濫，贓罪數億。」〔註144〕《後漢書·梁冀傳》記載了外戚梁冀貪占資財、珍寶、土地的情況，數量多的驚人，《後漢書·宦者傳》記載了宦官曹嵩、侯覽、侯參等人大肆貪污，都聚斂了巨億資財。《後漢書·楊倫傳》記載，楊倫糾舉貪官任嘉時，牽連貪藏枉法的將相大臣百有餘人，《後漢書·朱穆傳》記載朱穆任冀州刺史時聞風解印而去者四十餘人，這些都是西漢時期所沒有的。

東漢時期官吏貪殘甚於西漢，還可以從政府對貪官懲治規定的修改上看到。西漢時期懲治貪官的標準是貪污資財滿十金，東漢政府放棄了西漢懲治官吏貪污的十金之律，桓帝建和元年（147年）詔曰：「長吏贓滿三十萬而不糾舉者，刺史、二千石縱避為罪。」〔註145〕將西漢懲治貪官的標準作了很大

〔註139〕《漢書》卷七十四《丙吉傳》，頁3149。
〔註140〕《漢書》卷四十六《石奮傳》，頁2198。
〔註141〕《漢書》卷八《宣帝紀》，頁252。
〔註142〕《後漢書》卷六十三《杜喬傳》，頁2092。
〔註143〕《後漢書》卷五十八《蓋勳傳》，頁1882。
〔註144〕《後漢書》卷四十八《徐璆傳》，頁1620。
〔註145〕《後漢書》卷七《桓帝紀》，頁290。

幅度的調整。儘管如此，貪贓枉法的官吏依然很多，其關鍵在於負責監督地方的刺史不能認真完成自己所負有的監督責任，大臣虞詡指出：

> 元年以來，貧百姓章言長吏受取百萬以上者，匈匈不絕，譴罰吏人至數千萬，而三公、刺史少所舉奏。〔註146〕

由於負責監督的各級官吏不能盡職盡責，官吏貪污的問題也就無法解決。官吏貪污會加重地方社會的負擔，這些負擔最終都會加倍落在小民身上，成為促使他們離開原籍，四散逃亡的原因之一。

（二）官吏巧取豪奪

奸吏貪污，無時不見，但每於國家有重大行動——如制度變革、或發生災害需要救濟、或對內對外有大的軍政舉措的時候，貪官們往往會借機生事，巧取豪奪。而這種巧取豪奪造成的惡劣影響也大於平時的貪污。武帝詔書說：

> 將百姓所安殊路，而撟虔吏因乘勢以侵蒸庶邪？何紛然其擾也。今遣博士大等六人分循行天下，存問鰥寡廢疾，無以自振業者貸與之。……詳問隱處亡位，及怨失職，奸猾為害，野荒治苛者，舉奏。〔註147〕

當時武帝正在造作五銖錢，官營鹽鐵，結果地方官吏乘機巧取豪奪，擾民不已。導致田地荒蕪，小農四散逃亡，甚者起為盜賊，公開反抗朝廷，武帝開始任用酷吏嚴加鎮壓。「百姓不安其生，騷動，縣官所興未獲其利，奸吏並侵漁。於是痛繩以罪。」〔註148〕最後終於平息了這場影響很大的流民暴亂。

宣帝時期地方長吏更換頻繁，地方郡守借交接之際大量侵吞國家資財，無形中加重了小民負擔，黃霸為此上書說：

> 數易長吏，送故迎新之費及奸吏緣絕簿書盜財，公私費耗甚多，皆當出於民，所易新吏又未必賢。〔註149〕

新莽時期，王莽推行改制，乘改制之際，各級官吏巧取豪奪；軍官也乘對外作戰的機會極力掠奪士兵，危害地方，激起更大的逃亡潮。見於史傳記載者：

> （王莽）末年，盜賊群起，發軍擊之，將吏放縱於外。北邊及青徐地人相食，……莽遣三公將軍，開東方諸倉賑貸貧乏，……流

〔註146〕《後漢書》卷五十八《虞詡傳》，頁1872。
〔註147〕《漢書》卷六《武帝紀》，頁180。
〔註148〕《漢書》卷五十九《張湯傳》，頁2641。
〔註149〕《漢書》卷八十九《黃霸傳》，頁3631。

民入關者數十萬人，置養澹官以稟之，吏盜其稟，饑死者十七八。……
以至於亡。〔註150〕

是時諸將在邊，須大眾集，吏士放縱，而內郡愁於徵發，民棄
城郭流亡爲盜賊，并州、平州尤甚。莽令七公六卿號皆兼稱將軍，
遣著武將軍逯並等填名都，中郎將、繡衣執法各五十五人，分填緣
邊大郡，督大姦猾擅弄兵者，皆便爲姦於外，撓亂州郡，禍賕爲市，
侵漁百姓。……今則不然，各爲權勢，恐嚇良民，妄封人頸，得錢
者去。毒蠚並作，農民離散。〔註151〕

西漢末年，王莽改制加上戰爭、災荒，正是需要各級官吏安撫地方，救濟受
災百姓的時候，各級官吏卻乘機豪奪國家、強取百姓，無法生存的小民開始
走上逃亡之路。官吏的巧取豪奪人爲加劇了小民生活的痛苦，激化了社會矛
盾。

東漢時期的情況與西漢相似，建武十六年（40年）「秋九月，河南尹張伋
及諸郡守十餘人，坐度田不實，皆下獄死。」〔註152〕注引《東觀漢紀》：「刺
史太守多爲詐巧，不務實核，苟以度田爲名，聚人田中，並度廬屋裏落，聚
人遮道啼呼。」官吏借度田之機，上下其手，牟取暴利，使百姓深受其害。

永元五年（93年）丁未，詔曰：去年秋麥入少，恐民食不足。
其上尤貧不能自給者戶口人數。往者郡國上貧民，以衣履釜鬻爲貲，
而豪右得其饒利。詔書實核，欲有以益之，而長吏不能躬親，反更
徵召會聚，令失農作，愁擾百姓。」〔註153〕注：「貧人既計釜甑以
爲資財，懼於役重，多即賣之，以避科稅。豪富之家乘賤買，故得
其饒利。」

本來是要救濟災民，反而使災民更受一層盤剝。如果考慮到地方豪右與
地方官員之間的密切關係，則官員借救濟之名，行豪奪之實也就昭然若揭了。

無論國家執行的各種政策對民生有利與否，任何政策最後都要通過各級
官吏的手一一落到實處，官吏乘推行政策之機巧取豪奪，會使任何好的政策
都走到他的反面，對社會、對民生帶來極壞的影響，秦漢時期的民眾流亡多

〔註150〕《漢書》卷二十四《食貨志》，頁1145。
〔註151〕《漢書》卷九十九《王莽傳》，頁4125。
〔註152〕《後漢書》卷一《光武帝紀》，頁66。
〔註153〕《後漢書》卷四《和帝紀》，頁175。

少都與官吏乘機巧取豪奪有關。

（三）官吏酷法

東漢人宋均認為，官吏執政中的酷法要比貪污的危害更加嚴重，是引起民眾逃亡的原因之一。宋均，韋彪說：

> 吏能弘厚，雖貪污放縱，尤無所害；至於苛察之人，身或廉法，而巧黠刻削，毒加百姓，災害流亡所由而作。〔註154〕

> 伏見立夏以來，當暑而寒，殆以刑罰刻急，郡國不奉時令之所致也。農人急於務而苛吏奪其時，賦發充常調而貪吏割其財，此其巨患也。〔註155〕

酷吏苛暴害民的問題終兩漢之世，一直沒有解決，由酷吏苛暴導致的民眾流亡也一直沒有得到解決。

西漢從武帝時期開始，大力任用酷吏，以殺伐立威，「今吏既亡教訓於下，或不承用主上之法，暴虐百姓，與姦為市，貧窮孤弱，冤苦失職，甚不稱陛下之意。」〔註156〕因為冤苦失職而流亡的民眾，正是酷吏殘民的結果。漢代法律條文眾多，典者不能遍睹，依法治案者或罪同而論異，難以平定人心，加上酷吏巧文弄法，民眾極易陷於囹圄，落入法網。宣帝詔書說：

> 元康二年（前64年）夏五月，詔曰：獄者萬民之命，所以禁暴止邪，養育群生也。能使生者不怨，死者不恨，則可謂文吏矣。今則不然。用法或持巧心，析律貳端，深淺不平，增辭飾非，以成其罪，奏不如實，上亦亡由知。〔註157〕

酷吏隨意利用法律條文，以私人喜好審理案件，法律案件判決上的冤苦就難以避免。無辜百姓無端獲罪，蒙受冤獄之苦，心中對朝廷的怨恨自然難以消除。同時，遭受冤獄之苦的百姓，生計受到影響，生產無法進行，流亡的契機就隱含其中。東漢時期官吏酷法的問題繼續存在，章帝時期陳寵上書說：「斷獄者急於箠格酷烈之痛，執憲者煩於詆欺放濫之文。」〔註158〕就指的是官吏巧文弄法，陷人於罪以謀取私利，以至於章帝不得不下詔禁止：

〔註154〕《後漢書》卷四十一《宋均傳》，頁1414。
〔註155〕《後漢書》卷二十六《韋彪傳》，頁918。
〔註156〕《漢書》卷五十六《董仲舒傳》，頁2512。
〔註157〕《漢書》卷八《宣帝紀》，頁255。
〔註158〕《後漢書》卷四十六《陳寵傳》，頁1549。

建初六年（81 年）三月甲寅，詔曰：孔子曰：刑罰不中，則人
無所措手足。今吏多不良，擅行喜怒，或案不以罪，迫脅無辜，致
令自殺者，一歲且多於斷獄，甚非為人父母之意也。……元和元年
（84 年）秋七月，（詔曰）自往者大獄已來，掠考多酷，鑽鑚之屬，
慘苦無極。念其痛毒，怵然動心。……宜及秋冬理獄。〔註159〕

雖然章帝下詔要求輕刑，但實際上收不到很好的效果，東漢後期官吏貪殘甚
於中期，其根本原因在於官吏瀆職殘民，各級官吏競相侵擾小民，郡縣主官
放任手下小吏，小吏借勢欺壓百姓，使政府澄清吏治的各種努力化為泡影，
結果，政府雖然一再強調選拔良吏，卻不見效果，「三公朕之腹心，而未獲承
天安民之策。數詔有司，務擇良吏。今猶不改，競為苛暴，侵愁小民，以求
虛名，委任下吏，假勢行邪。是似令下而姦生，禁至而詐起。」〔註160〕酷吏
殘民導致的逃亡也有增無減，日甚一日。

　　東漢末年。地方郡守們「競增戶口。掩匿盜賊，令姦惡無懲，署用非次，
選舉乖宜，貪苛慘毒，延及平民。」〔註161〕在這些不肖官吏的殘酷統治下，
小民恐怕難以安生，若再遇上下情不得上達，冤屈不得申訴，百姓的苦楚就
更加難以消解了。

　　國家各級政權擔負著控制社會矛盾、維護社會正常的政治經濟秩序的責
任，但由於各級官吏的玩忽職守，使政府機關擔負的這些職能流於形式，小
民的各種冤屈得不到申訴的機會，使他們對政府的不滿情緒日益嚴重。王符
指出：「今者，刺史守相率多怠慢，違背法律，廢忽詔令，專情務利，不恤公
事。細民怨結，無所控告，下土邊遠，能詣闕者，萬無數人，其得省治，不
能百一。郡縣負其如此也，故至敢延期，民日往上書。此皆太寬之所至也。」
〔註162〕在他看來，出現這種情況的根本原因在於政府對地方官吏的管理太過
寬鬆，各級官吏怠慢上級，不理民間糾紛的做法無形中激化了社會矛盾，與
官吏執法嚴酷，不顧惜民力，任意耽誤農時有著相同的危害。

　　朝廷官吏執政的酷暴和玩忽職守的結果，激化了社會矛盾，小民冤屈得
不到申訴，農民生機受到嚴重影響的結果，導致了大規模的民眾逃亡，甚至

〔註159〕《後漢書》卷三《章帝紀》，頁 140、146。
〔註160〕《後漢書》卷四《和帝紀》，頁 186。
〔註161〕《後漢書》卷四《殤帝紀》，頁 198。
〔註162〕《潛夫論‧三式》。

起兵反抗。

> 時廣陵賊張嬰等眾數萬人，殺刺史、二千石，寇亂揚徐間，積十餘年，朝廷不能討。（張綱為廣陵太守），前遣郡守，率多求兵馬，綱獨請單車之職，既到，乃將吏卒十餘人，徑造嬰壘，以慰安之，求得與長老相見，申示國恩。……乃譬之曰：前後二千石多肆貪暴，故致公等懷憤相聚。二千石信有罪矣，……嬰聞，泣下，曰：荒裔愚人，不能自通朝廷，不堪侵枉，遂復相聚偷生，若魚游釜中，喘息須臾間耳。今聞明府之言，乃嬰等更生之辰也。既陷不義，實恐投兵之日，不免孥戮。〔註163〕

官吏郡守執政的殘暴引起數萬人逃離家園，形成大規模的軍事暴亂，執法殘酷的危害一至於此。東漢後期少數民族的逃亡、叛亂也多肇端於官吏執法的嚴酷。據《後漢書·南蠻傳》記載：

> （板楯蠻）忠功如此，本無噁心。長吏鄉亭，更賦至重，僕役棰楚，過於奴虜，亦有嫁妻賣子，或乃至自剄割。雖陳冤州郡，而牧守不為通理。闕庭悠遠，不能自聞。含怨呼天，叩心窮谷。愁苦賦役，困懼酷刑。故邑落相聚，以致叛戾。非有謀主僭號，以圖不軌。今但選明能牧守，自然安集，不煩征伐也。帝從其言，遣太守曹謙宣詔赦之，即皆降伏。〔註164〕

地方官吏貪殘直接影響到民眾的生產生活，東漢後期連綿不斷的小民逃亡和此起彼伏的起義叛亂，都與吏治腐敗，官員不恤地方有直接關係。

（四）公務、獄訟擾民

官吏除過管理地方上的酷惡以外，在執行公務和審理各類案件時，動輒遷延時日，也會妨礙農時，進而影響到小農生產的正常進行，小農不能按時耕種收穫，使其生活無著時，最後也會走向逃亡。漢元帝在建昭五年（前34年）的詔書中就曾經指出獄訟擾民的嚴重性。詔書說：

> 方春農桑興，百姓戮力自盡之時也，故是月勞農勸民，無使後時。今不良之吏，覆察小罪微召證案，興不急之事，以妨百姓，使失一時之作，亡終歲之功，公卿其明察申敕之。〔註165〕

〔註163〕《後漢書》卷五十六《張綱傳》，頁1818。
〔註164〕《後漢書》卷八十六《南蠻傳》，頁2843。
〔註165〕《漢書》卷九《元帝紀》，頁296。

官府對各種案件不能按時審理，拘押百姓，遷延時日，使之失去正常的耕作時間，耽誤了農田的耕作，其影響遠遠超過了官吏酷暴的危害。官吏酷暴，影響一時，更多的是心理上、情緒上的，但若耽誤了正常的農時，則會影響到一年的收穫和生計。章帝建初元年的牛疫導致民眾流亡，除去牛疫使生產受影響以外，官吏不能按時審理案件，耽誤農時也是原因之一。《後漢書·和帝紀》記載：

> 永元六年（94年）三月陰陽不合，水旱違度，濟河之域，凶謹流亡，……惟官人不得於上，黎民不安於下，有司不念寬和，而競爲苛刻，覆案不急，以妨民事。〔註166〕

詔書將民眾的流亡直接與案件審理不及時而耽誤農時連接在一起，作爲朝廷惡政來糾正。

漢代訴訟程序較爲複雜，《漢書·張湯傳》：「張湯，杜陵人也。父爲長安丞，出，湯爲兒守舍。還，鼠盜肉，父怒，笞湯。湯掘薰得鼠及餘肉，劾鼠掠治，傳爰書，訊鞫論報，並取鼠與肉，具獄磔堂下，父見之，視文辭如老獄吏，大驚，遂使書獄。」〔註167〕從記載來看，漢代的訴訟程序可分爲劾、掠治、傳爰書、訊、鞫、論、報、執行等階段。張建國認爲，《張湯傳》的這一記載反映的是漢代的刑事訴訟程序，「基本的程序是告劾、訊、鞫、論、報，而訊鞫論是其中的審判程序。」〔註168〕其實漢代民事訴訟、刑事訴訟的程序略有差異，另外，基本程序也不止「告劾、訊、鞫、論、報」。〔註169〕如果加上逮捕程序、一審後的複審程序、執行程序，案件持續時間之長可以想見。

兩漢時期的案件牽連，已經不是一人一家的事情，案件審理妨礙農時的範圍被無限擴大，成爲嚴重的社會問題。

訴訟擾民的第一個表現是違背「因時訴訟」要求。《後漢書·陳寵傳》載：「秦爲虐政，四時行刑，聖漢初興，改從簡易。蕭何草律，季秋論囚，俱避立春之月，而不計天地之正，二王之春，實頗有違。」從記載來看，秦四時行刑，無因時訴訟原則之規定，漢初「蕭何草律，季秋論囚，俱避立春之月，」初步確立了因時訴訟原則。春天不興訴訟，避免耽誤農時，是「因

〔註166〕《後漢書》卷四《和帝紀》，頁178。
〔註167〕《漢書》卷五十九《張湯傳》，頁2637。
〔註168〕張建國《帝國時期的中國法》，法律出版社，1999年，頁305～306。
〔註169〕程政舉《漢代訴訟制度研究》鄭州大學博士學位論文（2006年）頁16～29。

時訴訟」的基本要求。春季開始，官員要盡力勸民農桑，訴訟和案件審理活動應當停止，開始「錄囚徒、出輕繫」，以增加勞動人口。《漢書・王溫舒傳》記載，王溫舒為河內太守時，「捕郡中豪猾，相連坐千餘家。上書請，大者至族，小者乃死，家盡沒入償臧。奏行不過二日，得可，事論報，至流血十餘里。河內皆怪其奏，以為神速。盡十二月，郡中無犬吠之盜。其頗不得，失之旁郡，追求，會春，溫舒頓足歎曰：『嗟，令冬月益展一月，卒吾事矣。』其好殺行威不愛人如此。」〔註170〕即使像王溫舒這樣的酷吏也嚴格遵循時令原則，雖處事論刑神速，但無奈冬月已盡，不得不停止行刑。

漢元帝五年（前34年）春三月，詔曰：「方春農桑興，百姓戮力自盡之時也，故是月勞農勸民，無使後時。今不良之吏，覆案小罪，徵召證案，興不急之事，以妨百姓，使失一時之作，亡終歲之功，公卿其明察申敕之。」〔註171〕「徵召證案」即官府徵召涉案證人，等待作證，耽誤農時。春天審判屬於違背「因時訴訟」的行為，其結果是百姓「失一時之作，亡終歲之功」，為逃避訴訟，就會逃亡。

為此，東漢皇帝曾多次下詔，要求嚴格遵守「因時訴訟」規定，盡量減少獄訟違時擾民。

《後漢書・禮儀志》：「制詔三公：方春東作，敬始慎微，動作從之。罪非殊死，且勿案驗，皆須麥秋，退貪殘，進柔良，下當用者，如故事。」

《後漢書・肅宗孝章皇帝紀》：建初元年（公元76年）春正月，詔曰：「方春東作，宜及時務。二千石勉勸農桑，弘致勞來。群公庶尹，各推精誠，專急人事。罪非殊死，須立秋案驗。有司明慎選舉，進柔良，退貪猾，順時令，理冤獄。……布告天下，使明知朕意。」

《後漢書・肅宗孝章皇帝紀》：元和二年（公元85年）春正月乙酉，詔曰：「方春生養，萬物莩甲，宜助萌陽，以育時物。其令有司，罪非殊死，且勿案驗；及吏人條書相告，不得聽受，冀以息事寧人，敬奉天氣。立秋如故。」

《後漢書・肅宗孝章皇帝紀》：元和二年（公元85年）秋七月

〔註170〕《漢書》卷九十《酷吏列傳・王溫舒傳》，頁3656。
〔註171〕《漢書》卷九《元帝紀》，頁296。

庚子，詔曰：「《春秋》於春每月書『王』者，重三正，慎三微也。律，十二月立春，不以報囚。《月令》冬至之後，有順陽助生之文，而無鞠獄斷刑之政。朕咨訪儒雅，稽之典籍，以爲王者生殺，宜順時氣。其定《律》，無以十一月、十二月報囚。」

《後漢書・孝和帝紀》和帝永元十五年（公元 103 年），有司奏以爲夏至則微陰起，靡草死，可以決小事。是歲，初令郡國以日北至案薄刑。

《後漢書・孝和帝紀》和帝永元十六年（公元 104 年）秋七月，旱。戊午，詔曰：「今秋稼方穗而旱，雲雨不沾，疑吏行慘刻，不宣恩澤，妄拘無罪，幽閉良善所致。其一切囚徒於法疑者勿決，以奉秋令。方察煩苛之吏，顯明其罰。」

皇帝屢屢頒佈詔書，強調「因時訴訟」，可見違反這一原則對社會造成破壞之劇烈。

訴訟擾民的第二個表現是牽連範圍認爲擴大。《漢書・成帝紀》記載：

鴻嘉四年（前 17 年）春正月，詔曰：數敕有司，務行寬大，而禁苛暴，訖今不改。一人有辜，舉宗拘繫，農民失業，怨恨者眾，傷害和氣，水旱爲災，關東流冗者眾，青幽冀部尤劇，朕甚痛焉。〔註 172〕

一人涉嫌，全族被拘，牽涉面被無限誇大，民眾深受其害，成爲流民出現的重要原因之一。公務、獄訟擾民現象在東漢時期越發嚴重。東漢和帝時期，大臣魯恭上書說：

舊制至立秋乃行薄刑，自永元十五年以來，改用孟夏，而刺史、太守不深維憂民息事之原，進良退殘之化，因以盛夏徵招農人，拘對考驗，連滯無已。司隸典司京師，四方是則，而近於春月分行諸部，託言勞來貧人，而無隱惻之實，煩擾郡縣，廉考非急，逮捕一人，罪延十數，上逆時氣，下傷農業。〔註 173〕

「勞來貧人」就是賞賜牛酒、布帛、財物，救濟貧人，是兩漢時期常見的現象。問題在於，這種救濟若是在農忙時節進行的話，周圍數十里、甚至數百里的百姓都必須趕到固定地點領取賞賜救濟，不去則是不敬，去則耽誤農時，

〔註 172〕《漢書》卷十《成帝紀》，頁 318。
〔註 173〕《後漢書》卷二十五《魯恭傳》，頁 879。

惠民措施成了殘民酷法，這是公務擾民之一斑。至於司法案件上的牽連顯然是兩漢以來一直存在的司法問題。

關於案件牽連，影響到民生的問題，賢良文學們也有過深刻的揭露，「今之所謂良吏者，文察則以禍其民，強力則以屬其下，不本法之所由生，而專己之殘心，文誅假法，以陷不辜，累無罪，以子及父，以弟及兄，一人有罪，州里驚駭，十家奔七，若癘疫之相漫，色淫之相連，一節動而百枝搖。」〔註174〕案件牽連有似多米洛骨牌，傳染速度極快。

平帝時期曾經發布詔書說：「惟苛暴吏多拘繫犯法者親屬，婦女老弱，構怨傷化，百姓苦之。其明赦百僚，婦女非身犯法，及男子年八十以上七歲以下，家非坐不道，詔所名捕，它皆無得繫，其當驗者，即驗問，定著令。」〔註175〕此後，東漢光武帝劉秀在建武三年也下過類似的詔書，這些詔書顯示出當時案件牽連之廣，上及八旬老翁，下及七歲幼童，拘禁範圍廣，持續時間長，是秦漢時期案件審理上的弊病。東漢人王符對此有深切的感受，他指出：

> 百姓廢農桑而趨府廷者，相續道路，非朝餔不得通，非意氣不得見。或連日累月，更相瞻視，或轉請鄰里，饋糧應對。歲功既虧，天下豈無受其饑者乎？〔註176〕

> 今自三府以下，至於縣道鄉亭，及從事督郵，有典之司，民廢農桑而守之，辭訟告訴，及以官事應對吏者，……日廢十萬人，人復下計之，一人有事，二人護餉，是為日三十萬人離其業也。以中農（食七人）率之，則是歲二百萬口受其饑也。然則盜賊何從消，太平何從作。〔註177〕

政事、獄訟遷延時日，案件牽涉的有關人員不能按時進行農業生產，收穫自然會減少，流民問題已在醞釀之中。與案件直接有關的人一年牽連就達二百萬口，要是再加上前面那些被連坐牽引，驚駭奔散的人群，案件、辭訟對小民的影響就更大了。

〔註174〕《鹽鐵論·申韓》。
〔註175〕《漢書》卷十二《平帝紀》，頁356。
〔註176〕《後漢書》卷四十九《王符傳》，頁1640。
〔註177〕《潛夫論·愛日》。

（五）官吏瀆職

官吏持詔不行，應付上級，是秦漢官吏的又一弊端。文帝十二年（前 168 年）的詔書說：「朕親率天下農，十年於今，而野不加辟，歲一不登，民有飢色，是從事焉尚寡，而吏未加務也。吾詔書數下，歲勸民種樹，而功未興，是吏奉吾詔不勤，而勸民不明也。」〔註 178〕

這是官吏奉詔不勤，敷衍國家政策的典型例子，文帝時期正是西漢吏治清明的時期，地方官吏尚且如此，吏治敗壞時地方官員如何應付上級就很難說了。

成帝「鴻嘉四年（前 17 年）春正月，詔曰：數敕有司，務行寬大，而禁苛暴，迄今未改。」〔註 179〕也是詔書得不到貫徹的證明。「郡縣力事上官，應塞詰對。」〔註 180〕可能是漢代官場的普遍現象。

東漢時期此類現象更加嚴重，崔寔說「今典州郡者，自違詔書，縱意出入。每詔書所欲禁絕，雖重懇惻，罵詈極筆，由復廢舍，終無悛意，故俚語曰：州郡記，如霹靂，得詔書，但掛壁。」〔註 181〕官吏敷衍上級，不能忠於職守，最直接的受害者就是無辜百姓。這種情況引起了最高統治者的關注，下面是見於《後漢書‧殤帝紀》和《安帝紀》的記載：

> 間者郡國或有水災，妨害秋稼。朝廷惟咎，憂惶悼懼。而郡國欲獲豐穰虛飾之譽，遂覆蔽災害，多張墾田，不揣流亡，竟增戶口，掩匿盜賊，令姦惡無懲，署用非次，選舉乖宜，貪苛慘毒，延及平民。刺史垂頭塞耳，阿私下比，……自今以後，將糾其罰。二千石長吏各實核所傷害，為除田租、芻稿。〔註 182〕

> 其武吏以威暴下，文吏妄行苛刻，鄉吏因公生姦，為百姓所患苦者，有司顯明其罰。方今案比之時，郡縣多不奉行。雖有糜粥，糠粃相半，長吏怠事，莫有躬親，甚違詔書養老之意。〔註 183〕

地方官吏為了自己得到好的評價，不惜瀆職，隱匿地方受災實情，使受災百

〔註 178〕《漢書》卷四《文帝紀》，頁 124。
〔註 179〕《漢書》卷十《成帝紀》，頁 318。
〔註 180〕《漢書》卷九十九《王莽傳》，頁 4172。
〔註 181〕《全後漢文》卷四十六《政論》。
〔註 182〕《後漢書》卷四《殤帝紀》，頁 198。
〔註 183〕《後漢書》卷五《安帝紀》，頁 227。

姓得不到及時救濟，被迫走上逃亡之途。漢代官吏不能忠於職守，完成上級交給的任務，與朝廷對地方官員監督不嚴有關。刺史、太守是朝廷在地方的主要行政長官，負責監督、管理地方各級官員的責任，這些人不能盡職盡責，對朝廷吏治帶來了極壞的影響，失去了政府設官建職的本意。馬嚴說：「臣伏見方今刺史太守專州典郡，不務奉事盡心爲國，而司察偏阿，取與自己，同則舉爲尤異，異則中以刑法，不即垂頭塞耳，探求賄賂。……又選舉不實，曾無貶坐，是使臣下得作威福也。……舊丞相、御史親治職事，唯丙吉以年老優游，不案吏罪，於是宰府習爲常俗，更共罔養，以崇虛名，或未曉其職，便復遷徙，誠非建官賦祿之義。」〔註184〕

在馬嚴看來，吏治的敗壞根源於主持朝廷監察的御史大夫、丞相、刺史等官員不能盡職，還在於地方選舉中結黨營私，舉不得人。東漢人郎凱說：

> 今選舉牧守，委任三府，長吏不良，暨咎州郡，州郡有失，豈得不歸責舉者？而陛下崇之彌憂，自下慢事愈甚，所謂大網疏，小網數。〔註185〕

郎顗也將地方官吏選拔中的弊病看作吏治不良的根源。國家治亂原因複雜，也不是一人一職所能決定，但各級官員確實負有不可推卸的責任，而且其地位越高，所負的責任越大，影響也越大，設若中央官員不能恪盡職守，地方官員自然會上行下效，長此以往，上下之間虛謾應付，積弊不改，昇平景象之下，吏治愈加敗壞，稍遇風吹草動，流民、盜賊、義軍便蜂擁而起，一發而不可收拾。

> 自帝即位以來，頻遭元二之厄。百姓流亡，盜賊並起，郡縣更相飾匿，莫肯糾發。……臣竊見元年以來，盜賊連發，攻亭劫掠，多所傷殺。夫穿窬不禁，則致強盜，強盜不斷，則爲攻盜；攻盜成群，必生大姦。故亡逃之科，憲令所急，至於通行飲食，罪至大辟。而傾者以來，莫以爲憂。州郡督錄怠慢，長吏防禦不肅，皆欲採獲虛名，諱以盜賊爲負。雖有發覺，不務清澄。至有逞威濫怒，無辜僵僕。或有踡跼比伍，轉相賦斂。或隨吏追捕，周章道路。是以盜發之家，不敢申告，鄰舍比里，共相壓迮，或出私財，以賞所亡。

〔註184〕《後漢書》卷二十四《馬嚴傳》，頁860。
〔註185〕《後漢書》卷三十《郎顗傳》，頁1056。

其大章著不可掩者，乃肯發露，陵遲之漸，遂且成俗。〔註186〕
陳忠認爲盜賊並起，百姓流亡起因於各級官吏的互相推諉，互相容隱。

　　兩漢後期流民與盜賊，反叛武裝互相糾結，由小至大，漸成巨患，最終
不可收拾，這一狀況的出現與各級官吏互相推諉隱瞞有著不可推卸的責任。

（六）豪強橫行

　　漢代地方官吏不能恪盡職守，還與豪強等地方勢力的過分強大，牽制掣
肘官吏行政有關係。出身豪強的寧成爲少吏時，經常欺凌長官；豪惡吏輕尹
齊，伏匿不肯爲用，善吏不能爲治，政事多廢；成帝時長安數縣縣令貪殘不
守職，持郡短長，二千石數次欲整治竟然不能成功；朱博不更文法，爲刺史
郡守時，功曹、從事經常有欺凌之心，朱博「每遷徙易官，所到輒出奇譎如
此，以明示下爲不可欺者。」〔註187〕這種狀況的出現與西漢後期到東漢時期
地方勢力的強大有直接關係。

　　漢代在地方官吏的任用上，對籍貫限制較嚴，地方郡守、刺史、監官、
長吏都不任用本郡人，但長官的僚屬卻都是選用本郡人，其本意在於限制郡
守長吏結黨營私，形成自己的勢力集團。〔註188〕本郡人出身的屬吏們熟悉地
方情況，隨著地方豪強勢力強大，竟然逐漸控制了郡守長吏，成爲地方政治，
經濟權利的實際控制者，郡守、長吏的行爲自然受到他們的牽制。哀帝時大
臣王嘉上書說：

　　　　吏或居官數月而退，送故迎新，交錯道路。中材苟容求全，下
　　材懷危內顧，一切營私者多。二千石益輕賤，吏民慢易之，或持其
　　微過，增加成罪，言於刺史司隸，或至上書章下，眾庶知其易危，
　　小失意則有離叛之心。〔註189〕

地方豪強依仗其強大的勢力，控制著州郡長官的去留，州郡長官們只有順應
地方勢力的要求，才有可能長期任職，否則，地方豪強勢力就會設法陷害、
中傷，迫其去職。於是，許多地方長官因循守舊、不敢有所作爲；有的官員
則乾脆以酷法鎮壓地方勢力，由一個極端走向另一極端。酷吏尹齊「疾病且

〔註186〕《後漢書》卷四十六《陳忠傳》，頁1558。
〔註187〕《漢書》卷九十《寧成傳》，頁3649、《尹齊傳》，頁3659、《薛宣傳》，頁
　　　　3387、《朱博傳》，頁3404。
〔註188〕嚴耕望《秦漢地方行政制度》，中央研究院歷史語言研究所專刊四十五，頁
　　　　345～359。《日知錄》卷八。《掾屬》
〔註189〕《漢書》卷八十六《王嘉傳》，頁3490。

死，戒其諸子曰：丈夫爲吏，正坐殘賊免，追思其功效，則復進用矣。一坐軟弱不勝任免，終身廢棄無有赦時，其羞辱甚於貪污坐臧。愼毋然。」〔註190〕酷吏執政殘暴，也是爲了自己不爲鄉里豪強勢力所控制而故意如此。

東漢時期，地方豪強勢力更加強大，對郡守刺史的牽連掣肘也更加屬害。崔寔《政論》：「今長吏下車百日，無他異觀，則州郡睥睨，待以惡意，滿歲寂寞，便見驅逐。」〔註191〕嚴重者，州郡屬吏聯手，捏造證據，誣陷長官，迫其去職。由於郡守、刺史、長吏受到地方豪強勢力的牽制，使其無法安心貫徹朝廷政策，也是官吏對朝廷政策虛與委蛇的根源之一。《後漢書‧質帝紀》記載：

> 頃者，州郡輕慢憲防，競逞殘暴，造設科條，陷入無罪。或以
> 喜怒驅逐長吏，恩阿所私，罰枉仇隙，至令守闕訴訟，前後不絕。
> 送故迎新，人離其害，怨氣傷和，以致災眚。〔註192〕

地方勢力控制了刺史郡守，便可以放手掠奪財富、強佔土地、侵奪國家資財，危害地方社會，成爲小民逃亡的誘因。

秦漢時期的鄉亭部吏是朝廷在地方社會最基層的管理者，負有管理地方社會，落實國家管理政策的任務，對控制鄉里社會成員的逃亡起著重要作用。但到了西漢晚期，鄉官里吏對民眾已經造成了一定的危害，貢禹說當時「鄉部私求，不可勝供。」鮑宣將「部落鼓鳴，男女遮泄，六亡也」〔註193〕看作民眾逃亡的原因之一，透露出鄉官里吏對民眾的危害。東漢時期，鄉官里吏對民間社會的危害問題比西漢複雜，樊修指出，鄉官里吏亡失官錢後轉嫁於民，因緣爲姦，漢安帝在其詔書中更明確指出：「其武吏以威暴下，文吏妄行苛刻，鄉吏因公生姦，爲百姓所患苦者，有司顯明其罰。」〔註194〕鄉官里吏危害鄉里已經十分嚴重。東漢時人左雄說：「鄉官部吏，職斯祿薄，車馬衣服，一出於民，庸者取足，貧者充家，特選橫調，紛紛不絕，送迎繁費，損政傷民。」〔註195〕顯然鄉官里吏對民眾的盤剝也是促使民眾逃亡的原因之一。

〔註190〕《漢書》卷九十《酷吏‧尹齊傳》，頁3675。
〔註191〕嚴可均《全後漢文》卷46。
〔註192〕《後漢書》卷六《質帝紀》，頁280。
〔註193〕《漢書》卷七十二《貢禹傳》，頁3075、《漢書》卷七十二《鮑宣傳》，頁3088。
〔註194〕《後漢書》卷三十二《樊宏傳》，頁1124、《後漢書》卷五《安帝紀》，頁227。
〔註195〕《後漢書》卷六十一《左雄傳》，頁2017。

四、自然災害

自然災害在歷史上是十分普遍的現象。災害之可怕在其突然性、危害性，「至今上即位數歲，漢興七十餘年之間，國家無事，非遇水旱之災，民則人給家足，都鄙廩庾皆滿，而府庫餘貨財。」〔註 196〕即使是太平盛世，人們對災害還是心有餘悸，一旦遇到水旱災害，一切都會受到嚴重影響。秦漢時期風調雨順的太平盛世並不多見，災害也不僅僅是水旱之災。若是社會動亂再加上災害頻仍的話，脆弱的小農經濟會立刻受到致命打擊，人們的生活會受到嚴重影響，無法生存下去的小農會鋌而走險，觸犯法律、危及現存社會秩序，最終走向犯罪道路，成爲逃亡者。鮑宣將「陰陽不和，水旱爲災」列爲七亡之首，顯示出自然災害與社會逃亡之間的連帶關係。

秦漢史料所顯示出的與民眾逃亡有關的災害除去水旱災害以外，蝗蟲、地震、霜雪冰雹、風災、疾疫等都是發生較爲頻繁的災害。據段偉統計，西漢時期各類自然災害總數達 269 起；東漢時期各類自然災害總數達 479 起。〔註 197〕對社會造成的危害也較嚴重，成爲災民逃亡的重要原因。

（一）水災與民眾逃亡

西漢時期危害最大的是水災，水災淹沒地區廣大，傷害人命、損害房屋、破壞莊稼，造成農作物歉收或者絕收，災民只好逃亡求食，形成流民。自西漢文帝十二年至東漢靈帝光和六年，黃河決堤、滿溢引發水災 18 次，〔註 198〕

〔註 196〕《史記》卷三十《平準書》，頁 1420。

〔註 197〕段偉《禳災與減災：秦漢社會自然災害應對制度的形成》復旦大學出版社 2008 年，附錄九。

〔註 198〕1.文帝十二年，「河決酸棗」（《文帝紀》）；2.武帝建元三年，「河水溢於平原」（《武帝紀》）；3.武帝元光三年河決兩處，「三年春，河水徙，從頓丘東南流入渤海」；4.「夏五月，河水絕濮陽，泛郡十六」（《武帝紀》）；5 武帝元封二年至宣帝時期，「河復北決於館陶」（《溝洫志》）；6.元帝永光六年，「河決清河靈鳴犢口」（《溝洫志》）；7.成帝建始四年，「河果決於館陶及東郡金堤」（《溝洫志》）；8 成帝河平三年，「河復決平原」（《溝洫志》）；9.成帝鴻嘉四年，「渤海、清河、信都河水溢溢」（《溝洫志》）；10.成帝永始三年，「河水大盛，增丈七尺，壞黎陽南郭門，……堤潰」（《溝洫志》）；11.成帝元延元年，「江河決溢，大水泛郡國」（《谷永傳》）；12.平帝元始時，「河汴決壞」（《王景傳》）；13.王莽始建國三年，「河決魏郡」（《王莽傳中》）；14.殤帝延平元年，「河濟渭洛……泛溢傷秋稼」（《後漢書·五行三》）；15.安帝永初元年，「四瀆溢，傷秋稼，壞城郭，殺人民」（《後漢書·天文志中》）；16.安帝延光元年，「河水湧溢，百姓騷動」（《後漢書·陳忠傳》）；17.桓帝永興元年，「河水溢，漂害人物」（《後漢書·

河水決堤漫延之處，引起大規模的災民逃亡。

元狩四年的山東水災，朝廷徙民七十餘萬口於新秦中，這是西漢政府唯一一次大規模遷徙災民充實邊境，結果是朝廷花費了巨大的財力物力，效果卻不太令人滿意，大概水災引起的流民恐怕遠不止七十餘萬。《漢書・食貨志》記載：

> 元鼎二年（前 115 年）是時山東被河災，及歲不登數年，人或相食，方二三千里。天子憐之，令饑民得流就食江淮間，欲留，留處。使者冠蓋相屬於道護之，下巴蜀粟以賑焉。〔註199〕

關東地區人口稠密，社會生產力水平較高，所以這次水災所造成的流民數量也應該很大，這從朝廷極端重視這一點就可以看出來。《漢書・石慶傳》的記載也可以看作是這次流民潮的延續：

> 元封四年，關東流民二百萬口，無名數者四十萬，公卿議欲請徙流民於邊以謫之。……慶慚不任職，上書曰：臣幸得待罪丞相，疲駑無以輔治。城郭倉廩空虛，民多流亡，罪當伏斧質，上不忍致法。願歸丞相侯印，乞骸骨歸，避賢者路。上報曰：……惟吏多私，徵求無已，去者便，居者擾，故為流民法，以禁重賦。今流民愈多，計文不改，君不繩責長吏，而請以興徒四十萬口，搖蕩百姓，孤兒幼年未滿十歲，無罪而坐率，朕失望焉。〔註200〕

水災發生已經六年，但流民依然洶湧如潮。朝廷派遣使者護送流民，結果是「惟吏多私，徵求無已，去者便，居者擾」，導致更多流民的出現。

成帝時期的河決影響到兗州、豫州民眾，也造成了大規模的災民逃亡。據《漢書・成帝紀》記載：

> 建始四年（前 29 年）秋，大水，河決東郡金堤。……陽朔二年（前 23 年）秋，關東大水，流民欲入函谷、天井、壺口、五阮關者，勿苛留。……鴻嘉四年（前 17 年）春正月，詔曰：數敕有司，務行寬大，而禁苛暴，訖今不改。一人有辜，舉宗拘繫，農民失業，怨恨者眾，傷害和氣，水旱為災，關東流冗者眾，青、幽、冀部尤甚。……流民欲入關，輒籍納，所之郡國，謹遇以禮，務以全活之。」〔註201〕

五行三》）；18.靈帝元光六年，「金城河決，水出三十里」（《後漢書・五行三》）。

〔註199〕《漢書》卷二十四《食貨志》，頁 1172。

〔註200〕《漢書》卷四十六《石慶傳》，頁 2198。

〔註201〕《漢書》卷十《成帝紀》，頁 308、313、318。

面對這樣的情況，谷永上書皇帝說：「比年喪稼，時過無宿麥，百姓失業流散，群輩守關。」〔註202〕顯然，水旱災害是引起流民的主要原因之一。

西漢河患的主要原因在於政府堵塞措施不力，甚至乾脆不堵塞決堤，所以黃河一旦決口，就會長期漫溢橫流，影響當地人民的生產生活。武帝元光三年決河，直到二十四年後的元封二年才堵塞，成帝鴻嘉四年的決堤，乾脆不加堵塞，任其漫流。哀帝時期平當主管河堤，還說：「九河今皆寘滅，按經義治水，有決河深川，而無堤防壅塞之文。」〔註203〕此後一直沒有堵塞。平帝時期的河水決壞，也沒有修治，直到東漢明帝永平十三年才築堤治河，則災區民眾受決河危害達八十七年之久。數十年間，黃河漂流數十縣，關東兗豫二郡百姓深受水災河患威脅，陷於長期流亡之中。流民在流亡途中又與各種反政府的勢力結合起來，成為社會動亂的主要因素。

東漢時期，王景主持治河工程，使黃河、汴河成功分流，黃河進入相對安流時期。然而，由於氣候等原因，關東地區的水災並未完全消失，夏秋二季仍然是關東地區水災的高發期。和帝永元六年（94年）詔書：「丙寅，詔曰：陰陽不和，水旱違度，濟河之域，凶饉流亡，」〔註204〕水旱災害依然影響著人們的生活，引起小農流亡。陳忠的上書中有「又霖雨積時，河水湧溢，百姓騷動」〔註205〕的話，說的也是和帝時期的水災問題，流民最後結果如何不得而知。順帝、桓帝時期繼續出現水旱災害，據《後漢書》記載：

> 永建六年（131年）冬十一月辛亥，詔曰：連年災潦，冀部尤甚。比蠲除實傷，贍恤窮匱，而百姓猶有棄業，流亡不絕。疑郡縣用心息惰，恩澤不宣。〔註206〕

> 永興元年（153年）秋七月，郡國三十二蝗。河水溢。百姓饑窮，流冗道路，至有數十萬戶，冀州尤甚。〔註207〕

> 蝗災、水災交織在一起，引起了更大規模的民眾逃亡。

東漢後期，水災逐漸增多，與此一時期流民的日漸增多相一致，顯示出水災

〔註202〕《漢書》卷八十五《谷永傳》，頁3470。
〔註203〕《漢書》卷二十九《溝洫志》，頁1691。
〔註204〕《後漢書》卷四《和帝紀》，頁178。
〔註205〕《後漢書》卷四十六《陳忠傳》，頁1562。
〔註206〕《後漢書》卷六《順帝紀》，頁258。
〔註207〕《後漢書》卷七《桓帝紀》，頁298。

與流民之間的關聯性。西漢、東漢王朝的後期，吏治日漸腐敗，行政效率低下，對災害造成的民眾流亡不能很好地加以治理和安撫，結果前一災害帶來的流民還沒有安置，後一災害接踵而至，災害層層累積的結果，使大量的逃亡民眾遷徙流移於路途之上。水災不斷，民眾逃亡不息，小病積久不愈，終於釀成大患。兩漢末期社會逃亡民眾越積積多，實肇端於此。

（二）旱災與民眾逃亡

據統計，西漢時期大旱災發生25起，東漢發生大旱災19起。〔註208〕旱災與水災對農業造成的危害不相上下，旱災雖然沒有水災來的突然，但久旱不雨使莊稼缺水而枯焦，造成農作物的欠收或者絕收，結果穀物漲價，小農會因為缺乏食物、種子而無法生活和進行生產，最後只好逃亡他鄉求生，形成流民潮，影響到社會的穩定。

秦漢時期旱災與水災次數相去不遠，對農業生產的危害也相當。在旱災肆虐之時，西漢政府多次發布禁沽酒、發倉廩、毋出租賦等詔令，可以看到旱災造成的作物歉收，民眾飢饉困乏的嚴重程度，而流民匪盜也多在這種時候出現。本始三年（71年）大旱，宣帝下詔：「三輔民就賤者，且毋收事，盡四年。」〔註209〕顯然已經形成了規模不小的流亡民眾。平帝時期，「郡國大旱，蝗，青州尤甚，民流亡。安漢公、四輔、三公、卿大夫、吏民為百姓困乏獻其田宅者二百三十人。」〔註210〕另據《漢書·天文志》記載，「至河平元年三月，旱，傷麥，民食榆皮。」〔註211〕這次旱災之後隨即出現「流民入函谷關」的流民潮，兩者之間的關繫於此可見。

王莽末年，天下大旱，蝗蟲蔽天，盜賊群起，四方潰叛。天災、人禍交織在一起，既引起了民眾的大規模逃亡，也給政府的崩潰埋下了定時炸彈。東漢時期的旱災多於西漢，章帝建初元年（76年）旱災，導致「大旱穀貴，終以為廣陵、楚、淮陽、濟南之獄，徙者萬數，又遠屯絕域，吏民怨曠」。〔註212〕社會犯罪人數急劇增加，其中不乏流民。「今改元之後，年饑人流，此朕之不德感

〔註208〕段偉《禳災與減災：秦漢社會自然災害應對制度的形成》復旦大學出版社2008年，附錄三。
〔註209〕《漢書》卷八《宣帝紀》，頁244。
〔註210〕《漢書》卷十二《平帝紀》，頁353。
〔註211〕《漢書》卷二十六《天文志》，頁1310。
〔註212〕《後漢書》卷四十八《楊終傳》，頁1597。

應所致。」〔註213〕記載了這次旱災與流民之間的關係。「流人欲歸本者，郡縣其實稟，令足還到，聽過止官亭，無雇舍宿。長吏親躬，無使貧弱遺脫、小吏豪右得容姦妄。」〔註214〕一次旱災已經使政府手忙腳亂，不堪重負，設若連續大旱，對社會、政府、小民造成的影響就難以估量了，民眾的流亡也就不是一時可以安撫的了。東漢自和帝時期開始，旱災更是不斷發生，《後漢書·和帝紀》記載：

> （章和二年）五月，京師旱，……（永元四年）是夏，旱，蝗。……十二月壬辰，詔：今年郡國秋稼爲旱蝗所傷，其什四以上勿收田租、芻稿。有不滿者，以實除之。……（永元六年三月）秋七月，京師旱。……（永元九年）六月，蝗、旱。……（永元十二年）三月丙申，詔曰：比年不登，百姓虛匱。京師去冬無宿雪，今春無澍雨，黎民流離，困於道路。朕痛心疾首，靡知所濟。……數詔有司，務擇良吏。今猶不改，競爲苛暴，侵愁小民，以求虛名，委任下吏，假勢行邪。是似令下而姦生，禁至而詐起。……（永元十六年）秋七月，旱，戊午，詔曰：今秋稼方穗而旱，雲雨不沾，疑吏行慘刻，不宣恩澤，妄拘無罪，幽閉良善所致。其一切囚徒於法疑者勿決，以奉秋令。〔註215〕

和帝時期的連續旱災，成爲最高統治者極爲關注的問題之一，雖然採取了一系列的解救措施，但並未收到預期的效果，流民問題也越來越嚴重。由於政治的腐敗，旱災發生之後的一切安撫、救濟措施的效果都大打折扣，旱災引起的流民問題也一直沒有得到好的治理，以至於一出現旱災，就出現逃亡犯罪，《順帝紀》：

> 陽嘉三年（134年）五月戊戌，制詔曰：……春夏連旱，寇賊彌繁，元元被害，朕甚愍之。嘉與海內洗心更始。其大赦天下，自殊死以下謀反大逆諸犯不當得赦者，皆赦除之。賜民年八十以上米，人一斛，肉二十斤，酒五斗。九十以上加賜帛，人二匹，絮三斤。〔註216〕

連年旱災與寇盜成群連繫在一起，寇盜又是流民的連帶物，大量民眾在流亡

〔註213〕《後漢書》卷四十二《東平憲王傳》，頁1437。
〔註214〕《後漢書》卷三《章帝紀》，頁132。
〔註215〕《後漢書》卷四《和帝紀》，頁168、174、179、183、186、192。
〔註216〕《後漢書》卷六《順帝紀》，頁264。

途中生活無法爲繼時才會轉爲盜賊。盜賊在一定程度上是流民長期流亡得不到安撫和救濟而形成的。

（三）蝗災與民眾逃亡

蝗災也是危害極大的自然災害之一。兩漢時期共發生大規模蝗災 32 起。〔註217〕蝗蟲經常在夏秋之際，成群結隊，飛越各地，所過之處，五穀不存，寸草不生，是百姓極端害怕的災害之一。西漢武帝時期是漢代蝗災集中的時期，據《漢書·武帝紀》記載：

> （建元五年）五月，大蝗。⋯⋯（元光六年）夏，大旱，蝗。⋯⋯（元封六年）秋，大旱，蝗。⋯⋯（太初元年）蝗從東方飛至敦煌。⋯⋯（太初二年）秋，蝗。⋯⋯（徵和三年）秋，蝗。

六次蝗災造成的影響是極爲嚴重的，「蝗蟲大起，赤地數千里，或人民相食，蓄積至今未復。」〔註218〕受到蝗災危害的小民無法生存時，流亡他鄉就很難避免了。

平帝和王莽時期是漢代蝗災的又一高發期，據《漢書·平帝紀》記載：

> 郡國大旱，蝗，青州尤甚，民流亡。安漢公、四輔、三公、卿大夫、吏民爲百姓困乏獻其田宅者二百三十人。⋯⋯遣使者捕蝗，民捕蝗詣吏，以石斗受錢。〔註219〕

> （王莽）惟即位以來，數遇枯旱蝗螟爲災，穀稼鮮耗，百姓苦饑，⋯⋯秋，隕霜殺菽，關東大饑，蝗。⋯⋯莽曰：「惟陽九之厄，與害氣會，究於去年。枯旱霜蝗，飢饉薦臻，⋯⋯夏，蝗從東方來，蜚蔽天。〔註220〕

大旱伴隨著蝗災，成爲西漢末年流民潮的重要原因。地皇三年（22 年）「枯旱霜蝗，飢饉存臻，百姓困乏，流離道路。」〔註221〕顯示出蝗災與流民逃亡之間的密切聯繫。蝗蟲從頻河各郡出現，騷擾數年之久，使農民極度匱乏，當時大規模的流民潮中，因蝗災而起者不在少數。

東漢時期的郡國蝗災，在光武時期尤其嚴重，據《後漢書·光武帝紀下》

〔註217〕段偉《禳災與減災：秦漢社會自然災害應對制度的形成》復旦大學出版社
2008 年，附錄八。
〔註218〕《漢書》卷七十五《夏侯勝傳》，頁 3156。
〔註219〕《漢書》卷十《成帝紀》，頁 353。
〔註220〕《漢書》卷九十九《王莽傳》，頁 4160、4167、4175、4176。
〔註221〕《漢書》卷九十九《王莽傳》，頁 4175。

記載：建武六年、建武二十二年、建武三十一年、中元元年都發生了規模不等的蝗災，但從史料記載來看，建武時期的蝗災似乎沒有造成大規模的流民。但和帝時期的蝗災影響卻比較大，據《後漢書‧和帝紀》載：

> 永元四年（92 年）是夏，旱，蝗。……十二月壬辰，詔：今年郡國秋稼爲旱蝗所傷，其什四以上勿收田租、芻稾。有不滿者，以實除之。……永元八年（96 年）五月，河內、陳留蝗。……九月，京師蝗。詔曰：……刺史、二千石詳刑辟，理冤虐，恤鰥寡，矜孤弱，思惟致災興蝗之咎……永元九年（97 年）六月，蝗、旱。戊辰，詔：今年秋稼爲蝗蟲所傷，皆勿收租、更、芻稾。若有所損失，以實除之，餘當收租者亦半入。其山林饒利，陂池漁採，以贍元元，勿收假稅。秋七月，蝗蟲飛過京師。〔註 222〕

> 永初七年（113 年）八月丙寅，京師大風，蝗蟲飛過洛陽。郡國被蝗傷稼十五以上，勿收今年田租。〔註 223〕

蝗災到來時。政府到會採取相應的措施，或者減租稅、或者理冤獄，但政治腐敗之後，所有行政措施的結果都會大打折扣，無法達到安撫災民的目的，大規模的民眾逃亡還是不可避免地出現了。《後漢書‧安帝紀》記載：

> 元初二年（115 年）五月甲戌，詔曰：朝廷不明，庶事失中，災異不息，憂心悼懼。被蝗以來，七年於茲，而州郡隱匿，裁言頃畝。今群飛蔽天，爲害廣遠，所言所見，寧相副矣？三司之職，內外是監，既不奏聞，又無舉正。天災至重，欺罔罪大。方今盛夏，且復假貸，以觀厥後。其務消救災眚，安輯黎元。〔註 224〕

> 永興元年（153 年）秋七月，郡國三十二蝗。河水溢。百姓饑窮，流冗道路，至有數十萬戶，冀州尤甚。詔在所賑給乏絕，安慰居業。〔註 225〕

「安輯黎元」一語顯示出流民問題的嚴重性，蝗災是產生流民的起因，地方官吏爲一己之私隱瞞眞相，朝廷大臣碌碌無爲，尸位素餐，使災害得不到及時的救治，災民得不到有效的安置，蝗災與其他災害一起，加上政治腐敗，

〔註 222〕《後漢書》卷四《和帝紀》，頁 174、181、182、183。
〔註 223〕《後漢書》卷五《安帝紀》，頁 220。
〔註 224〕《後漢書》卷五《安帝紀》，頁 222。
〔註 225〕《後漢書》卷七《桓帝紀》，頁 298。

桓帝、靈帝時期大規模的流民潮就這樣形成了。

（四）地震、霜、雪、雹、風災與民眾逃亡

地震作為自然災害之一，數量相對較少，但危害卻相當嚴重，會毀壞官寺民舍，壓死人民，堵塞河流，影響生產。宣帝本始四年（前 70 年）「關東四十九郡同日地動，或山崩，壞城郭室屋，殺六千餘人。」〔註 226〕宣帝為此發詔「被地震壞敗甚者，勿收租賦。」〔註 227〕房舍毀壞，無處存身，雖然免除了田租，但是損失的財產無法得到補償，災民生活容易陷入困境，是很可能流亡他鄉的。哀帝策勉師丹的詔書中說：「變異屢臻，山崩地震，河決泉湧，流殺人民，百姓留連，無所歸心。司空之職尤廢焉。」〔註 228〕「百姓留連」不全是地震的結果，但小民流散道路，逃亡他鄉肯定與地震有關。至於「無所歸心」，就不全是生活無著落，而是有反抗社會秩序的傾向了。

東漢中期以後，地震災害劇增，據《後漢書・安帝紀》記載，安帝一朝的地震就有二十一次之多，張衡候風地動儀的發明就是地震極度頻繁的狀況下應用而生的。震災發生對民眾生活和生產的危害都是極其嚴重的，東漢頻繁的震災後，朝廷多次賜死者棺材、減免租賦，震災之後出現流民逃亡各地也是容易理解的。

霜雪雹災與水旱災害相比，數量較少，但霜雪雹災對農作物的影響卻也不容忽視。大雪凍死人民，霜雹傷害農作物，足以使禾麥絕收，百姓陷於飢寒之中，流亡他鄉也就隨之發生。《後漢書・武帝紀》記載：

> 元鼎二年（前 115 年）三月，大雨雪。夏，大水，關東餓死者
> 以千數。……（元鼎三年）夏四月，雨雹，關東郡國十餘饑，人相
> 食。〔註 229〕

安帝延平元年（106 年）「冬十月，四州大水，雨雹。詔以宿麥不下，賑賜貧人。」〔註 230〕由國家出面賑救，大概雹災造成的危害是比較大的，人相食、無食都會引起民眾流亡他鄉。

秦漢時期的風災數量較少，主要有：

〔註 226〕《漢書》卷七十五《夏侯勝傳》，頁 3158。
〔註 227〕《漢書》卷八《宣帝紀》，頁 245。
〔註 228〕《漢書》卷八十六《師丹傳》，頁 3507。
〔註 229〕《漢書》卷六《武帝紀》，頁 182、183。
〔註 230〕《後漢書》卷五《安帝紀》，頁 205。

漢二年（前 205 年）大風從西北起，折木發屋，揚砂石，晝晦。

元光五年（前 130 年）秋七月，大風拔木。……徵和二年（前 91 年）夏四月，大風發屋折木。

建始元年（前 32 年）是日大風，拔甘泉畤中大木十韋以上。郡國被災什四以上，毋收田租。〔註231〕

延光元年（122 年）京師及郡國二十七雨水、大風，殺人。詔賜壓溺死者年七歲以上錢，人二千；其壞敗廬舍，失亡穀食，粟，人三斛，又田被淹傷者，一切勿收田租；若一家皆被災害而弱小存者，郡縣爲收斂之。〔註232〕

風災對民眾生活也造成一定的危害，同樣可以導致房屋損壞，衣食無著，離流亡也就一步之遙了。

（五）疾役與民眾逃亡

疾疫在漢代出現的次數很多，《說文》：「疫，民皆疾也。」民眾都得病的災難就是疾疫。鮑宣將「時氣疾疫」當作民眾逃亡的原因之一。文帝後元元年（前 163 年）「詔曰：間者數年比不登，又有水旱疾疫之災，朕甚憂之。」〔註233〕漢人將疾疫列在其他災害之後，似已經知道大災之後必有大疫。宣帝元康二年（前 64 年）有過一次全國性的疾疫，朝廷下令減免租稅以救災。

今天下頗被疾疫之災，朕甚愍之。其令郡國被災甚者，毋出今年租賦。〔註234〕

元帝、成帝時期，也有大規模疾疫發生的記載，「關東流民飢寒疾疫，已詔吏轉漕，虛倉廩開府臧相賑救，賜寒者衣，至春猶恐不贍。」〔註235〕

災害引起疾疫，流亡民眾因爲染上疾疫，死者棄屍荒野，生者流徙道路，更是不知所歸。史傳多有記載：

百姓飢饉，流離道路，疾疫死者以萬數，人至相食，盜賊並興，群職曠廢，是朕之不德而股肱不良也。〔註236〕

〔註231〕《漢書》卷一《高帝紀》，頁 36、卷六《武帝紀》，頁 164、208、卷十《成帝紀》，頁 304。
〔註232〕《後漢書》卷五《安帝紀》，頁 236。
〔註233〕《漢書》卷四《文帝紀》，頁 128。
〔註234〕《漢書》卷八《宣帝紀》，頁 256。
〔註235〕《漢書》卷七十一《于定國傳》，頁 3043。
〔註236〕《漢書》卷八十三《薛宣傳》，頁 3393。

故攻戰之所敗，苛法之所陷，飢饉之所夭，疾疫之所及，以萬萬計。其死者則露屍不掩，生者則奔亡流散，幼孤婦女，流離繫虜。〔註237〕

疾疫使死者拋屍荒野，生者流離道路，引起的逃亡者不比水旱災害少。

明帝永平和章帝建初年間發生過幾次牛疫。據《後漢書·章帝紀》記載，章帝即位之初（75年）「是歲牛疫。」建初元年（76年）「丙寅，詔曰：比年牛多疾疫，墾田減少，穀價頗貴，人以流亡。」可見牛疫不止一次，而是比年。建初四年又「牛大疫」。牛疫對章帝時期的農業生產造成很大的影響，直到元和元年（84年）詔書還說：

自牛疫以來，穀食連少，良田吏教未至，刺史二千石不以爲負。其令郡國募人無田欲徙它界就肥饒者，恣聽之。到所在，賜給公田，爲雇耕傭，賃種餉。貰與田器。勿收租五年，除算三歲。其後，欲還本鄉者勿禁。……三年又詔：今肥田尚多，未有墾闢，其悉以付貧民，給予種食，務盡地力，勿令游手。〔註238〕

牛疫嚴重到「人以流亡」的地步，可見其影響之大。東漢中期以後，疾疫出現頻率加大。

安帝元初六年（119年）夏四月，會稽大疫。延光四年（125年）冬，京都大疫。桓帝元嘉元年（151年）正月，京都大疫。二月，九江、廬江又疫。延熹四年（161年）正月，大疫。靈帝建寧四年（171年）三月，大疫。光和二年（179年）春，大疫。五年（182年）二月，大疫。中平二年（185年）正月，大疫。〔註239〕

頻繁的大規模傳染病造成的影響是極大的。安帝時期張衡上書：「臣竊見京師爲害兼所及，民多病死，死有滅戶。」〔註240〕東漢政府多次發布詔書，收集死亡者加以安葬，其目的就在於減少環境污染，減少疾疫的發作。甚至民間也開始收集安葬死者，《後漢書·廖扶傳》記載：

扶逆知歲荒，乃聚穀數千斛，悉用給宗族姻親，又殮葬遭疫死亡不能自收者。〔註241〕

〔註237〕《後漢書》卷十三《隗囂傳》，頁517。
〔註238〕《後漢書》卷三《章帝紀》，頁132、145、154。
〔註239〕《後漢書》志十七《五行志（五）》，頁3351。
〔註240〕《後漢書》卷十七《五行志》，頁3350。
〔註241〕《後漢書》卷八十二《方術·廖扶傳》，頁2720。

這是民間百姓自動收斂死亡者，以減少瘟疫的危害的具體事例。張仲景《傷寒雜病論‧自序》：「余宗族素多，向餘二百，建安紀年以來，猶未十稔，其死亡者三分有二，傷寒十居其七。」面對大規模的傳染病，人們除去恐慌不已外，逃亡他鄉常常是災民的選擇之一。

一種自然災害就可能引起民眾流亡，若是數災並發，或者一災連年發生，必然會導致田園荒蕪，民眾逃亡。秦漢時期，自然災害是逃亡出現的重要原因之一。

五、戰亂侵擾、徭役逼迫

秦漢時期有過三次大的社會戰亂，即秦漢之際的戰亂、兩漢之間的戰亂、東漢末年的戰亂，戰亂時期社會秩序完全崩潰，各種武裝集團之間的混戰以及隨之而來的對地方社會的搶掠嚴重影響了社會生產的正常進行，人們的生活失去了基本的保障，爲了躲避突如其來的災害，只有遠走他鄉，或躲入山林川澤之中求食，或結成大小不等的武裝集團遊動搶劫、或建成營壘據險自守、或以宗族集團的形式參加到軍事集團爭奪政權的行列，這是一種全社會的逃亡行爲，在逃亡現象一章中已經有所論述，本節所指的戰亂主要是和平時期的戰亂威脅。

（一）戰爭區域的民眾逃亡

在兩漢時期，漢民族經常受到外族侵擾的威脅，西漢的匈奴和東漢的羌族侵擾尤其嚴重。外族入侵邊境，不但肆意掠奪，殺害民眾，使邊境地區民眾生產生活受到致命的破壞；爲了對付連綿不斷的侵擾，朝廷不得不發兵防守，沉重的兵役負擔由此出現，無形中加重了小民的負擔。不堪負擔的小民又群起而四散逃亡，死亡流離之中，壯者爲盜爲賊，老弱婦女死亡而塡溝壑。賈捐之談論武帝時期大興軍事征伐匈奴之後「當此之時，寇賊並起，軍旅數發，父戰死於前，子鬥傷於後，女子乘亭鄣，孤兒號於道，老母寡婦飲泣巷哭。」〔註242〕人民不堪重負，流亡在所難免。漢代面對不斷發生的外族侵擾或者主動起兵征討、或者被動出兵迎戰。「臣聞軍旅之後，必有凶年，言民之各以其愁苦之氣，薄陰陽之和，感天地之精。」〔註243〕凶年之後，必然會出

〔註242〕《漢書》卷六十四《賈捐之傳》，頁 2833。
〔註243〕《漢書》卷六十四《嚴助傳》，頁 2780。

現大規模的民眾脫籍逃亡。魏相勸說宣帝「出兵雖勝，猶有後憂，恐災害之變因此以生。」〔註244〕所謂後憂就是戰爭導致的民眾逃亡。王莽時期發動對匈奴的戰爭，結果內外俱擾，民眾大規模逃亡，東漢光武、明帝、章帝時期還在致力於招徠流民返鄉，顯示出這次戰亂導致的民眾流亡規模之大，數量之多。

不論戰亂是因為匈奴、羌族、還是蠻夷，平民、刑徒或者逃亡士卒，只要戰事一起，受害最深的就是無辜百姓。暴屍原野，輾轉流亡幾乎是不可避免的。正因為寇盜侵凌對民眾的生活會帶來無與倫比的影響，所以一旦有風吹草動，民情無不驚恐不安，崩散四方，章帝建初二年（77 年），馬嚴為陳留太守，「時京師訛言賊從東方來，百姓奔走，轉相驚動，諸郡遑急，各以狀聞。」〔註245〕真是聞風而動，「百姓崩走」就是四散逃亡。安帝永初元年（107 年）十一月：

> 戊子，敕司隸校尉、冀並二州刺史：民訛言相驚，棄捐舊居，
> 老弱相攜，窮困道路。其各敕所部長吏，躬親曉喻。若欲歸本郡，
> 在所為封長檄。不欲，勿強。〔註246〕

這次謠言兵災引起的民眾逃亡顯然十分嚴重，許多人已經逃出了故鄉，逃到別的郡縣。謠言引起的逃亡尚且如此嚴重，真的戰亂引起的逃亡由此可見一斑。

（二）遠征、久戍引起的逃亡

秦漢時期的兵役徭役，正常情況下已經是「三十倍於古」，遇到戰事頻起，不能短期平息時，遠調濫發，長期屯戍，民眾的負擔無形之中增加。從《居延漢簡》的材料看，戍守居延、敦煌的戍卒有來自潁川、汝南、淮陽、昌邑等地，行路遙遠，千里迢迢，遠行費用要自己全部準備，成為服役者的重大負擔。七國之亂時長安城中的列侯封君要向人借貸才能成行，遠行路費對於普通服役者造成的負擔就可以想像了。

遠行、濫徵之外，久戍不得更替也是人們擔心的問題。王莽時期政治腐敗，衛卒三年沒有替換，而征伐匈奴的軍隊一年還沒有集合完畢，先到者已經

〔註244〕《漢書》卷七十四《魏相傳》，頁 3136。
〔註245〕《後漢書》卷二十四《馬嚴傳》，頁 861。
〔註246〕《後漢書》卷五《安帝紀》，頁 209。

怨氣衝天，或者劫掠地方，或者四散逃亡，已經難以作戰。〔註247〕順帝永和二年（137年），日南、象林地區的蠻夷反叛，朝廷發兵鎮壓，軍隊反叛，演變成更大規模的叛亂，朝廷準備派遣大軍鎮壓時，李固的上書說：

> 今二州盜賊槃結不散，武陵、南郡蠻夷未輯，長沙、桂陽數被徵發，如復擾動，必更生患。其不可一也。又兗、豫之人卒被徵發，遠赴萬里，無有還期，詔書迫促，必致叛亡。其不可二也。南州水土溫暑，加有瘴氣，致死亡者十必四五。其不可三也。遠涉萬里，士卒疲勞，比至嶺南，不復堪鬥。其不可四也。〔註248〕

李固論述了戌卒遠征的各種弊病，士卒起於田畝，長期出征會嚴重影響農時，「重之以大軍，疲之以遠戍，農功消於轉運，資財竭於徵發。田疇不得墾闢，禾稼不得收入，搏手困窮，無望來秋。百姓力屈，不復堪命。」〔註249〕小農無法生存，流民盜匪隨之出現。

順帝永和六年（141年），西羌寇略關中，朝廷派馬賢率軍鎮壓，反為羌人所敗，皇甫規上書說：「臣每惟賢等擁眾四年，未有成功，懸師之費且百億計，出於平人，回入姦吏。故江湖之人，群為盜賊，青、徐荒饑，繈負流散。夫羌戎潰叛，不由承平，皆因邊將失於綏御。乘常守安，則加侵暴，苟競小利，則致大害，微勝則虛張首級，軍敗則隱匿不言。軍士勞怨，困於猾吏，進不得快戰以徼功，退不得溫飽以全命，餓死溝渠，暴骨中原。徒見王師之出，不聞振旅之聲。酋豪泣血，驚懼生變。」〔註250〕從萬千小民身上錙銖必較得來的億萬軍費，輕易之間落入姦吏之手。官吏、軍官為了一己之私，不能安撫邊境羌民，使暴亂不能及時平息，戰爭遷延時日，耗費巨大，反過來加重了小民的負擔，逃亡難以避免。

戰爭固然要消耗大量的財政經費，但將吏貪污軍費，虐待士兵，虛報戰況，侵擾地方民眾，不但加深了國家的財政負擔，還直接導致了民眾和軍士逃亡。

> 今以兵入其地，此必震恐，以有司為欲屠滅之也，必雉兔逃入山林險阻。背而去之，則復相群聚；留而守之，歷歲經年，則士卒

〔註247〕《漢書》卷九十九《王莽傳》，頁4140、3824。
〔註248〕《後漢書》卷八十六《南蠻傳》，頁2838。
〔註249〕《後漢書》卷五十一《龐參傳》，頁1687。
〔註250〕《後漢書》卷六十五《皇甫規傳》，頁2129。

罷倦，食糧乏絕。男子不得耕稼樹種，女子不得紡績織紉，丁壯從
軍，老弱轉餉，居者無食，行者無糧。民苦兵事，亡逃者必眾，隨
而誅之，不可勝盡，盜賊必起。〔註251〕

這是淮南王劉安上書漢武帝，勸諫征伐南粵的奏摺中說的話。劉安所言，應
該看作是戰爭影響的正常現象，所有大的戰爭都會導致這樣的結果。《漢書‧
司馬相如列傳》記載了唐蒙興兵征伐西南夷時，引起地方騷動，民眾逃亡山
林的事件。《後漢書‧吳漢傳》記載吳漢率軍征伐隗囂時，「漢等貪並力攻囂，
遂不能遣，糧食日少，吏士疲役，逃亡者多，及公孫述救至，漢遂退敗。」
〔註252〕這是士兵直接逃亡的事例。

另外，只要戰端一開，各種物資的徵調運輸必然源源不斷，若是戰爭曠
日持久，則天下百姓的生產生活都要受到影響。東漢安帝時期征討反叛的羌
人時，龐參上書說：

比年羌寇特困隴右，供徭賦役爲損日滋，官負人債數十億萬。
今復募發百姓，調取穀帛，炫賣什物，以應吏求，外傷羌虜，內困
徵賦。遂乃千里轉糧，遠給武都西郡。塗路傾阻，難勞百端，疾行
則鈔暴爲害，遲進則穀食稍損，運糧散於曠野，牛馬死於山澤。縣
官不足，輒貸於民。民已窮矣，將從誰求？名救金城，而實困三輔。
三輔既困，還復爲金城之禍矣。〔註253〕

秦漢時期邊患主要在西北，軍糧要從關東各地轉運而至，路途遙遠，險阻重
重，轉運過程中消耗的米糧也十分驚人，「千里負擔饋糧，率十餘鍾致一石。」
〔註254〕運輸效率低下，必然要耗費大量的人力畜力。戰事不停，轉輸就不得
中斷，轉輸不斷，小農就不得休息，「乃以邊爲援，使內郡自省作軍，又令耕
者自轉，以困農煩擾畜者。」〔註255〕把運輸軍用物資的損失轉嫁到小農身上，
得到復除的人員可以不服徭役，豪強如郭解之流又可以利用自己的勢力解脫
自己的徭役，〔註256〕那麼，最後必須服徭役者就只剩下這些貧苦農民。小農
不但要耽誤農時從事轉輸，有時還要被徵走耕牛，用於轉輸，也會影響小農
經營。史傳記載：

〔註251〕《漢書》卷六十四《嚴助傳》，頁 2783。
〔註252〕《後漢書》卷十八《吳漢傳》，頁 681。
〔註253〕《後漢書》卷五十一《龐參傳》，頁 1688。
〔註254〕《史記》卷三十《平準書》，頁 1421。
〔註255〕《漢書》卷六十六《劉屈氂傳》，頁 2879。
〔註256〕《漢書》卷九十二《郭解傳》，頁 3702。

　　京兆尹張敞上書言：國兵在外，軍以夏發，隴西以北，安定以

西，吏民並給轉輸，田事頗廢，素無餘積，雖羌虜以破，來春民食

必乏。〔註257〕

　　邊境不安，師旅在外，賦斂轉輸，元元騷動，窮困亡聊，犯法

抵罪。〔註258〕

張敞所言是轉輸對小農的影響，元帝詔書所言，則直接把轉輸與民眾逃亡聯
繫起來，則戰爭引起的大規模物資運輸也是導致小民流亡的原因之一。

本章小結

　　秦漢時期逃亡出現的各種條件之中，勞動方式的變化是最基本的條件。
秦漢時期，皇帝是全國最高的地主，是國家主權和土地的所有者，享有全國
範圍內集中的土地所有權，世家地主、豪族地主、高資地主也都佔有大量的
土地。但是，不論土地的佔有情況如何，基本都離不開小農對土地的佔有和
使用。秦漢時期，小農用於生產和生活的土地，來自於不同的方面。有來自
於村社解體過程中土地佔有。村社解體後，輪耕制為定耕制所取代，直接勞
動者獲得了自己耕種的那份土地。也有來自於土地買賣過程中的土地、還有
自己開荒所得的土地、又有來自於官府的授田、有的耕種地主的土地。小農
的生產勞動，是在一小塊一小塊土地上的分散的個體勞動，一夫一妻是主要
的勞動力，他們有自行安排勞動的自由，有一定的勞動積極性；他們也不同
於村社成員，他們有了自己可以從事生產的固定的土地，不再需要定期輪換
耕種，成為與土地密切結合的農民，這也必然提高了他們的生產興趣。〔註
259〕秦漢時期五口之家為主的小農經濟成為以後兩千年來主要的農業勞動方
式，這一勞動方式有著許多的優點，也為中國古代文明的發展做出了巨大的
貢獻，但也有著不可克服的弱點。佔有的土地面積小，生產規模不大，所能
積累起來的財富規模自然也不大，抵抗各種天災人禍的能力就弱，一旦遇到
外界的打擊，難以承受時，很容易破產。破產農民又是逃亡者的孿生兄弟。
從秦漢歷史來看，秦朝不抑兼併，小民受到土地兼併打擊失去土地逃亡他鄉

〔註257〕《漢書》卷七十八《蕭望之傳》，頁 3275。
〔註258〕《漢書》卷九《元帝紀》，頁 291。
〔註259〕白壽彝主編《中國通史‧秦漢時期（上）》，頁 500，上海人民出版社，1995
　　　　年版。

者較多，形成秦朝小農逃亡浪潮；西漢初期的七十餘年，雖然有商人對土地的兼併，但因為政治清明，基本風調雨順，沒有大規模的戰爭影響，這一時期屬於小農經濟蓬勃發展的時期，破產逃亡的小農數量不多；武帝後期，由於連年戰爭，加上豪民橫行兼併土地、黃河決堤和其他天災的影響，關東地區出現了大規模的小民逃亡浪潮，數十萬破產小農或者逃亡他鄉、或者起為盜賊，嚴重威脅到西漢王朝的統治，這次大規模的小農逃亡浪潮經過武帝晚年、昭帝、宣帝時期的努力，在宣帝後期逐漸平息下來；西漢後期和東漢中後期，由於豪強勢力的壯大，土地兼併得不到有效遏制，再加上政治腐敗，遭受天災人禍影響的破產小農無法得到政府的有效安置，紛紛走上逃亡旅程，成為令封建王朝頭疼的不治之症。小農經營規模小，抗打擊能力弱，成為社會性逃亡犯罪發生的最基本客觀條件。如果小農逃亡潮是大海掀起的滔天巨浪，那麼小農經濟就是大海平定時期隱藏在水底的洶湧暗流，如果小農逃亡潮是決堤的江水，那麼小農經濟就是江堤之下的萬千蟻穴。

在數千年的中國歷史長河裏，商周時期宗法宗族組織轉變為秦漢以後的宗族組織，又轉型為唐宋以後的姓氏親族組織，再轉型為明清以下直到近代的鄉黨親族組織。不同的宗族形態有著不同的特點，但在組織社會人際關係和為人們提供心理認同方面，是有其一貫性的。宗族長期以來一直承擔著組織社會成員，並為之提供災難救助的任務，又具有基層經濟組織的作用。春秋以前的宗族，以貴族為主導，是具有行政、戰鬥、生產、祭祀等各項功能的小共同體。經過戰國時期的演變，秦漢時期這種大規模的宗族逐漸被小規模的家族所取代，從秦代直到西漢中葉以前，家族在各個方面的作用都難以和以前的宗族相比，五口之家成為這一時期最基本的社會組織單位和經濟組織單位，由封建政府直接控制，是國家稅收和徭役的直接承擔者。小農在這一時期也徹底失去了宗族共同體的幫助，他們要獨自面對各種天災人禍，承擔政府的一切賦稅徭役，所以破產逃亡的機會也就大大增加了。就宗族解體與小民逃亡的因果關係而言，最緊密的是在秦朝和西漢中期以前。宣帝以後，儒學逐漸復興，加上長期以來社會的穩定，宗族聚居逐漸普遍，在社會政治生活中以血緣為基礎的人群結合也更為緊密。宗族通過救助貧困宗族成員，在穩定基層社會秩序方面的作用逐漸明顯而且得到政府的支持。隨之，宗族的社會組織功能、基層經濟組織的功能得到不同程度的恢復，宗族成員之間的聯繫開始加強。戰亂時期互相救助，最明顯的事例就是兩漢之際的以宗族

為中心組織社會成員，在戰亂之際，修築壁壘，抵抗流寇侵襲；東漢末年，以宗族為中心形成大規模的宗族集團，集體逃亡；西漢後期到東漢，各種宗族內部互相救助的事例在史書中所在多有。宗族解體，社會成員因為失去族內救助而逃亡主要出現在秦朝和西漢宣帝以前，宣帝以後宗族逐漸恢復，族內救助也開始形成規模，小共同體對社會成員的幫助功能也逐漸恢復。

世卿世祿制度轉化為封建官僚制度，由於封建官僚與地方社會在各自利益上的不一致，使小農要面臨封建官僚瀆職和謀私所帶來的盤剝，這也是封建官僚的通病，也是社會逃亡出現的制度性條件之一。存在官僚制度就存在官僚瀆職，貪殘害民，存在對地方社會的過度盤剝，但這只是問題的一個方面。當封建國家政治比較清明的時期，如西漢初期的七十餘年，宣帝統治時期、東漢光武帝、明帝統治時期，最高統治者能夠勵精圖治，對各級官員能夠加強監督，地方官吏在治理地方社會時就不敢過度斂財、虐政害民。相反，開明的地方官吏還會在社會管理上做出貢獻，促進地方社會的發展，如兩漢時期大量出現的循吏；即使是酷吏，也大多以鎮壓地方豪強和貴族勢力為己任，在維護地方社會的利益方面有一定的作用。所以，在考察官僚制度與社會逃亡出現的關繫時，主要指的是政治黑暗的時期，如秦王朝、西漢末年，東漢中後期。至於政治清明的　西漢前期、武帝到宣帝時期、東漢前期，官僚制度的弊病對社會逃亡出現的影響並不是主要的。

小農五口之家為基礎的社會勞動方式和封建官僚制度基本上是封建制度形成之後帶有制度性的因素，只要小農經濟存在、封建官僚制度存在，引起社會逃亡的因素就會一直存在。

土地兼併對於佔有土地不太多的小農而言是最致命的打擊，在秦漢時期，兼併小農土地的有皇帝、貴族、豪強、大地主、商人，在土地私有制之下，只要土地買賣存在，土地兼併就難以避免。但在秦漢時期，人口不多，人地比例並不嚴重，而且土地兼併也只是出現在部分農業生產力比較發達，人口相對稠密的地區，如關中地區，關東的三河地區。而且失去土地的人還有許多機會重新獲得土地，如開墾荒地、遷移到新的地廣人稀的地區等。所以在考慮土地兼併與小民逃亡的因果關繫時，主要是在農業生產力發達的地狹人稠的地區，即主要在關東的三河地區和關中地區，此其一。另外還有注意到時代不同，兼併土地導致的社會逃亡也不同，西漢初期和東漢初期，時值長期戰亂之後，土地大量荒蕪，無主荒地很多，土地兼併的影響和意義似

乎都不大，對社會逃亡的影響也不大。還有，小農喪失土並非一定要亡命他鄉，兩者之間還有其他許多因素在起作用。當然，只要土地兼併存在，失去土地的小農就不會消失，從而小農的背井離鄉也就難以根絕，從這一層面上說，土地兼併是秦漢社會逃亡出現的原因之一。

各種自然災害發生時也會衝擊正常的社會生活，那些無法在原地生存下去的災民會選擇逃亡，成為社會逃亡者。一般情況下，政府在遇到天災時都會進行救濟，春秋時期，在宗法制度影響之下，社會被籠罩在親親宗宗的關係之下，不僅有族內救助、還有族際救助、諸侯國家之間的互相救助，救助主體多，救助來源就廣，所以遇到自然災害時以逃亡來避災的情況就極其少見。大一統的秦漢王朝統治時期，遇到自然災害時，人們要麼從宗族內部得到救助，要麼得到政府的救助。當這兩個救助來源都能夠充分發揮救助職能時，災害造成的損失就會被降低，引起的逃亡就會減少。但在秦王朝和西漢宣帝以前，宗族內部的救助已經基本喪失，災民所能依賴只有封建政府，當封建政府的統治腐敗時，災民就不能得到任何救助，只有逃亡一途可選了。在宗族組織逐漸恢復後的西漢後期和東漢時期，遇到政治腐敗的時期，雖然有族內救助，但得不到政府救助時，災民逃亡的機會還是很大，如東漢後期就是這樣。另外，在遇到特別嚴重的自然災害或者數災並發，族內救助和國家救助都無法解決問題時，災民也只有逃亡他鄉，如武帝時期的黃河決堤等災害引起的災民逃亡就是如此。尤其是自然災害與其他原因交織在一起時，自然災害往往成為最顯著的因素為人們所關注。

封建國家機器的運行必須以徵收賦稅為基礎，秦漢時期各種賦稅名目繁多，加上徵收過程中的各種附加，對小農而言，也是經常使他們破產逃亡的原因；官吏的貪財、苛暴、各種案件糾紛審理上的牽連和無期限也影響到民眾的生活，成為秦漢時期民眾逃亡的原因之一。上述兩個方面也與國家政治清明與否緊密聯繫在一起，當政治清明時，國家往往會輕繇薄賦，與民休息，各級官吏也會忠於職守。當國家政治腐敗時，苛捐雜稅、額外加徵、官吏貪殘往往交織在一起，如果再遇上自然災害，小民就更加難以生存了，逃亡也就在所難免。

對內對外的戰爭，除去戰亂對人們正常生活的干擾以外，應徵者和物資轉輸者不能按時進行農業生產，也會影響小農的生計，導致小農逃亡。要是再加上自然災害、政治黑暗、官吏貪殘，那麼戰爭帶來的逃亡就比任何時候

都嚴重。

　　秦漢時期引起逃亡的原因往往不是單一的，因爲時代的不同，社會逃亡出現的主要原因、次要原因會有所不同。就秦漢逃亡犯罪出現的客觀條件而言，是與封建制度相始終的，基本無法避免的，而具體原因則會因爲時間不同，具體整治、經濟環境不同而不同。但不管什麼時候，逃亡出現的原因都是綜合性的，系統性的。